陕西师范大学优秀著作出版基金资助出版

丛书主编/袁祖社

观念会通与理论创新 丛书

李春玲 著

西北地区城乡一体化发展

演进与机制

中国社会科学出版社

图书在版编目（CIP）数据

西北地区城乡一体化发展：演进与机制 / 李春玲著.
— 北京：中国社会科学出版社，2021.2
（观念会通与理论创新丛书）
ISBN 978-7-5161-6079-4

Ⅰ.①西… Ⅱ.①李… Ⅲ.①城乡一体化—发展—研究—西北地区 Ⅳ.①F299.274

中国版本图书馆 CIP 数据核字（2020）第 204206 号

出 版 人	赵剑英
责任编辑	朱华彬
责任校对	张爱华
责任印制	张雪娇

出　　版	中国社会科学出版社
社　　址	北京鼓楼西大街甲 158 号
邮　　编	100720
网　　址	http://www.csspw.cn
发 行 部	010-84083685
门 市 部	010-84029450
经　　销	新华书店及其他书店
印刷装订	北京市十月印刷有限公司
版　　次	2021 年 2 月第 1 版
印　　次	2021 年 2 月第 1 次印刷
开　　本	710×1000　1/16
印　　张	13.25
插　　页	2
字　　数	202 千字
定　　价	88.00 元

凡购买中国社会科学出版社图书，如有质量问题请与本社营销中心联系调换
电话：010-84083683
版权所有　侵权必究

"观念会通与理论创新丛书"编委会

主　编　袁祖社

副主编　许　宁　石碧球

编委会　刘学智　林乐昌　丁为祥　寇东亮

　　　　宋宽锋　戴　晖　庄振华

总　　序

　　哲学发展史的历程表明，任何最为抽象的哲学观念、哲学理论的提出，归根结底都有其深厚的人类生存与生活的根基，都是对于某种现实问题的回应、诠释和批判性反思。马克思指出："任何真正的哲学，都是自己时代的精神上的精华，……哲学不仅在内部通过自己的内容，而且在外部通过自己的表现，同自己时代的现实世界接触并相互作用。……各种外部表现证明，哲学正在获得这样的意义，哲学正变成文化的活的灵魂。"[①] 马克思的上述论断深刻地表明，任何一个富有时代气息和旺盛生命力的哲学，都担负着时代赋予它的使命，都必须回答时代提出的最根本问题，都必须密切关注、思考和回答现实中提出的重大问题。

　　置身"百年未有之大变局"，当此人类文明转型的新的历史时期，当代世界正在发生广泛而深刻的变革，当今中国也正在经历更为全面、更为深层次的社会转型。面对、益复杂的历史变迁格局，如何运用哲学思维把握和引领这个大变革、大转型时代，是重要的时代课题。

　　本套丛书的选题，从论域来看，涵盖了中国哲学、西方哲学、马克思主义哲学、伦理学、科技哲学等多个学科。本套丛书的作者，均是陕西师范大学哲学系一线教学科研人员，多年来专心致力于相关理论的研究，具有深厚的哲学理论素养和扎实的学术功底。

　　本套丛书的鲜明特点，概括起来，主要有以下四个方面：

　　1. 倡导中西马的辩证融通与对话。丛书编辑的主题思想，在于倡导中国哲学、西方哲学、马克思主义哲学在哲学观上的会通。随着经济全

[①] ［德］马克思：《〈科隆日报〉第179号的社论（1842年）》，载《马克思恩格斯全集》第1卷，人民出版社1995年版，第220页。

球化，哲学在精神领域从过去的各守门户、独持己见开始走向融通、对话与和解。不容否认，中国传统哲学、西方哲学、马克思主义哲学在理解世界、认识人类发展命运上都独具自己的认识和思考。中国传统哲学、西方哲学和马克思主义哲学是横向层面的哲学形态，它们之间不是简单的相加和并列关系，而是一种"互补互用"的互动关系。中国传统哲学的整体性思维，对理解世界与科学的复杂现象提供了具有中国文化精神特质的历史思维渊源；西方哲学则从个体性、多样性出发，多角度地阐释科学人本内涵的复杂性和深刻性；马克思主义哲学基于"全部社会生活在本质上是实践的"的科学论断，以"问题在于改变世界"的姿态，深入而全面地阐述了人及其实践与世界关系的理论，努力推动哲学由传统向现代形态的转变。随着中国现代化步伐的加快，中国哲学界的主体意识的觉醒，迫切需要通过中西哲学的对话，以及现代与传统中国思想之间的融通，找到一条适合当代中国哲学未来发展的路径，探寻哲学创新的突破口。

2. 返本与开新并重基础上的创新努力。在研究方法上，本套丛书的作者们严格遵循"立本经"、求"本义"宗旨，力戒空疏的抽象诠释，务求实事求是的学风和求真求实的治学精神，从而在新的时代和语义环境中实现返本开新意义上的当代哲学创新。创新是一个艰深的理论难题，其目的在于以新理念、新视角、新范式、新理解、新体会或新解释等形式出现的对时代精神的高度提炼和精准把握。无疑，思想、时代与社会现实是内在统一的。换言之，只有切入时代的思想，从问题意识、问答逻辑、问题表征和问题域等方面展开对问题范式内涵的分析，才能真正把握社会现实的真谛。同时，也只有反映社会现实的思想，才能真正切入时代。"问题范式"内含于"哲学范式"中之中，以问题导向展现研究者的致思路径，通过对时代问题的总结归纳，实现从不同视角表达哲学范式及范式转换的主旨。本套丛书分属不同的哲学研究领域，涉及不同的思想主题，但其共同的特点在于，所有的作者要么是基于对特定问题研究中一种约定俗成的观念的质疑，要么是致力于核心理念、研究范式的纠偏，要么强调思维逻辑的变革与创新。

3. 敏锐的问题意识与强烈的现实关切情怀境界中的使命担当。对哲学和现实关系问题的不同回答,实质上是不同时期的哲学家各自立场和世界观的真实反映。基于现实问题的基础理论探讨,本套丛书着眼于现实问题的多维度哲学反思,致力于文明转型新时期人类生存与生活现实的深刻的哲学理论思考与精到诠释,力求在慎思明辨中实现以问题为导向的、对"具体"现实问题的理论自觉。中西哲学史的演进史表明,一种具有深刻创见的哲学理论和观念的出场,都是通过回答时代提出的问题,客观地正视现实、理解现实、推动现实,务求把哲学创新真正落到实处。在这方面,马克思主义经典作家堪称典范。马克思所实现的哲学观变革,所确立的新的哲学观,是对社会现实进行无情批判的"批判哲学",变革了以往哲学的思维范式,提升了人类哲学思维的境界,开辟了关注现实个体之生活世界的"生活哲学";关注现实人的生存境遇与发展命运的"人的哲学";改变现存世界的"实践哲学";不断修正和完善自己理论的与时俱进的哲学;善于自我批判和自我超越的开放哲学。

4. "辨章学术,考镜源流"的治学规范与学术理性的坚守。"辨章学术,考镜源流"出自《校雠通义序》:"校雠之义,盖自刘向父子部次条别,将以辨章学术,考镜源流。非深明于道术精微、群言得失之故者,不足语此。"在中西文化交流中,梁启超有感于"中体西用论"和"西学中源论"的争辩,用于变革传统的"学术"概念,梁启超指出:"吾国向以学术二字相连属为一名辞,《礼记·乡饮酒义》云:'古之学术道者。'《庄子·天下篇》云:'天下之治方术者多矣。'又云:'古之所谓道术者,果恶乎在?'凡此所谓术者即学也。惟《汉书·震光传》赞称光不学无术,学与术对举始此。近世泰西学问大盛,学者始将学与术之分野,厘然画出,各勤厥职以前民用。试语其概要,则学也者,观察事物而发明其真理者也;术也者,取所发明之真理而致诸用者也。例如以石投水则沉,投以木则浮,观察此事实,以证明水之有浮力,此物理也。应用此真理以驾驶船舶,则航海术也。"[①] 论及"学"与"术"之间的关系,梁启超指出:"学者术之体,术者学之用,二者如辅车相依而不可离。学而不足以应用于术者,无益之学也;术而不以科学上之真理为基础者,

---

① 《梁启超全集》第四册,北京出版社1999年版,第2351页。

欺世误人之术也。"① 梁启超既不赞同一味考据帖括学，皓首穷经，而不能为治世所用的做法，同时也反对那种离学论术，模仿照抄他人经验的学舌之术。

袁祖社　谨识
2019 年 12 月

---

① 《梁启超全集》第四册，北京出版社 1999 年版，第 2351 页。

目 录

第一章 绪论 ··· 1

第二章 城乡一体化相关概念界定与相关理论 ····················· 30
 第一节 基本概念释义 ··· 30
 第二节 城乡一体化发展的相关理论 ···························· 49

第三章 西北地区城乡关系的历史演进 ······························ 78
 第一节 西北地区城乡关系演变历程 ···························· 79
 第二节 城乡关系历史演进的启示 ······························ 94
 第三节 西北地区地域系统的要素特点 ························ 97

第四章 城乡一体化发展的观测点与模型建构 ····················· 108
 第一节 系统论视域中的城乡一体化发展 ····················· 109
 第二节 基于系统动力学的西北地区城乡一体化发展能力
    分析与建模 ·· 124

第五章 西北地区城乡一体化发展运行机制的量化分析 ········· 142
 第一节 西北地区城乡一体化发展进程时序变化 ············ 142
 第二节 西北地区城乡一体化发展机制分析 ·················· 156
 第三节 推进西北地区城乡一体化发展的着力点 ············ 176

结 语 ·· 187
参考文献 ·· 190
后 记 ·· 202

第一章　绪　论

现代经济学理论和实践关注的中心议题之一是城乡经济社会的发展，马克思更是将"社会的全部经济史"概括为"城乡之间的对立运动"①。观察现代许多国家城乡关系发展轨迹，可以发现由分工而引发的城乡对立运动表现出来的总体态势是：由单纯的农村到因社会分工而导致城乡逐步分离、城乡差距扩大，再到城乡经济社会差距随着社会经济发展逐渐缩小，乃至城乡最终融合，即单纯的农村→城乡分离→城乡一体化的过程。

一　研究的背景意义

（一）研究背景

城乡发展逐步走向融合一体化是经济社会发展的总体趋势，城乡发展不平衡是当今世界各国经济发展中面临的共同问题。从世界城市化发展历程看，发展中国家逐步消除城乡二元结构的过程，就是其经济综合实力不断强化和提升的过程。

党的十一届三中全会确立了中国的改革开放之路，并率先在农村发起实践，经过40多年的改革实践，我国各项事业发展取得巨大成就，由此也奠定了我国现代化建设的坚实基础，农村面貌发生了历史性巨变，并形成了具有中国特色的农村经济社会发展体制机制，但由于历史沿革、国家发展战略、区位自然条件差异等多种因素的影响，我国的城乡之间实质性的二元结构转变还没有完成，作为工业集中地和政治经济中心的

---

① 马克思：《资本论》（第一卷），人民出版社2004年版，第408页。

城市与农村之间的发展不平衡问题还没得到解决,特别是伴随着城市化和新型工业化的快速发展,城乡差距扩大趋势逐渐呈现,不仅表现在经济上,而且表现在社会发展上。城乡居民在收入消费水平、公共服务等方面差距不断扩大,城乡矛盾日益加深,成为全面建成小康社会的主要障碍和整个国家现代化发展的制约。2003年国家提出了"科学发展观",并在表述上将"统筹城乡"位列"五个统筹"之首,但从2009年与2003年居民收入增幅比较看,城镇居民还是要高于农村居民近10个百分点。1978年与2009年城乡居民收入比,从2.57倍扩大到3.33倍。尽管2009年之后开始出现稳步下降的趋势,但中国城乡居民收入差距仍处于高位,从2015年全国城乡居民人均可支配收入计算来看,城乡收入比达到2.73。

进入21世纪以来,随着改革开放进程的逐步推进,中央破解我国城乡二元结构,形成城乡发展一体化新格局的战略思路逐渐明晰,理论界对这个问题的研究也不断深入。国家战略的推进为我国构建新型城乡关系指明了总体方向和奋斗目标。从国家战略制定层面看,2002年11月中共第十六次全国代表大会提出"统筹城乡经济社会发展""是全面建设小康社会的重大任务",并从农村经济发展、现代农业建设、农民收入增加三方面对"三农"问题的解决提出了要求。2003年7月胡锦涛提出"科学发展观",要求按照"五个统筹"推进党的各项事业的发展,其中"统筹城乡"被列于"五个统筹"之首。2006年3月国家"十一五"规划指出"建设社会主义新农村""建立以工促农、以城带乡的长效机制"。2007年10月党的十七大提出"形成城乡经济社会发展一体化新格局",并将统筹发展部署到落实科学发展与构建和谐社会层面,从工农城乡互动的长效机制上进一步丰富了"五个统筹"的内容。2008年10月十七届三中全会上又将"必须统筹城乡经济社会发展"置于推进我国现代化的重大战略的位置上。在审议通过的《中共中央关于推进农村改革发展若干重大问题的决定》中,明确指出,"始终把着力构建新型工农城乡关系作为加快推进现代化的重大战略"。2012年11月中国共产党第十八次全国代表大会再次强调,解决好三农问题是全党工作的重中之重,提出并论述了"城乡发展一体化"的新理论,指出"解决'三农'问题的根本途径"是"城乡发展一体化",并丰富了"新型工农、城乡关系"的内涵，不但要形成"以工促农、以城带乡"的长效机制，更要求建立"工农互惠、城乡一体"的新型城乡关系。2015年4月习近平总书记在中共中央政治局第二十二次集体学习时指出，"推进城乡发展一体化，是国家现代化的重要标志""是十八大的战略任务"，"全面建成小康社会，最艰巨最繁重的任务在农村，特别是农村贫困地区"，加快城乡发展一体化是落实"四个全面"战略布局的必然要求，并强调要"从自然禀赋、历史文化传统、制度体制出发""把工农、城乡作为一个整体统筹谋划"，逐步实现更高水平的城乡发展一体化，要求"城乡居民基本权益平等化、城乡公共服务均等化、城乡居民收入均衡化、城乡要素配置合理化，以及城乡产业发展融合化"[1]，由此城乡一体化发展战略从形成概念到可操作性实施逐步演变，其发展方向和实现途径越来越明晰。在党的十九大报告中，习近平总书记强调建立健全城乡融合机制体制和政策体系，加快推进农业农村现代化，坚持农业农村优先发展，进而实现产业兴旺、生态宜居、乡风文明、治理有效、生活富裕的乡村振兴总目标；城乡融合发展以更高远的站位、更丰富的内涵、更鲜明的政策指向促城乡一体化发展。

西部大开发以来，西北地区获得了较快的发展，但基于自然环境、人文历史等多重主客观条件和因素制约，与全国和东部地区相比，西北地区总体城乡发展水平滞后，经济社会和生态环境等方面还有很大差距，农村贫困率高。西部地区城乡一体化发展存在城乡分割的历史积淀且惯性较强；城乡分野的地理特征显著；中心极核的辐射作用乏力，城市化水平较低；乡村产业尚未形成有效的产业链，产业化程度较低，规模效益较差；财政支持乏力，县域经济欠发达等问题。[2]

西北地区（陕西、甘肃、青海、宁夏、新疆三省二区）是我国目前贫困人口最多的地区，"三农"问题严重，同时面临着生态环境脆弱、城市化水平低、城乡发展不平衡等尖锐的社会经济问题，城乡发展失衡最

---

[1] 习近平：《中共中央政治局第二十二次集体学习讲话：健全城乡发展一体化体制机制让广大农民共享改革发展成果》，2015年5月1日，新华网（http://www.xinhuanet.com/politics/2015-05/01/c_1115153876.htm）。

[2] 蔡云辉：《试论西部地区的城乡统筹发展问题》，《陕西理工学院学报》（社会科学版），2007年第2期。

为突出。从近年来人均地区生产总值、城镇居民和农村居民消费水平指标对比分析来看，西北地区与国家平均水平存在明显差距。至2017年西北地区形成了围绕全部32个地级及以上城市的区域中心，辐射西部的区域城镇集群有关中平原城市聚集区、兰州河谷城市聚集区、宁夏平原聚集区、天山北坡城市聚集区，但西北地区与东部和中部相比，城镇等级结构不合理，密度较小，职能功能不完善，城市的聚集扩散能力不足。西北地区是我国重要的生态功能区，近年来区域内自然保护区、林地、草地等均呈增长趋势。据统计，2015年西北地区森林总面积达到2525.13万公顷，占全国的12.16%，西北地区生态保护总体上逐见成效。同时西北地区处于生态脆弱区，抗人工干扰能力较弱，容易陷入"贫困—环境退化"恶性循环的怪圈，[①] 这对西北地区城乡一体化发展设置了较强的限制条件。虽然西部大开发战略的实施为西北地区的发展提供了前所未有的历史机遇，但农村发展滞后的现状尚未根本改变，制约了西北地区自身的发展，也影响全国更快更好的发展，促进西北地区城乡一体化发展成为迫切需要解决的重大课题。

（二）研究意义

（1）西北地区城乡一体化发展不仅是反思传统的区域发展战略，制定新的区域发展战略的需要，而且是西部区域实现小康社会宏伟目标，全面建成小康社会的需要，更是新时期破解西部地区"三农"问题的重要切入点和推进我国整体现代化进程的需要，对于该地区以及我国国民经济和社会事业的持续稳定协调发展具有重要现实意义。

（2）促进新时代西北地区城乡社会和谐、稳定、健康、持续而有活力地发展。城乡发展不平衡、农村发展不充分是新时代我国社会主要矛盾的一大重要体现。改革开放以来，随着城镇化进程的快速推进，乡村衰退现象也相伴而生，"农村空心化""农业边缘化""农民老龄化"等"新三农"问题突出，农村发展忽视与生态环境的协调融合，环境污损化严重，城乡发展中涌现出"融不进的城市，回不去的乡村"、无法安放的

[①] 卢艳丽等：《吉林省西部生态脆弱地区贫困问题研究》，《中国发展》2011年第5期。

乡愁等心态和能力双重不平衡下的无奈与彷徨。直到今天，乡村衰败现象在中西部地区还普遍存在。西北地区城乡一体化发展机制及政策着力点的研究对于推动城乡融合发展，促进新时代城乡社会和谐、稳定、健康、持续而有活力地发展具有重大理论、实践和现实意义。

（3）释放西北农村地区内在需求，激发西北农村地区内生发展动力。新常态下，中国经济发展进入了内需发力替代投资和外需的阶段。当前广大农村地区还存在诸多问题和短板，西部地区、贫困地区、少数民族地区、山区、生态环境脆弱地区等依然是短板中的短板，西部地区的贫困村、空心村，几乎没有村集体经济。有学者调研发现，陕西农村有集体经济收益的村社不超过10%，即使有也大多数收益较低，甚至出现大量的负债村。推进城乡一体化纵深发展，已经成为释放农村地区内在需求，激发农村地区内生发展动力的重要手段和途径。西北地区城乡一体化发展机制研究，有助于促使西北地区乡村主动而为，在城乡关系中扮演起独立的主角地位，成为国民经济新的增长点，最终实现城乡融合一体发展，全面建成小康社会。

（4）面对西北地区特殊的城乡经济社会生态问题，加快推动西北地区城乡一体化发展。西北地区城乡关系的演化与中国工业化道路、区域发展战略、推进市场化取向的渐进式改革，以及决定着只能选择这种道路的城乡结构交织在一起，形成一种特殊的历史胶合状态。与全国的城乡差距相比，西北地区的城乡差距表现得更为显著。西北城乡关系的演化及城乡差距，除了来自于历史发展战略上重工业优先发展的赶超型发展模式影响，还受到非均衡区域发展战略产生的区域差距影响。这些作用交织在一起，形成累积因果效应，呈现越落后地区城乡差距越大的局面。因此，中国城乡一体化发展的推进，缩小与东部地区的区域差距以及西部地区的城乡差距，关键是要解决好西北地区的城乡经济社会生态发展问题。中国城乡问题及其产生根源有相似之处，但更多的是差异。由于不同地域的产业发展基础、经济发展阶段、生态环境等因素不同，城乡一体化发展的措施与策略也因地而异。本研究即是思考基于西北地区特殊的地理构成、生态环境、历史人文以及社会经济情况，如何加快推进西北地区城乡一体化发展。

(5) 在城乡一体化相关概念分析的基础上，以系统论的视角对城乡一体化的内涵进行再认识，深入分析了城乡一体化发展系统的要素、功能结构及发展目标，探讨了城乡一体化发展过程的系统相变过程，自组织和他组织性、动态性及开放性特征，构建西北地区城乡一体化理论框架，并尝试采用现代系统论仿真分析的重要方法，构建了系统动力学模型，研究了西北地区城乡一体化发展的机制，充实了我国城乡一体化理论研究体系。

(6) 考察了西北地区自新中国成立以来城乡关系的历史演进，并运用全局时序主成分分析方法构建了城乡一体化发展指数模型，研究了2000年来全国、西北总体及西北各省（区）的城乡一体化发展进程的时序变换；运用时序回归，分析比较了全国、西北总体及西北各省的城乡一体化发展系统动力机制，以及城乡经济一体化、社会人口一体化、空间设施一体化及生态环境一体化各系统发展的影响因素。这一研究使得西北地区城乡一体化发展研究既联系历史，又立足现实，在时间维度、空间维度及动静交织中得以全面地展开，丰富了西北地区城乡一体化发展问题的内容，为科学把握城乡一体化发展趋势，客观反映和正确认识城乡一体化进程及水平，有效制定城乡协调发展政策提供参考。

二 国内外研究现状

（一）国外研究状况

西方发达国家关于城乡一体化发展问题有相对比较成熟的研究。具体而言，以马克思、恩格斯为代表的唯物辩证观点，从战略高度科学地预测了未来社会的发展规律，认为城乡融合是生产力发展的必然结果；马克思指出，亚细亚的历史是城市和乡村无差别的统一，古典古代的历史是以土地财产和农业为基础的城市的历史，真正的大城市在这里只能看作经济结构上的赘疣和王公的营垒。现代的历史不是像古代那样城市乡村化，而是乡村城市化，[①] 日耳曼时代是从乡村舞台出发，在城市和乡

[①] 《马克思恩格斯选集》（第二卷），人民出版社2012年版，第733页。

村的对立中进一步发展。恩格斯在《共产主义原理》(1847) 中指出，"在未来的共产主义社会中，城市和乡村之间的对立也将消失"，并最早系统阐述"城乡融合"概念，认为随着阶级和阶级差别的消失，农业和工业将是同一些人从事，通过消除旧的分工，达到城乡融合，"大工业在全国的尽可能平衡分布"，才能使社会全体成员得到全面发展。因此从消灭城市和乡村分离的条件和远景来说，"城乡融合"也不是什么空想。① 列宁预言，当城市和乡村生活方式避免它们固有的偏颇和缺点，将各自优点结合起来，那时就能克服城市和乡村的对立，② 城乡成为新的社会统一体。斯大林认为，"城乡融合"并不是'大城市的毁灭'，城乡对立消灭，而是还会出现新的大城市，将推动城市和乡村有同等的生活条件。它们是文化最发达的中心、大工业的中心，以及农产品加工发展的中心，促进全国的繁荣。③

国外学者对城乡一体化问题的研究中，早期主要关注空间结构及经济关系问题，但更多指向发达国家的城乡经济关系。研究重点之一是农业劳动力向城市的流动和发展中国家的"城市偏向"。20世纪70年代以后，社会学范畴内展开的研究逐渐增多，涉及发展中国家城市偏向的社会根源的探讨，发达国家的研究注重城乡差异的微观层面，研究更多地偏重于具体操作层面。

20世纪初至70年代中期，国外学者们主要是从城乡矛盾中凸显出来的比较集中的诸如人地矛盾、资源枯竭、生态恶化、环境污染、粮食危机等问题，对城乡一体化发展进行了研究探索，从城乡规划、人口资源环境的可持续发展、经济社会的协调发展等多个角度进行。

城市地理学界比较有影响的有英国城市学家霍华德的"田园城市理论"、美国建筑大师赖特的广亩城思想、芬兰学者沙里宁的"有机疏散理论"、城市地理学家芒福德的"区域统一体"理论等。1898年，霍华德出版《明日：一条通向真正改革的和平道路》，首次使城乡一体化理论走

---

① 《马克思恩格斯文集》(第一卷)，人民出版社2009年版，第689页。
② 《列宁全集》(第二卷)，人民出版社1984年版，第192页。
③ 《斯大林选集》(下卷)，人民出版社1979年版，第558页。

出单纯"象牙塔"的学术探索，走上与实践相结合的道路。霍华德针对当时英国经济社会发展中出现的城乡矛盾尖锐、城市病蔓延等时弊，极力主张进行社会改革，必须使"城市和乡村成婚"，倡导"城乡一体的新社会结构形态"①，认为这种城乡愉快的结合将产生新的希望和生活，迸发出新的文明，从而取代旧的城乡对立社会结构形态，芒福德对此大加赞扬，为该书1946年再版写序时说："他把城市和乡村问题作为统一改进的处理方案，大大走在了时代的前列。"1932年美国学者赖特撰书《消失的城市》提出"未来的城市应该是无所不在而又无所在的"，力主取消大城市。1942年沙里宁提出有机疏散理论。他在《城市：它的发展、衰败和未来》一书中谈到，同自然界所有的生物一样，城市的发展也是有机的集合体，针对城市拥挤等问题，要将城市人口和就业岗位分散，按照有机体功能组合到可供合理发展的远离中心的地域。②1961年，芒福德著书《城市发展史：起源、演变和前景》，论证了城乡有机结合的必然性，认为从城市发展的历史来看，城与乡同等重要，应当有机结合，不能截然分开；城与乡相比而言，应当说自然环境比人工环境更重要。主张分散权利来建造许多"新的城市中心"，并把发展引向许多平衡的社区里，保持城乡之间动态平衡的、更大的区域统一体发展，形成田园城市式的城乡一体化发展模式，进而重建城乡之间的平衡，获得区域整体发展，这样便可以避免特大城市的困扰，同时能让全部居民在任一地方都享受到城市生活的益处。

区域发展理论界，空间极化理论占主流，其中影响较大的是增长极理论和核心—边缘理论。法国经济学家佩鲁（Francois Perroux）最早提出增长极理论，后来法国地理学家布代维尔将增长极理论引入到区域经济理论中，之后瑞典、美国等经济学家在不同程度上发展了该理论，如缪

---

① ［英］埃比尼泽·霍华德：《明日的田园城市》，金经元译，商务印书馆2000年版，第9页。

② ［美］伊利尔·沙里宁：《城市：它的发展、衰败和未来》，顾启源译，中国建筑工业出版社1986年版，第18—22页。

尔达尔、赫希曼、弗里德曼等。① 佩鲁认为，经济增长是以不同的强度首先出现在一些"增长极"，并非所有地方同时出现，布代维进一步提出经济空间是经济变量在地理空间之中或之上的运用，城市中心的工业集群，是一个地区经济发展的"增长极"。1957年缪尔达尔提出"地理二元结构"理论，解释一个国家经济发展地理上二元结构的成因，并构建了"循环累积因果模型"，论述其作用机制。他在《经济理论和不发达地区》中指出，发达地区和落后地区之间存在着"回波效应"与"扩散效应"两种相互作用力，并且其作用力相互促进客观存在。在前者的作用下，中心区域会率先实现自身的发展，由于其基于自身优势，抑制"外围"区域发展。而后，在后一种作用力影响下，将会带动外围经济发展。中心区域有利的要素资源将向"外围"区域扩散传播。但是，缪尔达尔认为在市场机制的作用下，两种力量的作用是不均衡的，回波效应大于扩散效应，由此形成循环累积因果效应。因此在二者相互作用力的推动下，核心区与外围区之间的发展差距可能会进一步拉大，而不是缩小地区间的发展差距。② 其政策指向是政府应采取一定的特殊措施来刺激落后地区的发展，以免累进性因果循环造成贫富差距无限制扩大，从而使得城镇的极化效应和扩散效应达到相对均衡。赫希曼在《经济发展战略》（1958年）中提出"不平衡增长理论"，对区域经济不平衡发展的研究又深入了一步，他称发达地区（中心城市）经济增长对落后地区（腹地）的积极影响为涓滴效应，消极影响为极化效应。③ 认为发达地区的发展会出现城市拥挤产生的环境问题，落后地区国内市场需求方面会限制发达地区的经济扩张，而落后地区的资源因没有得到充分利用将使国家经济发展受损，强调国家将出面来干预并加强涓滴效应，这样促进落后地区经济发展，以利于发达地区的经济继续增长。认为地理空间上的长远涓滴的效应会大于极化效应，会作用于区域差异的缩小，主张把中心城市作为增

---

① 任国岩：《城市会展业发展的理论、方法与应用——基于宁波的探索》，冶金工业出版社2015年版，第38页。
② 姚开建等：《西方经济学名著导读》，中国经济出版社2005年版，第507—508页。
③ [意]罗伯塔·卡佩里：《区域经济学》，赵文等译，经济管理出版社2014年版，第197页。

长极，大力发展。① 1966年，弗里德曼在《区域发展政策》中正式提出空间极化发展的"核心—边缘理论"，解释城乡之间及区际发展过程的非均衡状态，并在《极化发展理论》（1969）一书中，将其思想发展为一种普遍适用理论模式。② 他认为区域经济发展过程中，会促使地域空间结构进行重新组合。随着地域空间子系统的边界变化，将会出现若干个规模不等的"核心—边缘"结构，随着经济联系和交往的加强，将会形成功能一体化的空间结构体系，最终使区域经济走向空间一体化。增长极和核心—边缘理论将空间因素引入到了发展理论中，从区域经济发展差距和区域空间结构关系，研究区域空间结构的优化对区域经济发展的影响和作用，为区域开发活动提供了理论借鉴。

20世纪50年代后，发展经济学对城乡发展关系有了一系列较深入的探讨。1954年，美国著名发展经济学家刘易斯以新视角研究了发展中国家存在的城乡矛盾，首次系统提出了二元经济结构理论。在《经济发展的劳动力无限供给》中，他提出发展中国家消除二元结构，进而摆脱贫困的主要途径是促使农业剩余劳动力的现代工业部门转移。力推城市带动乡村地区发展，建立以城市为中心的城乡资源要素的流动，重建城乡之间的平衡，全体居民共享城市生活益处。③ 费景汉和拉尼斯进一步发展了刘易斯模型，1961年提出了"刘易斯—拉尼斯—费景汉"模型。清晰地表述了工业和农业之间的发展关系，认为城乡经济发展的关键在于城乡产业结构的协调和优化。④ 论证了城市掠夺农村劳动力及资金资源的理所当然性。指出向城市社会为基础的社会转化需要"城市—工业"加速增长，促使农村农业部门剩余劳动力转移到城市工业部门。不过研究视角上，这一模式中农业部门始终处于附属地位，是为了保证工业部门扩

---

① ［美］艾伯特·赫希曼：《经济发展战略》，转引自曹云《国家级新区比较研究》，社会科学文献出版社2014年版，第37页。
② ［美］约翰·弗里德曼：《极化发展理论》，转引自李锦宏《区域规划理论方法及其应用——基于欠发达、欠开发地区视角》，经济管理出版社2011年版，第20页。
③ W. A Lewis, "Economic Development with Unlimited Supplies of Labour" *The Manchester School*, Vol. 22, No. 2, 1954, 139–191.
④ ［美］费景汉（Dr. John C. H. Fei）等：《劳动剩余经济的发展——理论与政策》，王璐等译，经济科学出版社1992年版，第59—77页。

张。美国经济学家托达罗改进了费景汉和拉尼斯的模型，1969年在《欠发达国家中劳动力流动和城市失业的模型》一文中提出"托达罗人口流动模型"，之后在1970的《第三世界的经济发展》一书中又就发展中国家二元经济结构中劳动力流动的问题进行了系统论述，认为发展中国家对农业部门忽视，片面强调对城市工业部门投资是造成其农业发展相对落后的主要原因。[1]

总体来看，70年代以来，国外对城乡一体化的发展关注不断提高，但城市仍处于经济社会发展的"中心"，这些研究的重心大多是站在解决日益拥挤的空间问题，如城市病等方面。70年代中期，学者们开始反思并批判过去以城市为中心的城乡理论的不足，如美国经济学家利普顿就指出："乡村的贫穷落后主要源于对城市政治、社会、经济各方面的偏向，且将这些大部分归因于发展政策的城市偏向。"[2] 提出要实行"以乡促城"的城乡一体化发展模式，在政策上赋予农村更大的自主权。

20世纪80年代后，城乡一体化发展思想出现了根本性的分化，各种理论流派纷纷涌出，比较流行的有斯多尔、泰勒、朗迪勒里等学者的研究。斯多尔进一步发展了利普顿的理论，提出了以农村为中心的城乡一体化理论，提倡以各地自然、人文和制度资源最大利用为基础的自下而上的发展，强调满足当地居民的基本需求是发展的首要目标。朗迪勒里则认为决定发展政策成功的要害是城市的规模等级。80年代后期，加拿大学者麦基关注到亚洲一些国家的城市问题，提出了"Desakota"概念。[3] 强调一种以区域为基础的城市化现象，论述了不同于西方国家以城市为基础的一种城市化景观。学者恩温强调从城乡联系角度研究城乡均衡发展规律，并初步构建"城乡间的相互作用、联系、流"的分析框架，认为不仅要依靠城市空间，更应通过"流"的畅通机制来实现城市和乡村

---

[1] ［美］托达罗（Todaro, M. P.）：《第三世界的经济发展》（上），于同申等译，中国人民大学出版社1988年版，第352—358页。

[2] Michael Lipton, *Why Poor People Stay Poor: Urban Bias in World Development*, Cambridge, Mass.: Harvard University Press 1977, pp. 50-53.

[3] T. G. McGee, *The emergence of Desakota region in Aisa: Expanding a Hypothesis*, Hunolulu: University of Hawaii Press, 1991, pp. 3-25.

的共同繁荣。① 日本学者岸根卓郎在总结日本"第四次全国国土规划"思想的过程中，构建"自然—空间—人类系统"研究视角，强调破除城乡两者界限的重要性，提出要充分利用二者的强大引力，形成融合发展，主推一个总体环境优美，能够不断向前发展的美好定居之地。②

20世纪末，城乡联系的发展理论在学术界逐渐兴起。较有影响的有道格拉斯（Douglass）的区域网络发展模型，③ 道格拉斯从城乡联系的"流"及城市辐射的角度，论述了城乡关系的演变过程。他将其视为是一个"城乡联系的良性循环"过程。多个聚落族群内乡村的内在推力主要通过城乡联系的"流"与城市扩散力在一定区域相交合，形成有序化、系统化的运动过程。由此，使得城乡一体化理论由城乡系统内部的静态分析转向了复杂区域背景的动态研究。

21世纪以来，城乡一体化研究趋势呈现国际化的特点，并成为研究热点，不同学者努力进行了一些创新性的思考，城乡相互作用研究中更注重城乡之间的联系，而不是差距。

（二）国内研究状况

国内关于城乡一体化发展的研究与实践与我国改革开放后乡镇企业的兴起、小城镇的发展等密切相关。我国城乡一体化概念最初不是理论工作者学术论证的产物，而是来自20世纪80年代初的苏南地区改革实践的实际工作者。④ 相关理论研究经历了反城乡一体化、小城镇理论及多元化城乡一体化阶段。最初对城乡关系的认识倾向于城市为主，对城乡一体化还存在争议，农村处于辅助的单向发展的思想。如陈城对中国社会主义城市化提出了批评。⑤ 有学者提出现阶段我国还处于社会主义初级阶

---

① Friedmann John, Douglass Mike, *Agropolitan Development*: *towards a New Strategy for Regional Planning in Asia*, Los Angeles: University of California, 1975, pp. 101–146.
② ［日］岸根卓郎:《新型国家的创造——城乡融合社会系统希望之光来自东方》，王伟军等译，东北林业大学出版社1987年版，第37—42页。
③ M Douglass, "A Regional Network Strategy for Reciprocal Rural—Urban Linkages: An Agenda for Policy Research with Reference to Indonesia", *Third World Planning Review*, Vol. 20, No. 1. January 1998.
④ 张雨林:《论城乡一体化》，《社会学研究》1988年第5期。
⑤ 陈城:《是社会主义城市化，还是城乡一体化》，《求索》1984年第6期。

段，城乡差别还很大，城乡一体化的提法超越了我国现阶段城乡关系准则。[①]

20世纪80年代后期开始，城乡一体化的观点，随着乡镇企业迅猛发展，逐渐流行，[②] 开始了一些城乡一体化专题研究，如陈志中等撰写的《发展乡镇企业与城乡一体化》等。费孝通（1983）提出，要大力发展农村非农产业和农村小城镇，为农民的致富提供稳定的商业渠道和集散中心，[③] 提出必须要走以农村乡镇企业为主体、大城市为中心的网络发展道路，以实现城乡协调的一体化发展。90年代前后城乡边缘区的城乡一体化研究趋向出现。认为城乡边缘区是一种独特的地域类型，兼有城市和乡村两种地域特征。研究中学者们涉及了城乡边缘区的概念、特性[④]、类型[⑤]、空间演变机制[⑥]等，对城乡一体化的认识在不断加深。李迎生（1992）研究了城乡关系在社会主义初级阶段面临的问题和城乡发展演变的客观性，[⑦] 研究开始突破单向融合发展与城乡工业一体化或经济一体化研究，城乡地理空间概念及生态学实质等也进入了研究范围，对城乡一体化的内涵、发展模式、理论框架等有了较深入的探讨。

90年代后期，城乡一体化研究趋向于具体化和系统化。1988年农业部政策研究中心《二元社会结构的城乡关系》研究报告中，提出了我国"二元社会结构"的概念。[⑧] 之后，郭书田等在《失衡的中国》中指出中国国情的根本特征是二元社会结构，城乡二元社会关系研究引起了广泛的关注。[⑨] 文中详细论述了城市化、工业化与二元社会结构之间的关系。这一时期研究内容日趋丰富完善，城乡一体化理论框架开始构建，城乡一体化特定的内涵逐步明确。研究涉及城乡一体化特征、目标战略、动

[①] 王圣学：《关于"城乡一体化"的几点看法》，《理论导刊》1996年第5期。
[②] 黄楚平：《澄清对城乡一体化的三个认识误区》，《理论参考》2010年第2期。
[③] 丁元竹：《费孝通城镇化思想：特色与启迪》，《江海学刊》2014年第1期。
[④] 顾朝林等：《中国大城市边缘区特性研究》，《地理学报》1993年第4期。
[⑤] 张锷：《城市边缘地区开发活动特征及其类型研究》，《城市规划汇刊》1991年第5期。
[⑥] 涂人猛：《城市边缘区——它的概念、空间演变机制和发展模式》，《城市问题》1991年第4期。
[⑦] 李迎生：《"城乡一体化"评析》，《社会科学研究》1992年第2期。
[⑧] 徐冠军：《对中国二元社会结构理论认知的反思》，《辽宁行政学院学报》2010年第3期。
[⑨] 郭书田：《失衡的中国——农村城市化的过去、现在与未来》，《党史研究》1991年第2期。

力机制、阻碍因素、实现条件等众多方面的讨论，出现经济地理、公共资源、教育文化等诸多领域视角，研究方法上呈现多样化的态势，实证研究和定量研究方法开始增多。孙中和指出城乡一体化是城市发展到高级阶段的区域空间组织形式。① 邓丽君（2001）提出城乡一体化具有长期性、广泛性、地域性、整体性、互动性、双向性六大特征。② 国内学者们力图对城乡一体化理论及实践展开更为全面的认识。冯雷（1999）、甄峰（1999）等学者深入分析了城乡一体化的内涵与本质，并延伸到城乡发展规划建设、全方位融合及实施等方面的探讨，③ 甄峰进一步研究了城乡发展模式、机制等。朱磊（2000）等学者讨论了城乡一体化规划理论框架。④ 刘华玲（1999）等强调城乡经济的互渗和交流是城乡一体化发展的关键。⑤ 同时学者们开始认识到产业和地域差异在城乡一体化中的影响，并提出实现经济、社会、生态三大效益的城乡一体化。另外，相关学者开始重视农民利益被侵占、土地资源效率低、浪费等城乡一体化发展中出现的问题，学者们更加审慎地看待农村产业发展对生态环境的效应。

进入 21 世纪以来，城乡发展严重失衡的现实状况，愈加迫切需要推进城乡发展的一体化。破除城乡二元结构，加快城乡一体化研究成为学术界热点，并逐渐为中央高层所接受，我国城乡一体化理论进入快速发展时期。城乡一体化研究从强调城乡资源要素的自由流动、协作互补发展到基本概念的研究与探讨，开始更多强调城乡共生与统筹。顾益康（2003）、洪银兴（2003）⑥ 等从促进城乡共同发展角度出发，提出城乡一体化就是要改变城乡差距发展战略，形成城乡社会经济共同进步发展的新格局；是在城乡两个不同特质的经济社会单元和人类聚落空间区域

---

① 孙中和：《中国城市化基本内涵与动力机制研究》，《财经问题研究》2001 年第 11 期。
② 邓丽君：《城乡一体化之我见》，《现代城市研究》2001 年第 2 期。
③ 冯雷：《中国城乡一体化的理论与实践》，《中国农村经济》1999 年第 1 期。甄峰等：《国内城乡一体化研究进展与思考》，《现代城市研究》1999 年第 2 期。
④ 朱磊：《城乡一体化理论及规划实践——以浙江省温岭市为例》，《经济地理》2000 年第 3 期。
⑤ 刘华玲：《二元经济结构的突破与城乡一体化发展：中国城乡经济相互渗透研究》，《文史哲》1999 年第 4 期。
⑥ 洪银兴等：《城市化和城乡一体化》，《经济理论与经济管理》2003 年第 4 期。

范围，破除计划经济体制下形成的二元结构，相互依存、开放互通、谋求协调共生融合发展的过程。城乡一体化研究重点主要集中在评价、建设模式、发展机制、规划实施、管理体制、政策措施等方面。如李岳云（2010）提出了城乡一体化的框架体系与基本思路。① 王伟（2010）重新解读了城乡一体化发展的趋势及相关概念，涉及发展的基础前提、关键要素、条件保证等角度与层次。② 成受明、程新良（2005）、刘家强（2006）等认为城乡一体化的重点路径是规划体制、投入体制、管理体制、法律制度四个方面。③ 城乡一体化发展模式研究也随着各地实践的深入展开逐渐丰富。有代表性的发展模式有"苏南模式"、"以城带乡"珠三角模式，"城乡统筹规划"上海模式，"城乡结合"北京模式，"以城带乡，城乡互动"成都模式等。④ 学者们开始关注城乡一体化研究的差异性与特殊性，开始围绕某一具体区域进行针对性研究，⑤ 魏尧（2009）分析了城乡一体化差序格局的具体表现及成因，并认为弱化差序格局需要在城乡协调发展、体制机制改革、城镇化进程和新农村建设推进的途径上展开。⑥ 黄国胜（2010）等从新农村建设的角度探讨了城乡一体化实现。⑦ 孙刚印（2011）关注到政策工具选择对不同地区、不同发展阶段的城市化及城乡一体化发展的影响作用。⑧

总之，21世纪以来，城乡一体化研究理论随着我国城乡实践的深入发展而趋于系统和成熟。由于城乡一体化发展涉及生态环境、经济社会、文化生活、制度体制、空间布局等众多方面，使得城乡一体化理论也在多学科、多领域的相互交流、相互渗透中发展。各领域的学者分别从其

---

① 李岳云：《城乡一体化的框架体系与基本思路》，《江苏农村经济》2010年第2期。
② 王伟：《对城乡一体化发展新趋势概念的重新解读》，《菏泽学院学报》2010年第6期。
③ 成受明等：《城乡一体化规划的研究》，《四川建筑》2005年第S1期。
④ 余燕等：《国内外城乡一体化发展模式研究综述及启示》，《苏州教育学院学报》2016年第2期。
⑤ 刘勇等：《近年来我国区域城镇化进程态势分析》，《区域经济评论》2014年第3期。
⑥ 魏尧：《城乡一体化差序格局探析》，《生态经济》2009年第3期。
⑦ 黄国胜等：《统筹城乡发展视角下的新农村建设》，《西北大学学报》（自然科学版）2010年第3期。
⑧ 孙刚印：《对推进城乡一体化政策工具选择的思考》，《北京农业职业学院学报》2011年第3期。

专业视角展开研究，目前还未形成一个统一的定义，这也反映出城乡一体化问题的复杂性。比如生态学者认为城乡一体化发展是区域生态群落合规律作用的结果，是生态系统的最高境界和城乡区域经济生态良性平衡的状态。[①] 城市地理学者把城乡一体化看作城乡关系自身否定之否定而实现的自然—社会—经济复合系统发展变化的顶级状态。社会学主要从社会分层理论和社会结构转换的角度进行分析，给出政策建议，代表性的有陆学艺（2009）、李培林（2012）等。经济学主要从经济结构转型和"三农"角度进行分析，如高帆（2008）、顾益康（2003）等。

（1）城乡一体化发展动力机制研究。国内的学者主要从体制改革、乡镇企业和小城镇发展等角度展开，研究中分析了城乡一体化发展中制度体制改革产生的影响，以及劳动力流动对城乡一体化的作用。多数学者指出城乡一体化发展的动力作用来自中心城市的向心力与离心力，农业的产业化和现代化、乡村的工业化和城镇化、乡镇企业和小城镇的发展等。可归结为城市主导作用机制，小城镇主导作用机制和城乡结合统筹作用机制。李同升（2000）指出城乡一体化的主要推动力中，中心城市的扩散效应、乡镇企业发展、农业产业化和小城镇建设在不同历史阶段其作用机制和形式是不同的。[②]

许学强认为政策制度是中国乡村—城市转型的关键，并强调思想观念和基础设施改善获得的区位环境效应的重要影响。[③] 石忆邵（1997）认为，大城市产生的极化效应和扩散效应具有引导城乡资源和生产要素流动与重新配置的功能。吴伟年（2002）运用增长极理论就浙江金华的城乡一体化发展机制进行了分析，指出该地区实现城乡一体化发展的过程中，城市"集聚经济"的拉力与农村工业化推力的共同作用及基础设施的融合力是必不可少的动力。阎小培等（1998）认为乡村城市化的形成

[①] 李培林：《城市化与我国新成长阶段——我国城市化发展战略研究》，《江苏社会科学》2012年第5期。

[②] 李同升等：《城乡一体化发展的动力机制及其演变分析——以宝鸡市为例》，《西北大学学报》（自然科学版）2000年第3期。

[③] 许学强：《中国乡村—城市转型与协调发展》，科学出版社1998年版，导言第4页。

机制主要是乡村劳动力非农化和乡镇工业的发展。① 还有学者将我国城乡一体化发展机制归结为内部动力和外部动力，认为内部动力来自于乡村城市化与城市现代化、② 自然生态③，外部动力来自于改革开放与外资引进与注入的驱动。崔功豪（1999）总结中国城乡一体发展的自下而上动力机制，认为城乡之间、城市之间的相互作用是城市化发展的又一基本动力，认为自下而上城市化的实质内容由乡镇企业的发展、劳动力的转化和小城镇建设构成。战金艳（2000）研究了大城市边缘地带城乡一体化的作用机制，认为城乡经济差异、社会需求导向、中心区人地矛盾的压力、社会文化心理因素、区位优势等多因素作用促进了这些地带的成长。④ 李长坡等（2010）以半城市化地区为研究对象，探讨了新农村建设、生态休闲旅游区建设、工业集聚区建设、中心城市区位优势、城市行政办公中心搬迁等因素相互交织的复杂作用如何推动了该类区域城乡一体化的发展。⑤ 张登国（2009）从城乡利益差别、政府制度、信息化、政府利益驱动角度探讨了我国城乡一体化的动力机制问题。⑥ 鲁奇（2005）、罗亚丽（2005）等学者研究了制度的路径依赖对城乡一体化发展的影响，认为制度直接或间接对城乡一体化各方面及实现程度产生了重要的作用，是主要驱动因素。任保平（2011）从马克思主义经济学和发展经济学角度提出城乡经济社会一体化的形成机制是聚集扩散机制和市场互动机制。⑦ 赖扬恩（2000）认为要实现城乡一体化，首先要为城乡之间生产要素的流动创造一个自由环境，改革原有的城乡分割的管理体

---

① 阎小培等：《珠江三角洲乡村城市化特征分析》，《地理学与国土研究》1997年第2期。
② 杨荣南等：《城市空间扩展的动力机制与模式研究》，《地域研究与开发》1997年第2期。
③ 张安录：《城乡相互作用的动力学机制与城乡生态经济要素流转》，《城市发展研究》2000年第6期。
④ 战金艳：《大城市边缘地带的成长机制》，《山东师大学报》（自然科学版）2000年第2期。
⑤ 李长坡等：《半城市化地区城乡一体化动力机制与发展模式研究》，《安徽农业科学》2010年第17期。
⑥ 张登国：《中国县域城市化进程中的问题及发展路径》，《农村经济》2009年第12期。
⑦ 任保平：《城乡经济社会一体化：界定、机制、条件及其度量》，《贵州财经学院学报》2011年第1期。

制，必须加大包括农村土地使用权流转制度、乡镇企业产权制度及户籍制度等一系列城乡一体化相关制度创新。①

（2）从城乡系统角度展开的研究。朱家瑾（1998）探讨了以城镇系统、自然、经济、社会为基础构成的城乡一体化系统架构。②张建桥（2011）以系统思维辩证视角对城乡关系进行了再认识，提出城市与乡村的互相转化呈现非均衡发展态势，对于城市化程度相对较低的发展中国家来说，优化城乡大系统，以求得城乡大系统的最大利益。③曲亮等（2004）学者从种群生态学共生理论出发，将城市和农村作为具有复杂相关关系的两个有机生态种群，研究了城乡共生系统的运作机理，提出决定共生机制良性运动的是直接关系、市场、民间组织等界面介质。④胡金林（2009）运用系统论的思想，将城乡一体化发展置于个人与区域组织共生的系统中进行研究，认为城乡一体化发展的根本动力来自于共生组织通过城乡一体化发展获取的"超额利益"。⑤罗湖平等（2011）探讨了城乡共生体与环境的双向动态激励机制与措施。

（3）定量分析及区域研究。定量分析研究主要体现在区域城乡一体化进程与水平，大城市城乡一体化指标体系以及小城市城乡一体化建设等方面，主要从某个区域、大城市以及小城市或县域乡镇的视角阐述城乡一体化的评价体系构建与建议。

宏观层面，杨荣南（1997）建立了包含五个方面的城乡一体化评价指标体系基本框架，具体涉及35个领域。⑥席雪宏（2008）对中国31个地区的城乡一体化水平进行了因子分析法的综合评价。⑦段娟（2009）就我国大陆31个省域的城乡互动关联发展，进行了量化综合评价和排

---

① 赖扬恩：《城乡一体化道路研究》，《福建论坛》（经济社会版）2000年第12期。
② 朱家瑾：《城乡一体化系统规划探讨》，《重庆建筑大学学报》1998年第3期。
③ 张建桥：《城乡关系的再认识——系统思维辩证思维战略思维的视角》，《理论导刊》2011年第3期。
④ 曲亮等：《基于共生理论的城乡统筹机理研究》，《农业现代研究》2004年第5期。
⑤ 胡金林：《我国城乡一体化发展的动力机制研究》，《农村经济》2009年第12期。
⑥ 杨荣南：《城乡一体化及其评价指标体系初探》，《城市研究》1997年第2期。
⑦ 席雪宏：《中国各地区城乡一体化水平影响因素分析》，《经济研究导刊》2008年第15期。

序，采用空间计量经济模型对 1986—2005 年间各省的数据进行对比研究。[①]

中观区域研究中，常春芝（2009）研究了辽宁沿海经济带城乡一体化综合指数评价，运用加权线性和法对大连、盘锦、丹东等 6 城市的数据进行分析。[②] 焦必方等（2011）对长三角地区两省一市，1999 年起连续 10 年的城乡一体化进程进行了监测。[③] 修春亮等（2004）对东北地区内部的沿海大城市地区、中部大城市地区和西部中等城市地区，分别选取大连、长春和白城作为调查对象，分析各典型城市地区的城乡一体化进程。[④] 刘伟等（2010）评价与分析了四个直辖市的城乡一体化进程。

省市研究中，张淑敏等（2004）运用客观赋权法构建城乡发展综合评价指标，静态评价了 2001 年山东省 17 地市城乡发展水平。[⑤] 王蔚等（2011）对湖南省及各市州 2005—2009 年城乡一体化进程进行了评价和分析，其指标包括城乡均衡、协调和发展 3 个层次。[⑥] 完世伟（2008）运用网络层次分析法构建指标对河南省 2006 年区域城乡一体化静态发展状态进行了评价。[⑦] 苏春江（2009）采用德尔菲法，对河南省城乡经济社会发展程度构建指数和城乡差异程度测评体系，研究河南省各省辖市城乡一体化发展程度。罗雅丽等（2007）对 1980—2004 年大西安城乡一体化水平演进进行了实证研究。[⑧]

县域研究中，张庆文等（2010）以北京市为例，对京郊 10 个区县城

[①] 段娟：《基于空间计量经济学的 1986~2005 年我国区域城乡互动发展差异成因分析》，《安徽农业科学》2009 年第 27 期。
[②] 常春芝：《辽宁沿海经济带城乡一体化评价分析》，《气象与环境学报》2009 年第 1 期。
[③] 焦必方等：《城乡一体化评价体系的全新构建及其应用》，《复旦学报》（社会科学版），2011 年第 4 期。
[④] 修春亮等：《东北地区城乡一体化进程评估》，《地理科学》2004 年第 3 期。
[⑤] 张叔敏等：《山东省区域城乡一体化的定量分析与研究》，《山东师大学报》2004 年第 3 期。
[⑥] 王蔚等：《湖南省城乡一体化评价指标体系及量化分析》，《湖南大学学报》（自然科学版）2011 年第 4 期。
[⑦] 完世伟：《城乡一体化评价指标体系的构建及应用——以河南省为例》，《经济经纬》2008 年第 4 期。
[⑧] 罗雅丽等：《城乡一体化发展评价指标体系构建与阶段划分——以大西安为例》，《江西农业学报》2007 年第 7 期。

乡一体化水平进行了评价。① 易雪妮等（2013）以嘉禾县为例，选取了22个评价指标进行城乡一体化阶段的评价，其指标合成用到层次分析法和模糊数学法。② 康珈瑜等（2016）选择4个研究时间节点，分析了中原城市群48个县（市）的城乡一体化水平空间分布格局。③

区域研究中一些学者对东部、中部及西部进行了比较分析。如战金艳等（2003）运用灰色关联分析法研究了城乡一体化的关联发展，认为我国东、中、西区域之间在基础设施与城乡一体化发展的关联水平存在着明显的空间差异。④ 白永秀等（2013）建构中国省域城乡发展一体化水平评价指标体系，其设计的评价变量众多，包括了4个维度、35个指标，通过评价研究发现我国城乡一体化整体水平呈现出"东部较高、中部居中、西部偏低、东北穿插其中"的基本态势。⑤ 也有学者就具体西部区域城乡一体化发展的动力机制进行了定量研究，如张果等采用灰色关联度和因子分析法，研究成都市城乡一体化的机制。李同升（2000）等对宝鸡市动力机制进行了实证分析。⑥

（三）国内外研究简评

以上从时间序列梳理了国内外关于城乡关系发展的相关理论成果，同时从我国城乡一体化发展实践及理论沿革，重点回顾了城乡一体化发展的动力机制、系统视角、定量分析及区域研究几个方面，对近年来研究进行整理与回顾。马克思主义经典作家关于城乡融合的理论既揭示了城乡关系演化的一般规律，又指明了城乡关系研究的方向，是研究当代

---

① 张庆文等：《城乡一体化综合评价与聚类分析——以北京市为例》，《农村经济》2010年第12期。
② 易雪妮等：《县域城乡一体化评价与分析——以嘉禾县为例》，《长沙大学学报》2013年第2期。
③ 康珈瑜等：《中原城市群县域城乡一体化水平的空间格局研究》，《河南科学》2016年第6期。
④ 战金艳等：《中国基础设施与城乡一体化的关联发展》，《地理学报》2003年第4期。
⑤ 白永秀：《中国省域城乡发展一体化水平评价报告》，中国经济出版社2013年版，第235—238页。
⑥ 李同升等：《城乡一体化发展的动力机制及其演变分析——以宝鸡市为例》，《西北大学学报》（自然科学版）2000年第3期。

中国城乡一体化发展最重要的指导思想。

综观国内外已有研究，国外学者对城乡一体化问题研究中，早期主要关注空间结构及经济关系问题，但更多指向发达国家的城乡经济关系。研究重点之一是农业劳动力向城市的流动和发展中国家的"城市偏向"。20世纪70年代以后，社会学范畴内展开的研究逐渐增多，涉及发展中国家城市偏向的社会根源的探讨。20世纪80年代后各种理论流派也纷纷涌现，20世纪末，更强调从城乡联系角度来研究城乡均衡发展的规律，而进入21世纪以来，研究的重要趋向表现在城乡相互作用的研究上，研究中更注重城乡之间的联系，而非差距。这些理论为研究中国西北地区城乡一体化发展问题提供了很好的借鉴。与其他国家城乡关系形成机理和演变过程相比，我国具有很大的特殊性，另外国外关于城乡发展的研究多是为了解决城市病突出，城乡矛盾不断加剧，城市环境不断恶化等一系列问题为出发点展开研究，具有问题导向的初始根源性，尽管我国城乡一体化的发展也会涉及这些问题，但却需要更加关注问题导向与目标导向的双重作用模式的发展研究。中国城乡一体化发展的实现需要在借鉴与扬弃中寻求科学适宜的理论指导。

国内关于城乡一体化发展的研究与实践和我国改革开放后乡镇企业的兴起与发展以及城市化迅速发展等社会经济发展状况密切相关，研究经历了反城乡一体化阶段、小城镇理论阶段及多元化城乡一体化理论阶段。20世纪80年代后期和90年代，伴随着乡镇企业迅猛发展，城乡一体化逐渐形成了独立专题研究。90年代后期，城乡一体化研究趋向于具体化和系统化。开始逐步明确中国城乡一体化特定的内涵与范围，研究内容日趋完善，研究方法也采用定性与定量相结合的方法，实证研究也逐渐多了起来，而且研究方法和研究视角逐渐呈现出多样化的发展趋势。进入21世纪以来，随着破除城乡二元结构、城乡发展一体化的推进及逐渐成为国家发展战略，我国城乡一体化理论进入快速发展时期，城乡一体化理论日臻系统和成熟。强化规划和生态环境上的城乡一体化研究方向也渐趋明确。研究与探讨更多强调城乡共生与统筹，同时学者们也日益认识到城乡一体化发展中的差异性与特殊性。

经过40年的研究，国内学者对城乡一体化的本质特征等有了更全面的认识，围绕城乡一体化的内涵、主要内容、发展趋势、目标、发展阶段等作了大量的研究，取得了一定成果，并且达成了许多共识。对中国城乡一体化的特殊性也有了深刻的认识。研究从单领域向多领域发展，从经济领域不断向其他领域扩展，近年来对政治社会、教育文化以及生态环境等领域的研究也有了延伸，并进行大量的研究和实践，学者们从各个侧面共同揭示城乡一体化发展问题。研究方法也不断创新，但多学科交叉、融合性研究还十分不足。城乡一体化发展水平测度、发展机制及模式等的理论有数量较多的研究成果，对相关问题达成了一些基本理论共识。推进城乡一体化发展的实践上，政府部门和学术界也做出了不少努力和大胆尝试。近年来研究趋势呈现出将城市和乡村作为一个有机统一体进行研究，而不是仅仅停留在简单拼贴基础上展开城市乡村关系及一体化发展研究。另外方法上运用多元综合、跨学科对城乡一体化问题研究的趋势也有所发展。

这些研究成果丰富了中国城乡一体化发展理论的内容，为本研究奠定了良好的基础。但总体上说，深度和系统性上还都有待进一步拓展，目前研究的不足之处在于：

（1）西方学者的研究多集中在发达国家城乡关系问题，一般把城市与乡村分离开来进行研究，理论创立之初城乡对立并不明显。国内城乡一体化研究也没有明确将城乡关系纳入统一的分析框架，多是从城市化、工业化的层面或三农角度进行论述，需要在更加宽广的视野下，跳出城市，来探讨城乡关系的发展。虽然近来的理论开始强调城乡联系的重要性，但多数研究还停留于概念和抽象理论的探讨阶段，而定性和定量研究与实证研究相结合的较少。

（2）从研究范围与对象来看，国内从国家宏观层面和具体微观的视角研究较多，集中在国家整体和某个城市或地区的城乡一体化发展问题上，大部分学者都对东部沿海地区的城乡一体化进行了深入的研究，对欠发达地区和落后地区的实证研究还较为薄弱，中、西部地区研究工作相对较少，尤其从中观层面针对西北地区城乡一体化发展系统性研究的文献还很缺乏。

（3）应急性地着眼于某一时段的研究较多，从历史发展研究的角度较少，尤其是西北地区城乡关系的历史演化考察有所不足。

（4）城乡一体化发展是城乡互动多因素综合作用的过程，学者们仅从各自的研究视角较为深入地进行了城乡一体化发展的影响因素及动力研究，缺乏城乡互动发展因素及动力的综合系统解析。城乡一体化不等同于城乡一样化，城乡一体化不是把乡村都变成城市，我们追求的城乡一体化发展是强调能够有机协调城乡功能，促进城乡要素自由流动，缩小城乡差距，公共资源均衡及共享配置的一体化，因此城乡一体化的研究还需要注重城乡两大系统之间的关系及内部要素有机联系的探讨和研究。现有研究虽然视角众多，但鲜有系统论视角的分析。另外，目前学界对城乡一体化的宏观格局探讨已较为成熟，但对内在机理及微观研究依旧较少，还需微观视角的更多探索。

（5）动力机制层面，国内学者较为深入的从农业产业现代化和乡村工业化、小城镇发展等方面展开探讨，形成了具有中国时代意义的城乡一体化发展动力机制。但上述研究城乡一体化动力机制对本应反映出的区域多样性有所忽略，西北地区城乡一体化发展影响因素及动力机制并没有被充分地研究，前期研究成果中有关西北地区研究主要集中在规范的定性分析，定量研究相对较少，城乡一体化发展状态及其动因间耦合机理的定性与定量相结合的研究较为缺乏，需要新方法新视角的分析探讨。

（6）城乡一体化发展评价而言，国内外学者进行了大量的实证研究，涉及跨区域或都市区、省市域及县域等不同空间尺度的城乡一体化实例研究，成果颇为丰硕，研究方法日渐多样化，评价指标体系各具特色，逐步建立起了城乡一体化发展测度的基本原则及测量准则。但现有评价体系在构建过程中一般缺乏明确清晰的价值追求，计量评价大部分以截面数据的静态分析为主，应用时序数据的评价偏少，其评价指标体系的选取未能有效刻画出城乡一体化的系统过程与特色，缺乏从城乡系统联系和结构演变等动态过程来考察城乡一体化发展问题的研究。城乡一体化评价指标体系中现有的某些指标过于细化，可操作性不强。社会发展的最终目的是人的发展，是人的能力的提升，也是实质性自由的发展。从人本主义角度讲，人民生活质量的高低则是判定一个社会发展健康和完善程度的价值尺度和最终落脚点，因此也是需要在城乡一体化评价研究中给予更多关注的。

正是基于上述的认识，本书尝试以马克思辩证唯物主义、城乡关系理论为指导，结合马克思主义城乡理论的中国化理论与实践，以系统思想为视角，运用现代系统科学分析方法，借鉴其他国内外相关理论，研究西北地区城乡一体化发展的相关问题。具体论述上，首先探讨了西北地区城乡关系历史演进的五个阶段。其次进行系统论视域中的城乡一体化发展研究，并尝试引入系统动力学的分析方法，通过微观模型的建立与操弄，来揭示西北地区城乡一体化发展能力获得和提升的运行机制。之后以马克思社会发展理论关于人的自由全面发展观，以社会发展的最终目的，人的发展为视角，讨论了城乡一体化发展的价值指向，在此基础上选取指标，运用主成分分析法构建了城乡一体化评价指数，对西北地区城乡一体化发展的时序变化进行测度，总结西北地区城乡发展一体化水平的时空演进规律。并以系统反馈和系统结构功能两条思路，将西北地区各省（区）城乡发展一体化程度与城乡联系的经济、社会人口、空间设施及生态环境各子系统的功能要素关联起来，动态和静态相结合、定性和定量相结合展开实证研究，科学辨识和细致考量西北地区城乡一体化发展动力机制，希望能够拓展城乡发展一体化问题的研究内容和研究思路，以期对西北地区的城乡一体化发展问题的深入全面理解与研究有所帮助，探求推进西北地区城乡一体化发展的着力点。

三 研究思路和研究方法

（一）研究思路

本书以马克思辩证唯物主义、城乡关系理论为指导，结合马克思主义城乡理论的中国化理论与实践，以系统思想为视角，运用现代系统科学分析方法，借鉴其他国内外相关理论，以"理论构建—现实观照—机理分析—建模测评—策略选择"为思路，进行西北地区城乡一体化发展问题的研究。通过对西北地区城乡一体化发展的静态和动态、时间和空间、定性和定量分析，研究西北地区城乡关系演变的历史脉络，探讨西北地区城乡一体化发展阶段的规律以及各阶段的特点；进行系统论视域中的城乡一体化发展研究，分析城乡一体化系统的结构功能、城乡一体化发展的实质、前景和目标，以及各子系统间联系的内容、方式及结构功能，尝试引用系统动力学的思想和方法，以农村劳动力转移为切入点，从城乡系统内部的微观结构入手，透过数学模型的建立与操弄过程，获得对西北地区城乡一体化发展能力的理解，揭示西北地区城乡一体化发展能力的动力机制，并构建了西北地区城乡一体化发展能力仿真模拟的理论模型；以马克思社会发展理论关于人的自由全面发展观，以社会发展的最终目的，人的发展为视角，选取全面的且更具操作性的评价指标体系，建构城乡一体化发展评价指数，研究西北地区城乡一体化发展的时序变化规律；在城乡一体化发展内容及系统要素分析的基础上，选取了城乡经济一体化、社会人口一体化、空间设施一体化、生态环境一体化各系统的指标变量，建立回归模型，进行西北地区城乡一体化发展的影响因素及运行机制的量化分析。通过西北地区各省（区）及西北地区与全国的比较研究，揭示西北地区各省（区）城乡一体化发展运行机制的规律及差异，寻求西北地区城乡一体化发展的系统优化调控点，给出推进西北地区城乡一体化发展的着力点。具体研究框架见图1-1-1。

（二）研究方法

在研究方法上，对于西北地区城乡一体化发展的研究，总体上采取历史与逻辑相统一，静态与动态分析相结合、理论与实证相结合的方法，具体策略上将运用数学模型、比较研究等方法。

1. 历史与逻辑相统一。对西北地区城乡关系的历史演进考察是理解西北地区城乡一体化的基础，历史是一条无法割断的时间链条，人们并不是随心所欲地创造自己的历史，今天的创造只能在昨天留下的基础上进行。从历史中寻找逻辑，这是本书在研究城乡一体化发展时的基本思维策略。正如马克思所说的那样，人们是"在直接碰到的、既定的、从过去继承下来的条件下创造"①。将西北地区城乡关系的发展置于不同阶段的中国工业化道路、区域发展战略和推进市场化取向的渐进式改革及

---

① 《马克思恩格斯选集》（第一卷），人民出版社1995年版，第584—585页。

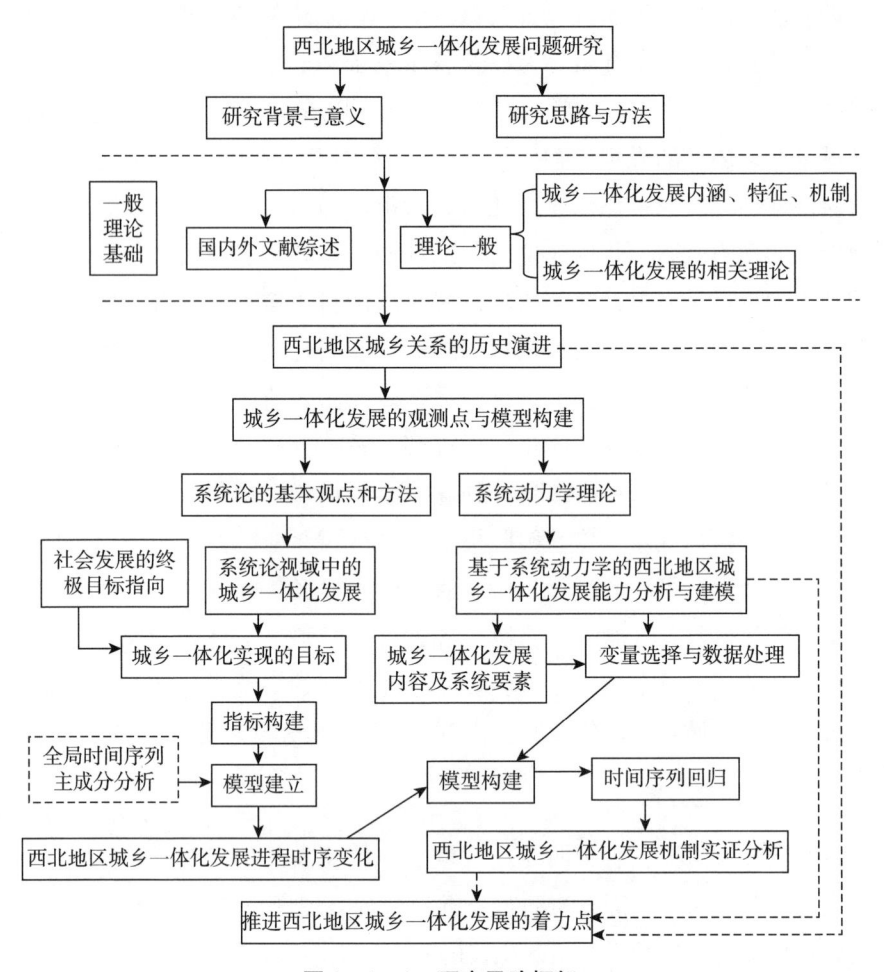

图 1-1-1 研究思路框架

现代化发展的宏观历史背景中,系统归纳和梳理西北地区城乡关系发展历史脉络,划分了西北地区城乡关系发展的五个阶段,总结了各阶段的特点,考察西北城乡矛盾演化的根源及路径依赖的共性与个性,有助于更深刻地理解西北地区城乡关系改善的现实困境。

2. 定性分析与定量分析相结合。定量分析是定性分析的深化。城乡一体化发展是一个系统化的发展,它往往涉及众多的因素。面对庞大而纷繁复杂的因素变量及联系,并准确把握城乡一体化发展及其内在联系就需要在定性分析基础上结合定量。本研究在梳理借鉴其他相关理论的基础上，以系统论的思想和方法，通过辨识城乡系统，全面分析城乡一体化发展的要素及结构、功能、相变过程、特征与发展前景目标，构建了城乡一体化的系统论分析框架，也为相关实证研究奠定了基础。本书第五章中，运用全局时序主成分方法对西北地区城乡一体化发展进行了评价和分析，运用时序回归方法分析了西北地区城乡一体化系统的运行机制。

3. 静态分析和动态分析相结合。通过建立城乡一体化评价模型和系统动力学模型对西北城乡关系进行考察，既从时间跨度上得以展现城乡一体化发展，又从静态结构角度分析系统特征。尤其本书第五章的定量研究思路本身就使得问题的研究在静态和动态发展统一中得以展开，这也更好地体现了城乡一体化发展作为过程和作为结果内涵的有机统一。

4. 比较分析与系统分析相结合。本研究中西北地区城乡关系的时序演变和发展机制的实证研究，都是放在与全国和西北各省之间的比较中进行，以期对西北地区城乡一体化发展状况的全面认识。系统分析法则体现在第四章和第五章的研究视角和方法运用上。

5. 微观分析和宏观分析相结合的方法。城乡关系变化发展与社会环境、地理生态、宏观经济制度以及传统文化等宏观因素形成了复杂的相互作用的过程。因此，本研究将把西北地区城乡关系及其现状，置于宏观视野之中。同时也关注城乡一体化发展的微观联系，本书第四章基于系统动力学的西北地区城乡一体化发展能力分析，从系统内部的微观结构入手，分析系统内部反馈结构与动态行为，透过数学模型的建立与操弄过程，获得对问题的理解。

四 研究内容与可能的创新

（一）主要内容

该书共分为五章。

第一章为绪论。主要介绍了本书研究的背景及意义，综述国内外相关文献研究、明确本书的研究思路和方法，给出研究框架，总结可能的创新点。

第二章为相关概念界定与相关理论。在梳理已有文献的基础上，界定和辨析本研究涉及的几个关键概念，分析城乡一体化发展的内涵及特征，使本书研究的城乡一体化内涵得以更清晰地呈现。介绍城乡一体化发展的相关理论，马克思主义经典作家城乡融合理论、毛泽东的城乡关系理论、中国特色社会主义城乡关系理论、习近平关于新时代中国特色社会主义城乡关系的重要论述及其他相关理论，为本研究提供有效的理论依据，并集中论述了马克思主义理论对于本研究的指导意义。

第三章为西北地区城乡关系的历史演进。划分了建国初期以来西北地区城乡关系发展的五个阶段，分析了各阶段城乡关系的特点及西北地区城乡关系历史演进的启示，探讨了西北地区地域系统的要素特点。

第四章为城乡一体化发展的观测点与模型建构。探讨了系统论视域中的城乡一体化发展，分析了城乡一体化系统的结构、功能、特征、发展的实质、前景目标，分析了城乡经济、社会、空间、人口及环境子系统间联系的结构功能。尝试以农村劳动力转移为微观切入点，尝试采用系统动力学的思想方法，分析城乡一体化发展系统的内部反馈结构与动态行为，从城乡系统内部的微观结构，透过模型的建立与操弄过程，揭示西北地区城乡一体化发展能力获得与发展的动力机制，并构建西北地区城乡一体化发展能力系统动力学理论模型，对模型变量和参数的确定给予初步分析。

第五章为西北地区城乡一体化发展运行机制的量化分析。首先以社会发展的终极目标为指向，探讨了城乡一体化发展的价值指向，提出城乡居民同等生活质量是城乡一体化发展的最终落脚点体现，也是城乡一体化实现的目标。以此为基础构建了城乡一体化发展评价指标体系，运用全局时序主成分分析法确定指标的权重，并构建城乡一体化发展指数，分析西北各省及全国的城乡一体化发展进程时序变化。在城乡一体化发展内容及系统要素分析的基础上，选取了城乡经济一体化、社会人口一体化、空间设施一体化、生态环境一体化各系统的指标变量，建立回归模型，对西北地区城乡一体化发展的影响因素及作用机制进行量化分析，根据量化研究结果，结合西北地区地域系统的要素的特点，给出了推进西北地区城乡一体化发展的着力点。

（二）可能的创新

城乡一体化发展有着非常丰富的内涵和外延。本研究在借鉴已有研究成果的基础上，研究了西北地区城乡一体化发展相关问题，可能的创新之处体现在：

1. 试图对西北地区城乡一体化发展研究内容进行补充。考察了西北地区自新中国成立以来城乡关系的历史演进，对城乡一体化发展进行了系统论视域下的研究探索，并尝试引入系统动力学的思想和方法，分析了西北城乡一体化发展能力动力机制，量化分析了西北地区城乡一体化发展运行机制，给出了推进西北地区城乡一体化发展的着力点。以往城乡一体化发展研究多是从国家宏观战略或从具体微观的角度来研究某一城市地区的城乡一体化发展问题，对发达地区典型案例地区的研究较为丰富，基于西北地区的研究相对薄弱，在西北地区的城乡一体化研究大部分集中在发展特征、战略和对策方面，基于理论的探讨较多，量化分析相对较少，而专门针对西北地区城乡一体化发展影响因素和运行机制的系统研究较少，尤其从系统视域及系统动力学思想方法对城乡一体化发展的研究更加少见，本书的研究试图在这一方面做一些补充。

2. 尝试以农村劳动力转移为切入点，构建西北地区城乡一体化发展能力系统动力学模型。由于城乡一体化发展系统是一个复杂巨系统，对于其微观结构的直接观察不容易展开。以农村劳动力转移为切入点，使得城乡一体化发展能力的分析既能观察微观又能观照宏观，从而使研究问题更清晰、更深刻地呈现出来，同时也能够能进行科学量化分析，更有助于提升仿真实验定量分析的准确性和科学性。

3. 以社会发展的最终目的、人的发展为视角，构建了较全面的且具有操作性的城乡一体化发展评价指标体系。研究认为马克思的社会发展理论关于人的自由全面发展观，与当代可持续发展思想和科学发展观具有相通性。社会发展的最终目的是人的发展，是人的能力的提升，生活质量的不断提高是人的自由全面发展的前提和基础。城乡居民同等生活质量是城乡一体化发展的最终落脚点，也是城乡一体化实现的目标。

4. 城乡一体化发展问题的研究上，注重定性分析与定量分析相结合、宏观谋划与微观照应相结合、城乡发展趋势与以人为本目标相结合，这既是本书的特点，也是综合创新之处。

第二章 城乡一体化相关概念界定与相关理论

城乡一体化发展是在我国经济社会总体进入小康阶段、但还存在着城乡差距过大、经济发展与生态环境建设不协调等问题的大背景下提出的经济社会发展的新理念、新思路。深刻理解城乡一体化内涵、理论依据及基本特征,是认识城乡一体化发展的逻辑起点,也是推进城乡一体化发展的现实需要。

第一节 基本概念释义

为了使研究思路更为清晰,在梳理已有文献的基础上,界定一下研究中将要涉及的几个关键概念。

一 城市与乡村

(一)城市

城市的字源解读。从字源角度看,城市一词在汉语中可以拆分为"城"和"市","城"是为了防御而修筑的城墙工事,在《礼记·礼运》中记载:"城,廓也,都邑之地,筑此以资保障也。""市"则是为了商品交换的需要而固定的一个地方——市场,《孟子·公孙丑》曰:"古之市也,以其所有,易其所无者,有司者治之耳。"由此可以看到,城市最早是政治、军事防御和商品交换的产物。中国历代统一王朝中的城是"有巨大的城墙环绕着",并且更重要的是它们是各级官署和官员的驻地,是"国家的行政机关所在地",英文中"城市"由两个词组成。一是"urban"，解释为城市、市政，源自拉丁文 urbs，意为城市的生活；另一个为"city"，解释为市镇、城市，含义为市民过着一种公共生活，可以享受公民权利的地方。还有一些与此相关的或是延伸的词，如：citizenship（公民）、civil（公民的）、civic（市政的）、civilized（文明的）、civilzation（文明）等，说明城市是与社会组织行为处于一种高级的状态有关，是安排和适应这种生活的一种工具。城市的产生，一直被认为是人类文明的象征。

城市的直观感受。随着历史的进程和社会的进步，城市的含义和功能也大为拓展。现在的城市已经超越了古代意义上的"城市"内涵，作为一具有特定意义的名词，"城"和"市"已不可分割。随着城市政治、经济和科学技术的发展，生产方式和生活方式发生了很大的变化，绝大多数城市，古代城墙已被打破，城市产业结构和空间形成随之发生了翻天覆地的变化，原始作坊和集市已经成为文物古迹，走进今天的城市，看到的是四通八达的对外交通系统以及街道两侧的高楼大厦，整个城市是一个人口、车辆、物资、建筑和各种工程设施聚集的所在，多样化、多功能、高效率、快节奏、社会化程度高，是广大农村难以与之相比的。高度的聚集性是城市的明显特征和直观感受。从当前经济社会现实发展看，城市的功能则表现为多个方面，它是各国区域发展的策源地、生产流通的中心地、社会交通的枢纽地，也是先进思想的储存库和生产基地，是科研教育的中心，还是有强大行政功能的管理区。这些功能交织在一起，与周边城市的相互联系互动，带动整个区域的经济发展。城市从无到有，从简单到复杂，从低级到高级的发展历程，反映着人类社会及自身同样的发展过程。

城市的不同学科界定。城市是一个社会有机体，具有多层次性和复杂性。法国学者菲利普·潘什梅（P. Pinchemel）曾经说过："城市是一种复杂的现实现象：城市既是一种景观，一片经济空间，一种人口密度，也是一个生活中心和劳动中心；更具体地说，也可能是一种特征或一个灵魂。"因此，不同研究领域和方向对城市的理解和定义呈现出独有的专业特征。

从经济学角度来看，城市是非农业人口集中和产业密集的连片地区域，它是周边区域的社会、经济、文化中心；英国城市经济学家 K. J. 巴顿认为，城市是一个市场社区，是各种经济市场要素相互交织在一起的网状系统，是住房、劳动力、运输、土地、市场等经济要素聚集的社区。从社会人口学来看，城市是人口密集的社区，是一种生活方式——城市性（urbanism），判断城市的标准一般是人口规模和密度；社会学家帕克（Robert Ezra Park）说，"城市是占据某一特定地区的社会组织形式"，它拥有一套有别于其他集团的机构和行政管理体系及相应的技术设施，"是当地那些共同习俗、情感、传统的集合"。从地理学来看，城市是一种特殊的地理环境，是交通便利、人群房屋集中和以土地等自然资源为物质载体的有机结合的空间存在形式。德国地理学家拉采尔（F. Ratzel）说，城市是"覆盖有一定面积的人群和房屋的密集结合体"。从生态学角度来看，城市是以人类社会为主体，以地域空间和各种设施为环境的人工生态系统，是一个动态的生态系统。系统学将城市看作由各种自然和人工要素有机结合而成的错综复杂的巨系统。系统学认为，城市是以人为主体，以空间利用为特点，以聚集经济为中心的地域系统，通过人口、经济、文化、信息、功能的集约与周边地区进行人、财、物、信息交流的动态开放系统。① 美国社会学泰斗帕克（Pobert E. Pack）从社会心理学角度展开研究，认为城市是一种心理状态，它是包含在传统礼俗中的统一思想和情感构成的整体，并随着传统礼俗中的心理状态而流传。从马克思社会发展史角度看，城市是生产力发展到一定阶段的产物，是在剩余产品产生、社会分工形成、社会阶层分化及定居方式出现后，产生的社会组织形式。从社会文明的角度来看，城市是现代文明的象征，是物质文明和精神文明最集中的表现，是现代文化的集散地。正如马克思所说：城市本身表明了集中，而乡村所看到的却是隔绝和分散，这种生产工具、资本、人口、需求和享乐的集中与乡村的景象完全相反。② 列宁将城市描述为"经济、政治和人民精神生活""前进的主要动力"。③

---

① 尹豪：《人口学导论》，中国人口出版社2006年版，第184页。
② 《费尔巴哈——唯物主义观点和唯心主义观点的对立》，《德意志意识形态》第一卷第一章，人民出版社1988年版，第50页。
③ 《列宁全集》（第十九卷），人民出版社1959年版，第264页。

第二章 城乡一体化相关概念界定与相关理论

　　城市的国家法律定义。国家法律层面，不同的国家对城市所确定的定义并不相同。从总体来看，各个国家确定城市的标准与地区人口规模和人口分布密度有关。瑞典、丹麦等国家的城市是有 200 人以上的社区。在日本，只有 30000 人以上居民的地区才称为城市。而美国的城市是指有 2500 人居住的社区，城市化地区是指居民不少于 50000 人的社区。城市并非仅仅是一个地域的概念，很大程度上还是一个政治概念，因此，还需要有一定的政治程序才可予以确认。如在美国，要对城市进行确认，不仅要看它的人口规模，程序上还要看它是否向州提交过要求法人地位的文件。只有享有法人地位的城市才可以具有正规的结构（如市议会、市政府和法院等）和明确的边界。同样，以这种方式对城市的确立所依据的标准在各个国家也各不相同。

　　在我国，城市基本上是一个行政性的概念，是行政区划的一个组成部分，并且是作为一级地方政府的概念来确定的。根据我国《城市规划法》的规定，城市是指直辖市、市、镇，按国家行政建制而设立。① 在我国如果按行政级别，城市被分为直辖市、副省级市、地级市、县级市和建制镇，而一些以集镇命名的村落不属于城市范畴。我国城市的确定既是依据于一定的人口规模，同时也以其他的指标来进行校核。首先，我国设置城市建制长期以来是以非农业人口的规模为依据的，而不仅仅以一定地域的常住人口为依据。其次，设立城市还以该行政地域的经济状况为依据。根据国家 1986 年制定的标准，非农业人口在 60000 人以上并且国民生产总值在 2 亿元以上的镇方可设"市"；而设"镇"的标准是县政府所在地或非农业人口在 2000 人以上的乡政府所在地。此外还有一些其他指标作为设置"市"和"镇"的参考。城市主要包括三方面的因素，具有人口数量、产业构成及行政管辖的意义。1999 年国家统计局发布《关于统计上划分城乡的试行规定》，将城市解释为市建制的城市市区，镇解释为建制镇的镇区。2006 年国家统计局又发布了《关于统计划分城

---

① 我国城市设置历史已近百年，在初始时期只是将"市"当成一种自治团体，其后逐步通过法律法规明确其实质、地位和隶属关系，并作为国家和地区行政区划体系中的一种建制，设置标准也经历多次调整。

乡的暂行规定》对城区镇区进行了新的划分。新规定以民政部门确认的居民委员会和村民委员会为最小单位，以行政区划为基础，将我国的地域划分为城镇和乡村。

综上所述，可以看到，城市是与特定的地域空间紧密结合聚集的人类社会整体，是人类满足自身生存和发展需要而创造的人工环境的高级形式。城市的形成和发展是社会生产要素逐步集聚和高度集中的显著标志，高度密集的人口、建筑、财富和信息成为城市的普遍特征，正因为如此，城市常常成为国家或地区的政治、经济（工商业）、交通、文化及军事的中心。我们可以这样理解城市：城市是人类聚落的一种形态，是非农业人口和非农产业高度集中的场所；城市作为一个复杂动态开放的巨大系统，包含社会、经济、文化等复杂活动，它建立在自然系统基础上，是具有多种价值取向的集合体，是一定地域范围内的政治、经济和文化中心，它被看作人类文明的象征，发挥着控制和协调区域社会经济发展的作用。

（二）乡村

乡村（rural、country）是与"城市"相对应的概念，又习称农村，在我国古代亦作"乡邨"、村庄。乡村是指城市以外的地域，是居民经济活动以农业为基本内容的一类聚落总称。乡村不是指行政系统的"乡"、"村"概念，而是包括县城、小集镇和乡村居民点的地域性概念。县城是城乡接合部，是一个县的政治、经济、科技、文化、教育中心，它的所属部门的职能主要是领导乡村并直接或间接为乡村经济服务，所以县城也包括在乡村的范围中。我国古代文献中有许多关于乡村的描述与记载，如"乡村绝闻见，樵苏限风霄"（南宋谢灵运《石室山》）。古代文人中也不乏将乡村视作美好精神的栖息地，如《归去来兮》《归园田居》等中构建的"精神家园"。

乡村在《辞源》中被解释为主要从事农业、人口分布较城镇分散的地方。乡村社会学家 Gareth Lewis 认为，乡村是集镇所代表的地区，聚落形态特征是分散的农舍，具有提供生产和生活服务的功能。地理学上的乡村概念是指以乡村居民点为中心，在地理景观、社会结构、土地利用、经济组织、生活方式等方面与城市有明显差异的一种区域综合体。英国著名地理学家R.J.约翰斯顿认为，乡村产生了一种"以基于对环境的尊敬和作为广阔景观的一部分的一致认同为特征的生活方式"。在全球范围内，"乡村"的想象和现实并非是同质化的，而是随时随地发生着变化的，这使得乡村的定义、相互联系、居住方式、诠释以及社会意义上的重构都千变万化。美国学者克洛克（Cloke）认为，以大片农业、林业用地或未开发的土地为主的地区，有小型低层次的住宅，显示其建筑和广阔的风景有较强联系，多数居民视之为乡村。[1]

从生态学的角度看，乡村是指与人口多的地方来往较少的隔离开的定居区，是显示目前或最近的过去为土地的粗放利用所支配的有清晰迹象的地区。从景观学来看，乡村是聚居规模小的地区，有开阔的乡村空间存在于聚落之间。按现代地理学词典的解释，从地域范围上讲，乡村的产生是随着社会生产力发展到一定阶段，相对独立的，内涵特定的经济、社会和自然景观的地域性综合体。从乡村地域的经济特征来看，具有农业性、广袤性和分散性的特点。农业生产活动是乡村经济活动获取自然潜能的主要方式，农业活动覆盖着整个广阔的乡村地域。相比城市，乡村生产与经营管理的集中程度较低。国内和国外学术界对乡村地域的理解和划分标准也不尽相同。在我国，乡村是国家行政建制设的城市市区以外的广大区域，包含在我国乡村地域界定内，涉及城市郊区、建制镇，还有其他农村地区[2]。根据《国务院关于统计上划分城乡规定的批复》[国函（2008360号］，我国的地域划分为城镇和乡村。乡村是指划定的城镇以外的区域。

从以上分析可以看出，乡村是一个极复杂的巨系统，包括极其丰富的内容，涉及生态、经济、文化、社会等各方面的，在每一方面又包含着各种不同层次的诸多因素。美国社会学家R.比勒和R.D.菲尔德等认为，农村包括三个方面的含义：①人文生态方面，农村人口密度相对较

---

[1] ［英］彼得·丹尼尔斯等：《人文地理学导论：21世纪的议题》，邹劲风等译，南京大学出版社2014年版，第368页。

[2] 刘红艳：《关于乡村旅游内涵之思考》，《西华师范大学学报》（哲社版）2005年第2期。

大，彼此较隔绝；②行业方面，农村以农业为基本行业；③社会文化方面，农村社会文化是传统的、变迁缓慢的，人与人的关系多为初级关系，比较和谐。① 从社会文化构成和政治角度看，乡村的主要特征是：①乡村土地利用是粗放的，农业和林业等土地的利用特征明显；②乡村地域与城市地域比较，是一个广阔的天地，人口密度较低，变动慢，因而具有保守心理；③乡村风俗、道德的习惯势力较大，地域观念、宗族观念较强；④从政治标准上看，农民在国家中处于从属的地位，要服从有权阶级的法令和要求。②

二 城乡一体化

（一）城市、乡村与一体化发展

城市和乡村是人类赖以生存、活动和发展的具有异质的两类人类聚集空间实体，在经济、社会、政治、文化、生活方式等方面不同，相互依存、相互影响、共同发展变化，城市和乡村的运动既存在着摩擦和对立，又具有协调发展的内在的要求。从区域空间组织来看，城市与乡村被看作区域空间系统中互相关联的两个子系统，城市与乡村的概念似乎很简单，事实上，现代城市与乡村的发展使得两者的概念变得复杂而模糊。随着乡村人口的非农化、乡村地域综合化发展，城市发展呈现生态化趋向，城市地域空间不断扩展延伸，两者的动态演化特征使得乡村与城市之间的分界变得模糊起来。由于现代化进程的加快是以城市化为重要特征，城市与乡村之间的相互作用日渐加强，城乡之间形成相互重叠的社会文化特征和生态经济效应，并在他们相互作用和相互影响下所呈现的特征表明：城乡作为居住的聚落及聚落的社会文化或经济活动都表征成为一个连续体。

城乡一体化是在人类社会发展研究的高级阶段出现的，也是社会发展的必然趋势。城市与乡村依次要经历三个辩证发展的过程：首先是城乡依存的时代，这一阶段乡村是城市的摇篮，城市诞生于乡村；然后是

---

① 刘豪兴：《农村社会学》，中国人民大学出版社2004年版，第46—50页。
② 张小林：《乡村概念辨析》，《地理学报》1998年第4期。

城市统治乡村的时代,这是工业革命作为催化加速城市化分化的进程,由此造成了城乡对立与分离;之后是城乡一体化的阶段[①],这一阶段,随着城市化的发展,乡村将会逐步地进入"城市和乡村的融合"。

1. 我国学者对城乡一体化概念的认识

从渊源上来看,学者们对城乡一体化概念的使用主要沿着两个路径,一个是马克思主义经典作家关于城乡关系发展的思想,另一个是田园拯救式的"后现代化"理念,如英国著名的城市学家霍华德所提出的"田园城市"概念,倡导要用一种新社会结构取代旧的社会结构,以改善城乡的对立,即城乡一体的"田园城市"。有学者追根溯源,认为"城乡一体化"一词可能要归于中国学者的创造发明。在我国,城乡一体化是在改革开放后的中国出现并广泛使用的,并逐步发展成为一个重要的学术探讨和实践概念。由于历史上城乡之间形成的隔离发展、使得我国农村发展滞后,特别是到20世纪80年代末,城乡经济社会矛盾相继凸显,人们开始逐渐关注城乡一体化思想。[②] 有学者认为,在中国,城乡一体化不是理论工作者的创造,是实际工作者在改革实践中首先提出来,并考证认为苏南地区1983年最先使用这个概念。[③] 在不同地区的城乡一体化的研究和实践中,不断丰富了我们对正在进行的城乡一体化的理解。我国现在对城乡一体化含义的理解已经超出了本来的意义而变得更加深刻。党的十七大正式提出要形成"建立以工促农、以城带乡长效机制"的"城乡经济社会发展一体化新格局"。由此城乡一体化开始进入最高战略决策层面。之后,党的十八大报告又对城乡发展一体化作出重要阐述,明确指出要推动我国的"城乡发展一体化",并将"全力推进城乡一体化发展进程"作为我国"全面建成小康社会的宏伟目标"的关键和解决"三农"问题的根本途径,为"逐步缩小城乡差距,统筹好城乡发展"提出指向。

---

① 杨荣南:《关于城乡一体化的几个问题》,《城市规划》1997年第5期。
② 徐杰舜:《新乡土中国的图像——新农村建设武义模式考察与研究》,载《人类学的中国话语——人类学高级论坛2007卷》,黑龙江人民出版社2008年版,第303—308页。
③ 孙加秀:《统筹城乡经济社会一体化发展研究》,电子科技大学出版社2008年版,第81页。

2. 不同学科对城乡一体化含义的理解

受研究视角和学科背景限制，目前对城乡一体化的理解，理论上还没有形成统一的概念。城乡一体化涉及内容广泛，因学科研究领域不同，学者们在理解和使用城乡概念上的侧重有所不同。

社会学和人类学学者，更多的是从相对发达的城市和相对落后的乡村关系的角度进行界定，认为城乡一体化是城乡两种聚落打破彼此之间的障碍，紧密地结合经济与生活的协调发展，综合社会和城市优点，并逐渐减少和消除城乡之间的基本差异，使城乡融为一体。[1] 不仅是转换人口，经济结构的变化和地域结构演变的过程，也是人类社会的一体化进程。[2] 从强调经济发展和生产力合理分布规律的经济学来看，城乡一体化是与现代农业和现代工业经济城乡一体化相连接的增长目标的要求，强调城市和农村经济发展的统一，强调加强区域间的经济交流与协调，及城市和农村生产力合理布局、协调优化发展，从而实现经济效益的最佳。[3] 生态环境研究者从生态环境有机结合的角度进行界定，将城乡一体化看作一个自然生态过程，通过城乡两个生态环境的有机结合，以确保城乡地区有序畅通的发展，进而促进整体区域的健康、协调发展。从生态经济系统看，城乡一体化是要形成一种高境界经济发展系统，即区域生态经济良性平衡。[4] 在城乡规划研究者看来，城乡一体化是从空间角度对城乡作出统一规划，进行系统城乡安排。人文地理学者认为，城乡一体化就是"探索新的城乡空间结构模式的需要"[5]。

有学者从社会结构和发展目标的视角出发，认为城乡一体化是城乡经济社会协调融合的现代社会结构，是随着工业化、城市化的发展而演进。将城乡一体化理解为"填平城乡二元结构鸿沟"、实现共同发展的过程，这一过程是要形成统一社会结构并实现共享社会资源。[6] 从区域社会

---

[1] 雷佑新：《城乡劳动力市场一体化制度创新研究》，中国经济出版社2012年版，第14页。
[2] 吴晓林：《城乡一体化建设的两个误区及其政策建议》，《调研世界》2009年第9期。
[3] 孙自铎：《城乡一体化新析》，《经济地理》1989年第1期。
[4] 杨玲：《国内外城乡一体化理论探讨与思考》，《生产力研究》2005年第9期。
[5] 修春亮：《东北地区城乡一体化进程评估》，《地理科学》2004年第3期。
[6] 于波：《全球化赋予城乡一体化的时代内涵研究》，《农业经济》2005年第4期。

经济角度出发的学者们，认为城乡一体化是一个建立在城乡分工明确、相互促进基础上的双向发展过程，不是追求城乡空间的均衡化，而是要创造一个能使城乡居民拥有良好生存环境的最优空间系统，通过这种途径来寻求区域持续、协调、全面发展。并且这种区域空间是一个高度协作的网络化区域社会经济空间，且能够实现经济社会活动的有效聚集和有机疏散。① 部分学者从制度体制、城市化视角出发，阐释城乡一体化的内涵。从制度保障、基础动力及理念目标层面界定，指出城乡一体化的基础和驱动力来自城市化，而城市化的发展目标和指导理念是城乡一体化，推进城乡一体化需要制度安排的保障②。还有研究者提出，城乡一体化是针对我国城乡二元经济社会分割格局而提出来的，因此城乡一体化原意旨就是打破这种二元结构，通过户籍、劳动、教育、住房、社会福利等制度改革与创新，创建城乡经济、政治、社会等全方位的融合机制。③

事实上，城乡一体化蕴含了丰富的理论内涵与实践效果，并不是单一某个学科的概念，城乡一体化就词义而言，首先是一个地理空间概念，但在人类发展的过程中又赋予了它新的内涵，包括社会结构、发展模式、文明形态等方方面面。城乡一体化是城乡两大系统发展的过程，是城乡经济、社会、生态等系统化发展的过程，同时又是这一过程发展的战略目标。城乡一体化是在现代条件下需要选择的新型城乡关系，是一种城乡互补、协同、融合、共荣发展的城乡关系，也是一种城乡关系进入融合共享高级发展为基本标志的理想状态和目标模式，是中国城市化发展和现代化发展的一个新的高级的阶段。城乡一体化，不仅是思想观念的更新、发展思路的拓宽，领导方式和工作方法的创新，也是产业结构的优化布局、经济增长方式的转变，还是体制机制的创新、政策措施的变化、利益关系的调整，是一项重大深刻的社会变革。④ 城乡一体化是要探

---

① 王良仟：《统筹城乡发展的理论与实践》，浙江人民出版社2005年版，第12页。
② 王碧峰：《城乡一体化问题讨论综述》，《经济理论与经济管理》2004年第1期。
③ 陈忠：《城镇化与城市科学研究十年回望：中国特色城镇化研究报告（2009）》，黑龙江人民出版社2010年版，第261页。
④ 《建设社会主义新农村学习问答》，中共党史出版社2006年版，第22页。

寻妥善协调城乡各方面利益关系的途径和理念，是目标与过程的有机统一。城乡一体化意味着城乡统一的制度体制和政策形成，即主旨在集成城乡各自优势，融合经济、社会、文化、生态环境等各种要素，使城乡成为一个有机联系的整体，激发城乡群体、各阶层、每个人的潜能和创造力，从而创造区域经济社会、人口资源与环境的持续协调发展的最大化效益，反映人们真实意愿的公正与和谐，促使城乡关系实现内在的统一。

（二）城乡一体化的内涵及特征

1. 城乡一体化的内涵

对于城乡一体化，可以从以下几个方面去把握其内涵：

（1）城乡一体化是一种关系状态。从城乡的相互关系作用状态来看，城乡一体化描述的是一种关系状态。是指城乡互为一体平等和谐，在平等享受各种政策、制度的过程中发挥各自的优势和功能，共同推动人类社会的发展。城乡一体化也表达了人类社会所追求的一种理想的城乡关系。

（2）城乡一体化是城乡双向动态演进过程。从发展方向来看，城乡一体化是随着我国现代化进程，城市与乡村双向变迁的过程，一方面乡村要素逐渐向城市集聚，另一方面城市要素也要向农村慢慢辐射扩散，是资源要素在城市与乡村之间的双向流动、乡村人口和资源不断聚集于城市，城市文明逐步渗透于乡村，工业和农业两种文明相互融合的过程。因此，城乡一体化不是城市化乡村的过程，更不是全部乡村都转变为城市的过程，而是要摒弃城市与乡村落后的病态的因素，并彼此借鉴和吸收先进和健康的因素的一种双向的、前进的演进过程。表现为城乡地域系统诸多基本要素的协调发展过程，是在一定地域范围内经济、空间、社会、生态、人口等系统要素的综合作用下，城市和乡村交融与协同发展的系统运动。这一过程将随着特定地域内城乡诸要素日益优化组合运行，城乡发展获得协同度、融合度日益提高的过程。这将是一个长期的过程，需要市场和政府两种力量共同作用，并使市场的自发行动与代表公共利益政府的针对性引导有效结合，从而推动城乡系统在动态演化中不断发展。

(3) 城乡一体化是一种发展模式。从城乡各自功能和作用的发挥来看，城乡一体化描述了一种发展模式，是指城市和乡村同时作为人类生产生活的基本聚落，是相互作用、相互补充的，具有同等重要的地位和作用，两者只有协同发展，以城带乡、以乡促城，才能推动经济社会的和谐、持续、全面发展。

(4) 城乡一体化是一种发展结果。从社会经济整体运行的效果视角看，城乡一体化是指城乡在科学、协调的发展路径下，实现的城乡共同发展、共同繁荣、共享发展成果的结果。

(5) 城乡一体化是经济社会全面转型时期的科学发展观。城乡一体化是我国经济发展由计划向市场转型、社会发展由传统农业向发达现代工业全面加速时期的科学发展观。是国家和地区现代化中相互承接的、处于不同阶段的一组发展目标。城乡一体化是发展的最高境界，既是城市化的最高境界，也是乡村现代化的最高境界，还是后工业化时代城市反哺农村的政策产物。实现经济、社会、生态全方位的逐步融合和一体化发展，就要是把工业与农业、城市与农村、市民与农民纳入整体通盘考虑，通过改革创新和政策调整等途径，推动城乡科学发展。

综合来看，城乡一体化的五个特征是辩证统一的。一方面，这五个特征都是相对城乡对立的关系状态而言的，都是对城乡对立关系否定基础上的升华；另一方面，这五个特征目标一致，即维护城乡平等的发展地位和实现城乡的协调有序发展并共享发展成果。

综合以上观点并结合城乡一体化内涵及特点，本研究对城乡一体化的概念做如下界定：城乡一体化是与中国社会主义初级阶段发展过程紧密相连，并与中国的工业化、城市化、现代化目标相辅相成的历史过程，是现代化和城市化发展的一个新阶段，在以人为本的科学发展观的统领和全面建成小康社会的目标下，统筹谋划、综合研究，把城乡产业、地域以及居民作为一个整体统一谋划，通过政策调整和体制改革，改变城乡二元结构，促进城乡诸多方面发展的一体化，促进政策措施、规划建设、社会事业、市场信息、产业发展、生态环境保护等方面的城乡融合发展，实现政策、产业发展及国民待遇上的城乡平等、互补、一致，从而使城乡经济社会整体走上科学发展的道路,让城乡居民能够享受到同样的实惠和文明。

2. 城乡一体化的基本特征

就中国国情的特殊性而言,城乡一体化具有以下四个基本特征:城乡开放互通,城乡互补互促,城乡地位平等,城乡共同繁荣进步。

(1) 城乡开放互通:打破阻碍城市和农村之间各类生产要素互流交换的界限,城市和农村居民的流动变得通畅,行动自由,促进农村的生产,增强城市化流动人口的非农因素,以实现先进的城市要素的优化组合,使其在农村地区得到有效配置,促进传统农业向现代农业转型发展。

(2) 城乡互补互促:城乡分割的发展模式得以改善,城市先进生产力得以扩散和辐射,城乡经济互补,形成分工合作相互连接的经济发展模式,促进农业的城乡互动。先进文化不断渗入整个社会,形成独特的城市文明,发展城市和农村共享的特质文化,推动农村社会文化融合发展,形成城乡互为补充、协调发展的城乡发展模式。

(3) 城乡地位平等:取消城乡经济实体中居民之间的各类不平等待遇,得以享有国民待遇,拥有平等的发展机会,同时也要平等享有权利和履行义务。城市和农村地区的居民享有平等的财产、教育、就业、社会保障、社会福利及个人发展权利,城市和农村生活的融合,使居民获得等值的基本公共产品及服务。

(4) 城乡共同繁荣进步:无论是城市还是农村,形成开放的城市体系和地位平等的乡村社会,推动建立完善的互补发展机制,促成城市和农村地区共同繁荣进步的格局,工农之间的差距、城乡之间的差距、农民与市民之间的差距逐渐缩小。

三 城乡一体化与城市化、城乡统筹关系辨析

就城乡一体化发展过程来看,这是一个长期变化的过程,因而在这一过程的不同发展阶段上,通过实践探索和理论思考,形成了许多相似的概念,这些概念在时间上存在一定的逻辑顺序,内容上也存在一定的交织。在研究城乡一体化发展前,厘清这些概念的界限和关系是很有必要的。

（一）城乡一体化与城市化

城乡一体化与城市化是两个联系非常密切的概念。城市化也是一个概念系统，有人还将它表述为城镇化或都市化。国际上的通行提法是城市化。在我国，城市化包含着城镇化的概念，我国的城市系统包括城市和城镇两个部分，市和镇都是国家法定的行政单位，因此，在我国城镇化、城市化本质上是一致的。

根据《中华人民共和国国家标准城市规划术语》，城市化主要表现为农村人口转化为城市人口以及城市不断发展完善的社会历史过程。[①] 是伴随着人类社会生产力水平的提高和生产方式的转变，生产与生活方式由农村型向城市型转化，形成以城市为中心的社会生活的变化过程，人类经济活动在这一过程中呈现出重要资源要素逐步聚集于城市，大规模的人口向城市迁移和集中的突出特点。

美国学者约翰·弗里德曼将城市化过程分为两个阶段：城市化Ⅰ和城市化Ⅱ。城市化Ⅰ的发展是人口和非农业活动在规模不同的城市环境中的地域集中过程，在这一地域推进过程中，非城市型景观逐步转化为城市型景观。城市化Ⅱ是城市生活方式、城市文化和价值观在农村地域的扩散过程。可见，弗里德曼的城市化，前者是指可见的实体性过程，后者是指抽象的精神性过程。国内学者普遍指出，城市化是工业化的必然结果，也是一个把传统的、落后的乡村社会转变为现代化的城市社会的过程，并且是一个自然历史过程。通常来说，城市化的实质是人类进入工业社会时代，社会和经济的发展开始出现农业活动的比重逐渐下降、非农业活动的比重逐步上升的特征的过程。整个城市化过程主要包括三大基本要素：①在就业结构方面，表现为由第一产业为主的农业人口先向第二产业，接着又向第三产业为主的城市人口转化；②在空间形态方面，表现为由分散的乡村居住形式向城市居住形式集中；③在人居环境方面，表现为社会性基础设施和工程性基础设施不断完善，人类的居住环境不断改善，生活质量不断提高。

---

① 景春梅：《城市化、动力机制及其制度创新》，社会科学文献出版社2010年版，第11页。

城市化与城乡一体化并不是两个异质的概念。从本质上讲，城乡一体化与城市化都是社会发展的必然趋势，是在社会生产力水平相当高时表现出的趋势。城乡一体化是指城乡相互关联、相互作用的系统演化过程，而城市化是由社会生产力发展引起人类生产方式、生活方式改变的空间过程，二者都含有"空间过程"的内涵。城乡一体化主要突出"空间过程"的"关联与重组"，城市化更强调"空间过程"的"变化与重组"。城乡一体化作为城乡之间诸多内容协调发展的过程，强调的是经济、社会、文化、生态等发展上的城乡融合、城乡互补，最终从根本上消除城乡差别，达到城乡共享高度发达的物质文明和精神文明的目标。城市化是一系列制度变迁以及引起产业结构和就业结构非农化重组同步发生的过程的特点，这一过程中，表现出人口和产业向城市集聚，就业结构上工业和服务业比重上升，农业人口比重下降的特点，生活方式向社会化、多元化发展，生产方式、交换方式向集约化、规模化、市场化发展。

城市化作为一个历史过程，从一个侧面讲，它推动着城乡分离，但在经济发展到一定水平之后，又必然会促进城乡融合。城乡一体化是城市化处于高级阶段后所表现出的一种客观规律。西方发达国家在20世纪中叶便从高度城市化转向城乡一体化。国际经验表明，一个国家或地区开始向城乡融合即城乡一体化方向迈进，发生在城市化水平超过50%后。这个阶段表现出城市对农村带动、扩散、辐射作用逐步增强的特征。从城乡一体化的区域空间组织形式来看，它是城市化发展到高级阶段的区域空间，城市化是实现城乡一体化的根本途径和载体。近年来，我国北京、上海、天津、广东等发达地区已经先后走上城乡一体化发展道路。

城镇化，是指城镇系统随着社会生产力的发展，不断形成、发展、优化的过程。这一过程中人口不断向城镇集中，非农产业和产业结构不断转换、扩展、提高，城镇数量与规模扩大，城市的生活方式和物质精神文明不断扩散。[①]

"城乡一体化"与"乡村城镇化"既是两个不同概念又是两个关系密

[①] 冯尚春等：《基于城乡一体化的小城镇建设》，《黑龙江社会科学》2011年第4期。

切的概念。陈光庭（2008）指出，"一体化"是在城市与乡村现代化进程中城乡二者的经济社会、生态环境、文化空间等要素协调交融发展的过程[①]。农村利用剩余劳动力发展农业多种经营，发展市场流动，发展乡镇企业，实行就近的空间转移和小规模适度聚集，促进众多的小城镇的开发和发展，其结果是达到城乡融合，这就是"城乡一体化"。乡村城市化的实质是农业剩余人口空间转移的问题。从字面上理解，城乡一体化并不意味着农村城市化，而城市化却意味着把农村变成城市，城市化的进程就是消灭农村的进程。实际上，城乡一体化在很多实践中确实意味着农村的城市化，城乡一体化的实质目标是要消除农村和城市人口在收入、保障、社会地位等方面的不平等，实现城乡均衡和谐发展。城乡一体化并不意味着农村的消失，城镇化则意味着农村逐渐转变为城市，农民身份转变为市民身份。[②]

（二）城乡一体化与城乡统筹

从学理上来分析，大部分学者都认为城乡一体化和城乡统筹两者之间有所差异。以姜作培（2004）为代表的学者认为两者都是将城乡作为一个整体进行考虑，但统筹城乡发展是为了实现城乡一体化而采取的新方法，是城乡一体化发展到一个阶段后的具体要求。而城乡一体化更强调城乡之间协调、融合的结果，是城乡发展的一个长远的奋斗目标。郭翔宇（2010）等学者也指出城市乡村二者关系的发展目标是城乡一体化，强调城乡统筹本质是一种政策的释放，界说与建立在城乡差距缩小的基础上，城乡一体化目标的实现需要相当长的时间，城乡统筹是国家进行宏观调控城乡经济的一种方法。[③] 而以刘国炳（2011）[④] 为代表的学者则

[①] 陈光庭：《中国国情与中国的城镇化道路》，《城市问题》2008年第1期。

[②] 魏永忠：《城乡一体化进程中的法治建设：北京市农民向"拥有集体资产的市民"转变中法律保障研究》，中国人民公安大学出版社2014年版，第5页。

[③] 郭翔宇：《以科学发展观为统领 推进农村改革发展》，载《生产力理论创新与社会实践——中国生产力学会第15届年会暨世界生产力科学院（中国籍）院士研讨会文集》，经济科学出版社2010年版，第329页。

[④] 刘国炳：《后危机时代我国经济发展战略思路的实践意义》，《荆楚理工学院学报》2011年第3期。

将城乡一体化作为一个过程来讨论,认为统筹城乡发展是城乡一体化的新形势,是在城乡一体化的过程中为解决暴露出的城乡经济发展新矛盾、新问题而提出,是城乡经济一体化国家政策的一种新延续。在2003年年初的中央农村工作会议上,胡锦涛总书记提出:统筹城乡经济社会发展,实现城乡一体化。并要求充分发挥城市和农村两方面的作用,强调城市的带动和农村促进要同步发展。这是党中央对统筹城乡与一体化两个发展关系的深入思考的充分体现。统筹城乡发展是城乡一体化发展到新的时期的新的目标和手段,城乡一体化是统筹城乡发展的最终目标。

中共十六大明确提出,必须统筹城乡经济社会发展,解决"三农"问题。这是党中央根据中国社会发展的阶段性特点提出的发展目标和部署,之后的中共十六届三中全会上第一次正式提出了"统筹城乡发展"的战略。[①] 聚焦统筹城乡发展研究的学者分析,意义内涵主要在于发展目标的安排部署上。有些学者指出,统筹城乡发展,就是要把农村社会事业放到全面建设小康社会进程中统筹安排,要打破以二元结构为基本特征的城乡分治格局,在整个国民经济发展的全局中统筹部署农业和农村经济发展,大力推进城乡一体化进程,充分发挥城市对农村的带动作用,使城乡居民共享改革发展成果,最终建立起城乡经济社会发展互补互促、共进步同发展、平等和谐的新格局[②]。

"城乡统筹"与"城乡一体化"是既有联系又有区别的对立统一关系。从统一性上来看,无论是"城乡统筹",还是"城乡一体化"都是把城市与农村的发展作为一个整体来考虑。从对立性上来看,"统筹发展"主要强调其手段性,而"一体化"发展则强调城乡融合的结果。另外"统筹发展"是一种用统筹思想指导城乡发展实践的工作思路,"一体化"发展更多地具有一种长远奋斗目标意义内涵;"统筹发展"强调实现的城乡协调发展是同时保留城乡各自特征的发展,"一体化"发展强调要在城乡共同发展的同时,尽力消除城乡差别。

---

① 《中共中央关于完善社会主义市场经济体制若干问题的决定》,2008年8月13日,中华人民共和国中央人民政府门户网(http://www.gov.cn/test/2008-08/13/content_1071062.htm)。

② 方辉振:《中国城乡二元结构的生成根源与破除方略》,《中共南京市委党校学报》2009年第2期。

从内涵上来看，城乡统筹发展与城乡一体化发展是基本一致的。城乡一体化概念更为宏观，在实现城乡一体化的进程中需要做到城乡统筹发展、均衡发展。

(三) 城市与农村、城市化、城乡统筹和城乡一体化

总体上来看，学术界、文件报告、实际工作者、传媒报道中谈及城市化、城乡统筹发展概念的使用频率较大，城乡一体化的使用情况相对较少，有时也用到统筹城乡发展一说。

城市与农村、城市化、城乡统筹和城乡一体化，这些概念相互之间既有联系又有区别，如果从社会发展历史过程对概念间逻辑关系进行一个简单的描述，我们可以看出，这些概念大致描述和呈现了这样的过程：随着社会生产力的发展以及社会大分工的产生，城市形态逐渐从乡村中产生、分离出来。与乡村的功能和作用相比，城市在外在建筑、生产方式、人口分布、产业形态、生活方式、文化结构等多方面表现出明显的差异，这些差异必然会产生城乡关系，这种关系同时体现为从城乡统一逐步走向城乡对立阶段的必然发展。随着社会生产力的不断进步，城市在经济上、政治上和社会上开始走向独立，大部分的资源要素开始聚集于城市，并形成了对农村的严重剥削。城市与乡村的差距越来越大，刚开始主要体现在经济领域，之后伴随着经济的高速发展，城市与乡村在各个方面差距也越来越明显。由于城市的快速扩张，人类社会发展集中地呈现出了城市化现象，加之世界市场经济的发展和城市偏向的双重影响，城乡差距不断被扩大，又反向对城市的发展产生影响，制约了经济社会发展要素的城乡流动，城乡二元结构被不断巩固，使得城乡系统发展缺乏内生动力，城乡系统演化发展开始变慢，城乡一体化成为城市化发展到一定阶段的诉求。在这个诉求实现过程中，需要为城乡一体化发展提供坚实的物质保障，而城乡经济一体化就成为最需要解决的问题。由于长期城乡制度差异以及由此带来的城乡各方面的权利不平等，随着社会经济的发展，城乡社会差距逐渐凸显出来，并不断扩大，某些尖锐的社会问题被集中反映出来。因此，城乡一体化需要城乡统筹发展，这也是城乡关系发展过程中的一个阶段，也将随着城乡关系发展的辩证

运动，发展成为实现破解城乡分离的终极目标。

四 乡村振兴与城乡融合

改革开放40年来，随着我国城乡政策的日益推进，城乡关系显著变化，"城乡政策"历经"城乡统筹"—"城乡一体化"—"城乡融合"的演进过程。城乡发展不充分是新时代我国社会主要矛盾的一大重要体现，党的十九大明确提出实施乡村振兴战略，首次将"城乡融合发展"写入党的文献。乡村振兴战略是新时代十九大提出的七大战略之一，其总要求是坚持农业农村优先发展，努力做到产业兴旺、生态宜居、乡风文明、治理有效、生活富裕。2018年"中央一号文件"确定了实施乡村振兴战略的目标任务：到2020年，农村基础设施建设深入推进，农村人居环境明显改善，美丽宜居乡村建设扎实推进；城乡基本公共服务均等化水平进一步提高，城乡融合发展体制机制初步建立。城乡融合既是促进乡村振兴的根本途径，也是乡村振兴战略的关键所在。离开城乡融合谈乡村振兴，任何的体制设计和政策制定都可能会有失偏颇。乡村振兴就是要把城市、乡村视作一个有机整体，把乡村与城市都放在平等的发展地位上，立足于乡村的产业、生态、文化等资源，通过建立乡村可持续的内生增长机制来激发乡村发展活力，着力于以城乡融合促进和带动乡村振兴。城乡融合发展，站位更高、视野更宽、政策指向更鲜明，是对城乡发展一体化的深化和升华。城乡融合不仅体现为城乡经济的融合，也体现为城乡空间、城乡基础设施、城乡公共服务、城乡生态环境的融合。城乡融合发展是包含多重使命的系统工程[1]，意味着城乡的要素流动性和再配置功能的增强、产业多样化、空间交错性及居民社会福利均等化程度提高[2]。我国城乡融合发展的基本目标是实现城乡要素配置合理化、基本公共服务均等化、基础设施联通化、居民收入均衡化以及产业发展融合化。

---

[1] 全华信：《城乡融合发展实现路径探析》，《农家参谋》2018年第12期。
[2] 高帆：《中国新阶段城乡融合发展的内涵及其政策含义》，《广西财经学院学报》2019年第1期。

与"统筹城乡发展""城乡发展一体化"等相比,"城乡融合发展"更强调乡村与城市地位之平等,关注城乡之间的融合渗透、良性循环和功能耦合。城乡融合主要是指城乡各以对方为自己存在发展条件的一体化,是城乡差异化基础上的有机统一与融合,强调融合互动和共建共享,共同构建城乡命运共同体,是实现城乡共同繁荣和一体化的重要途径。城乡统筹和城乡一体化的政策着眼点在很大程度上依然是以工补农、以城统乡,农村是各种政策和补贴的接受者,城乡融合发展的发展极从以往的城市单一中心转化为城市与乡村的双中心,乡村不再依附城市的发展,而是有自己的独立性和自主的发展格局。城乡统筹、城乡一体化、城乡融合符合马克思恩格斯所倡导的城乡发展观,其科学内涵具有一致性,如果说城乡一体化是一种愿景,那么城乡统筹体现的就是手段,城乡融合体现的是过程和路径。

第二节 城乡一体化发展的相关理论

城乡一体化是社会经济发展的高级阶段,是社会生产力发展到一定阶段的必然产物。城乡一体化理论的梳理与研究,有助于使本书的研究能够在更清晰的学术背景中展开,更好地统筹城乡经济社会发展,为推动西北地区城乡一体化发展进程提供更多理论基础。

一 马克思主义经典作家对城乡融合的认识

城乡一体化发展思想最早可以追溯到16世纪空想社会主义提出的理想的城乡社会图景。后来,空想社会主义学者圣西门、傅立叶、欧文通过对资本主义的批判,主张未来社会要消灭工农之间、脑力劳动和体力劳动之间、城乡之间的差别,阐述了在资本主义条件下消除城乡对立的学说。

马克思、恩格斯始终重视和强调空想社会主义者对未来美好城乡社会的勾勒,但他们并没有仅仅停留在道义谴责与批判上,马克思恩格斯用历史的、发展的唯物主义辩证思想来认识城乡关系,将城乡关系研究推向了一个新高度。马克思恩格斯对产生城乡差别、尖锐对立的原因进行了本源上的分析，从生产力生产关系的辩证发展中分析了城乡分离和工农分离产生的条件及过程，前瞻性地思考了城乡融合的可能性，并阐明了其实现路径与条件，确定了城乡关系发展的最终目标。

马克思主义经典作家指出，未来的社会不是固化城乡的分离，而是实现城乡融合。马克思指出，城乡之间的对立"贯穿着全部文明的历史并一直延续到现在"①。城市是从乡村载体中产生，随着野蛮、部落、地方开始，逐渐向文明、国家、民族而过渡，由于农业和工业的分离，"农村反而相对孤立化"②。大的生产中心在城市的形成，并不断对乡村进行剥削，相比照城市在生产、资本、享乐和需求的集中，看到的农村却是完全相反的情况："孤立和分散"。进而城乡走向分离和对立。他们将城乡的分离对立看作社会的不协调，认为城乡分离对立是社会进一步发展的障碍，社会统一的首要条件之一便是"消灭城乡之间的对立"③。未来的城市与乡村之间的依存度大大增强，城乡之间将逐步走向融合。恩格斯最早提出"城乡融合"，指出"城市与乡村的消灭不仅是可能的，它已经成为工业生产本身的直接必须"。在按照共产主义原则组织起来的社会里，城市和乡村之间的对立将"消失"，取而代之的是城乡"融合"，他主张未来城市的人居环境应该是使现存的城市和乡村逐步演变为"结合城市和乡村生活方式优点"的"新社会实体"。④ 提倡未来的社会成为既要有一些城市特征，又有一些乡村特征的融合体，这将是避免城乡二者偏颇和缺点的美好社会。马克思恩格斯将城市与乡村关系的运动总体上归结为三个辩证发展的阶段："城市诞生于乡村""城乡分割对立"以及"城乡融合"。从城乡分离到城乡融合，虽然是一个漫长的过程，但却是历史发展的必然趋势。

恩格斯在1878年出版的《反杜林论》中详细论述了未来社会城乡融合的必要性及实现的标志，强调改变城乡对立是历史发展的必然趋势。

---

① 《马克思恩格斯全集》（第三卷）人民出版社1960年版，第57页。
② 《费尔巴哈——唯物主义观点和唯心主义观点的对立》，《德意志意识形态》第一卷第一章，人民出版社1988年版，第50页。
③ 《马克思恩格斯全集》（第四卷），人民出版社1958年版，第371页。
④ 《马克思恩格斯选集》（第三卷），人民出版社2012年版，第684页。

由于城乡对立的形成导致了城市本身发展的困难,使得城市无法进一步前进。一方面当城市工厂扩张发展不能得以继续,无法消化吸纳更多的工人,工人越来越多地滞留在城市,城市会变得越来越拥挤。另一方面,不断集中于城市的烟囱林立的工厂对城市环境产生严重破坏。他写到,"只有通过城市和乡村的融合"才能排除城市"现在的空气、水和土地污染"。[1] 他进一步指出,"城乡之间人口分布的不均衡现象消失"以及"工人和农民之间阶级上的差别的消失"之时,便能够实现城乡的融合发展。

马克思、恩格斯从生产力和生产关系二者辩证运动的社会矛盾根源出发,探求了消除城乡分离走向融合的途径和条件。在马克思看来,城乡社会统一的条件取决于许多物质前提,并论述道:"这是单靠意志条件无法实现的。"[2] 恩格斯也说到,人口在农村农业和城市工业的分散和集中产生的矛盾和不协调,只是两种地域及产业"发展水平还不够高的表现"。社会发展的最高杠杆和出发点是生产力,从物质前提来看,城乡对立与分离"只是工农业发展水平还不够高的表现",因而消除城乡对立与分离也得靠生产力的提升来实现。他们还提出促使城乡之间的对立逐步消灭,需要把农业和工业结合起来,为此就要尽可能地将大工业在全国平衡地分布。从城乡融合实现的生产关系角度来看,马克思说:"要看到这些因素在自己的发展中受到现今的资本主义生产方式的阻碍。"由此也决定了城乡融合的关键在于生产方式的革新。他写道:"即城乡的对立破坏了工农业间必要的适应和相互依存关系。"诚然要看到将要产生消灭城市和乡村分离的那些革命因素已经在现代大工业的生产条件中处于萌芽状,并"消灭旧的分工",使全部生产发生变革。[3] 因此,他们主张以公有制代替私有制,随着资本主义发展转化为更高的形态,消灭阶级对立。[4] 这样城乡对立将会消失,推动城乡的融合。1847年恩格斯在《共产主义原理》中也强调:要"使社会全体成员得到全面发展",必须通过

---

[1] 恩格斯:《反杜林论》,人民出版社1999年版,第314页。
[2] 《马克思恩格斯文集》(第一卷),人民出版社2009年版,第557页。
[3] 《马克思恩格斯全集》(第二十六卷),人民出版社2014年版,第315页。
[4] 《列宁全集》(第五卷),人民出版社1986年版,第124页。

变换工种,"消除旧的分工",使城乡融合,"彻底消灭阶级和阶级对立",大家共同享受创造出来的福利。列宁、斯大林继承了马恩的城乡融合思想,并进行了理论发展,在实现城乡融合一体化的路径选择方面进行了探索。在《关于全俄中央执行委员会和人民委员会的工作》中列宁强调了实现城乡一体化发展上电气化的重要性,指出要把工农业生产组织在电气化这种现代最高技术的基础上。因而"必须让农民看到,电气化将把城乡连接起来,就能消除城乡间的悬殊现象"①。斯大林十分重视城市对农村的辐射带动作用,并强调城乡从对立转化为融合,并不是指大城市的毁灭,他指出,"城乡对立消灭以后,还要出现新的大城市,并且将在那里形成最发达的文化中心",从而"促进全国文化的繁荣"②,城乡有同等生活条件。城乡一体化绝不是一蹴而就,列宁提出"工业的疏散"是最主要的措施,"合理地分布俄国的工业,使工业接近原料产地,尽量减少原料加工、半成品加工、一直到制出成品的各个阶段的劳动力损耗"。实现城乡一体化发展是多途径的③。斯大林认为:"以社会主义精神来改造农民的主要力量是新的农业技术、农业机械化、农民集体劳动和国家电气化。"④

马克思主义经典作家关于城乡融合的论述,为城乡关系的研究指明了方向,并将社会主义和共产主义的目标与城乡融合发展相联系,而不仅仅止步于城乡联系的合理单纯性诉求,是当代中国城乡一体化发展研究最重要的指导思想。

二 毛泽东关于城乡关系的理论探索

新中国成立前后,中国共产党认识到处理城乡关系的重要性,开始了处理我国城乡关系的理论探索和实践准备。毛泽东继承了马克思主义城乡融合理论精髓,在此基础上,立足中国城乡关系的具体现实,开启了马克思主义城乡融合思想的中国化历程。以城市工作为重心,重工业

---

① 《列宁全集》(第三十八卷),人民出版社2017年版,第124页。
② 《斯大林选集》(下卷),人民出版社1979年版,第558页。
③ 《列宁选集》(第三卷),人民出版社2012年版,第509页。
④ 《斯大林全集》(第十一卷),人民出版社1955年版,第143页。

发展为中心，兼顾农村、农业和农民的城乡兼顾协调互助思想得以形成。其思想内容主要体现在：兼顾城乡经济发展，坚持农业基础地位，维护农民利益，实现农业科学化、机械化、集体化，实现城乡互助，同步提高农民的生活水平，提高农村社会事业水平，缩小城乡差距。

新中国伊始，面临着旧政权遗留下来的国民经济全面衰退与萎缩的严峻形势，尽快恢复国民经济，发展生产，安定人民生活，成为新中国政权维持和巩固的首要问题。当时的中国是一个典型的农业国家，毛泽东认识到工业经济虽然大约只占当时全国经济的10%，但代表了我国的先进生产力，是推动中国强大和现代化的主要推力，指出"没有工业，便没有巩固的国防，便没有人民的福利"要"使中国稳步地由农业国转变为工业国"①，建立强大的工业国。② 以及受苏联模式的影响及出于巩固国家安全考虑，他提出了优先发展重工业。但毛泽东同时强调正确处理农轻重关系，强调"农轻重"的协调发展。1956年，随着我国社会主义工业化改造的基本完成，比较完整的国民经济工业化体系虽然建立起来了，但农业成为城乡关系互动中薄弱的一环。同年，毛泽东在《论十大关系》中，把"重工业和轻工业、农业的关系"作为十大关系之首，1957年《关于正确处理人民内部矛盾的问题》中又谈到"发展工业必须和发展农业同时并举"③，并强调农业发展对于工业提供原料和市场发展的重要意义，以及重工业建立所需资金积累的强大推力作用。

城市中心，城乡兼顾。新中国成立后，党的工作中心实现了从革命到建设，从乡村到城市的重大转变。中共七届二中全会上，毛泽东提出党工作的重心由乡村转移到城市问题。但特别强调了"城乡兼顾"。他说，决不可以丢掉农村，工作重点转移，仍然要城乡兼顾，仅顾城市，那是完全错误的。④ 这一思考为新中国成立后处理城乡关系的政策制定提供了理论准备。1949年9月毛泽东及时总结了建国前后城市与农村发展

---

① 《毛泽东选集》（第三卷），人民出版社1991年版，第1080页。
② 《毛泽东文集》（第三卷），人民出版社1996年版，第147页。
③ 《毛泽东年谱（一九四九——一九七六）》（第三卷），中央文献出版社2013年版，第149页。
④ 《毛泽东选集》（第四卷），人民出版社1991年版，第1427页。

状况，提出"处理好'四面八方'关系是当前我们经济政策的落脚点"①，指出"消灭封建制度"，实行"公私、劳资、城乡、内外"四面八方兼顾、两利、互助、交流的经济政策。这是符合中国国情的选择，也是社会先进生产力发展的客观需要。毛泽东对城乡关系的处理进行了辩证思考，结合中国革命建设实践，形成了新时期的马克思主义城乡观。他曾生动地说"当需要在乡村时，就在乡村；当需要转到城市时，就转到城市"②。毛泽东指出"发展农业生产，就给发展工业生产奠定基础"，因此有必要城乡兼顾，从而为我国实现工业国的转变创造条件。毛泽东的城乡统筹兼顾将辩证法很好地运用于我国工农城乡关系的处理，也是他提出"农业为基础、工业为主导"战略方针的先导，为新中国成立后我国城乡关系的处理提供了基本原则。

毛泽东强调农业农村的基础地位。1952年他在西北局视察工作时，就区乡工作中存在"五多"③等偏离农业的"政治化"倾向，指出这是"本末倒置"的做法，凡是所谓的以妨碍农民进行生产的工作任务和方法，都必须避免。毛泽东多次强调全党一定要重视农业。1957年《在省市自治区党委书记会议上的讲话》中，他谈到，"不抓粮食，总有一天要天下大乱"④，1960年他又指出"农业关系国计民生极大"⑤。他以特有的生动语言和辩证思维逻辑说到，"手里有粮，心里不慌，脚踏实地，喜气洋洋"。毛泽东主张城市和工业要支援农村和农业，他说"要搞好工业化就应当这样做"⑥。在毛泽东看来，中国的经济发展必须把农业、重工业、轻工业作为一个整体来考虑，并且要有稳固的农业基础，要说服工业部门面向农村，支援农业，如此才能真正实现重工业的持续发展。毛泽东经济协同发展的战略高度为新中国成立后的中国提供了重要的指导，促进了中国国民经济的恢复和发展，避免了重蹈苏联忽视农业生产的覆辙。

---

① 《毛泽东思想年编：1921～1975》，中央文献出版社2011年版，第652页。
② 《毛泽东著作专题摘编》（上），中共文献出版社2003年版，第616页。
③ "五多"即任务多、组织多、会议集训多、公文报告表册多、积极分子兼职多。
④ 《毛泽东文集》（第七卷），人民出版社1999年版，第199页。
⑤ 同上书，第199页。
⑥ 同上书，第200页。

如何发展农村农业，将农业的基础作用充分表现出来？毛泽东从发展现代化生产力和调整农村生产关系两方面进行了深入思考。毛泽东深知生产关系对生产力具有强大的反作用，认为封建统治的经济基础是这种分散的个体生产，强调要根据实际情况整合各种因素参与农业生产，推进农业发展。毛泽东认为要以实行集体化来实现农村农业的发展，就要在农村建立合作社，并指出克服"农民限于永远的穷苦"最好出路就是逐渐集体化，因此"必须走合作化道路"。提出"把农业互助合作当作一件大事去做"，采取循序渐进，稳步前进的三步走方针：互助组、农业合作社、集体农庄。我国的农业合作化于1956年底胜利完成，这是社会化改造和制度改造的巨大成就之一。新中国成立初期，毛泽东进一步指出，社会主义国家的农业现代化就是"集体化加机械化"。1959年以后，毛泽东正式提出了"农业现代化"的概念，将农业的现代化纳入国家整体现代化的重要内容，并将其列为四个现代化的第一位加以考虑。同时强调，必须逐步建立起现代化的工业和现代化的农业并举的现代化格局。[①] 这一认识也表明了毛泽东对中国社会主义工业化内涵的准确把握。在革新农村生产力上，毛泽东强调农业要机械化、科技化。改善农业生产的装备，以促进农业生产的发展。毛泽东曾提出"农业的根本出路在于机械化"[②] 的著名论断。毛泽东倡导用科技去武装农业生产，他曾说："搞农业不学技术、不懂业务不行"，认为推动发展农业领域生产力和生产过程的现代化需要通过机械化、电气化、化肥化和水利化的四化协调互促来实现。毛泽东关于农业的社会主义现代化论述，揭示了新时期大力发展农业生产力的根本途径。这一时期毛泽东还阐发了加强农业合作化与促进农业现代化的辩证发展的思考。他提出"社会主义工业是不能离开农业合作化而孤立进行的"[③]。因为只有实现农业合作化，"才能大量增加农产品以满足工业化快速发展的需要"[④]，同时为农业机械化开辟道路。在毛泽东的国家现代化战略中，农业合作化是和工业化相互联系、

[①] 《毛泽东文集》（第七卷），人民出版社1999年版，第310页。
[②] 《毛泽东文集》（第八卷），人民出版社1999年版，第49页。
[③] 《毛泽东文集》（第六卷），人民出版社1999年版，第431页。
[④] 同上书，第432页。

协调统一的。

遗憾的是，在中国的社会主义建设实践中，自中共八届三中全会后，出现了"大跃进"和"人民公社化运动"，忽视了经济发展的客观规律，毛泽东的许多城乡发展思想没能得以实现。由于违背了生产关系要与生产力状况相适应的矛盾运动规律，农村经济的发展受到阻碍，对当时的工农业经济都造成了较大的破坏。之后，在党的八届十中全会上，又从普遍规律性的高度上，强调了"农业是国民经济基础"，毛泽东城乡关系思想又得以回归。

在城乡互助的具体实践方法上，毛泽东也给予了充分的思考。他提倡努力尝试城市和工业支援农村的各种渠道，加强城乡联系，通过多种联系发挥城市与农村之间的促动功能。通过城市工人和合作社农民交流经验，城市把知识输送到农村，向农村转让小型工厂，互相鼓励，从而发挥城乡之间的互助功能。他谈到要经常举行城乡联欢会，加强城市工人和农村农民之间的通信联系，带领合作社农村到现代化的工厂参观访问，把城市的知识分子派到农村，到广阔天地中去锻炼，为农村培养人才，传播科技知识，为农村提供书籍、输入教师，后来还号召知识青年做"又红又专"的接班人。认为只有加强城乡互助，"才能有利于工业和农业的发展，才能巩固工人阶级领导之下的工农联盟"[①]。

维护农民利益，缩小城乡差距，同步提高农民生活水平。毛泽东特别重视给人民以看得见的物质利益，强调农民的生活水平要随着工农业发展的提高同步提升，共享生产发展的成果。他指出，"国家要积累，合作社也要积累，但都不能过多"，要使农民"从增加生产中逐年增加个人收入"。[②] 毛泽东深知中国农民的苦难和维护农民利益的重要性，指出"必须兼顾国家利益、集体利益和个人利益"，注意调节其中的矛盾，强调要保证国家的利益就必然要避免损害农民的利益。那种"杀鸡取卵"[③]式的做法，必然挫伤农民的积极性，从而使整体利益不保。维护农民利

---

① 《建国以来毛泽东文稿》（第十六册），中央文献出版社1998年版，第446页。
② 《毛泽东著作选读》（下），人民出版社1986年版，第775页。
③ 《建国以来毛泽东文稿》（第十六册），中央文献出版社1998年版，第791页。

益是党自革命以来始终坚持的一项原则,也是毛泽东工农城乡关系思想的重要内容。毛泽东高度重视改善民生,1953年他首次提出"共同富裕"概念,并将其与社会主义制度联系起来,主张共同富裕是社会主义的根本目标。[①] 同时毛泽东也十分重视农村社会事业的发展,强调要改善农村社会服务,提倡创造条件积极兴办农村社会事业。他强调发展农村医疗卫生事业,指示"把医疗卫生工作的重点放到农村去",建设以赤脚医生为主体的农村医疗服务,开创了我国农村医疗卫生工作的新局面;提出多途径办学的方针,号召教育与生产劳动相结合,在他倡导支持下,全国建立各类农业技术学校,通过扫盲教育和半工半读,[②] 培养了有知识有文化的新型农民,为国家的建设不断注入动力。毛泽东的社会建设思想为中国社会建设积累了宝贵的经验。

毛泽东对社会主义建设初期城乡关系的探索为我国的城乡经济社会统筹互助互促的良性发展提供了有益的思路和思想,也是马克思主义城乡关系理论在中国大地上落地生根发展的过程,为之后中国城乡建设奠定了基础,积累了宝贵经验。

三 中国特色社会主义城乡关系理论

改革开放以来,针对社会主义不同发展时期的特点,以邓小平、江泽民、胡锦涛等为主要代表的几代共产党人,先后对中国的城乡建设进行了探索,积累了丰富的城乡发展经验,他们立足历史发展的中国国情与要求,进行了深入的思考,形成了推动我国城乡健康发展的一系列理论成果,持续推动着我国在城乡一体化道路上迈步前进,不断推动着我国城乡一体化发展的理论创新与实践创新。

随着和平与发展逐渐成为时代的主题,党和国家的工作重心转移到了社会主义现代化建设上。邓小平高瞻远瞩,做出了改革开放的重大决策,这是符合中国具体国情的研判与战略。随着十一届三中全会"实事求是"思想路线的重新确立,邓小平果断地决定在我国实行全面的改革,

---

① 《建国以来毛泽东文稿》(第十六册),中央文献出版社1998年版,第705页。
② 《建国以来毛泽东文稿》(第六册),中央文献出版社1992年版,第137页。

由此开创了我国城乡发展的新的历史时期。我国的改革首先从农村开始，进而转向城市。在不断推动我国城乡改革实践的发展和及时总结发展经验的过程中，邓小平形成了丰富的城乡发展思想，开创了具有中国特色的"城乡互动"思想，其内容主要包括：重视农村的基础地位和农业现代化，关注农民致富和农村经济体制改革，强调工农业要相互支援，重视科学技术和乡镇企业在城乡互动中的作用，缩小城乡差距，实现共同富裕等。

重视农村农业的基础地位。邓小平多次强调，我国是一个农业大国，农业在国民经济中处于最根本的地位。中国改革、发展和稳定的基础是农村。"三农"的发展关系到我国整体的兴旺发达。"三农"的稳固和安定关系到我国社会的全局的安定发展。邓小平指出："这不仅是一个经济问题，也是一个政治问题。"他在多个场合说到"农业是根本，不要忘掉"，"农民没有摆脱贫困，就是我国没有摆脱贫困"。[1] 中国的发展"不能建立在百分之八十的人口贫困的基础之上"[2]。即使在我国农业农村第一步改革取得基本成功，重点转入城市改革之际，邓小平还突出强调农业农村也是城市改革的基础，要继续稳定加强农业农村的发展。"城市搞得再漂亮，没有农村这一稳定的基础是不行的。"[3] 只有这样才能促进三农的发展，才能为城乡互动发展创造条件。邓小平农业农村基础根本思想确保了中国改革的成功。实践证明，强调根本保证农业基础、乡村城市两步走又互相支持的改革路径是正确的，也正因如此，我们的社会主义建设事业取得了辉煌的成就。

邓小平认为，稳固农业的根本地位，要依靠两个抓手：一个是政策，另一个是科学。一方面要发挥政策优势，调动农民的积极性；另一方面要靠科学技术，为农业发展提供不竭的"第一生产力"。邓小平强调要放宽农村政策，发展生产力。他指出要调整政策，实行正确的政策，使农民重视农业、生产粮食有利可图。他强调政策要做到因地制宜，尤其是

---

[1] 《邓小平文选》（第三卷），人民出版社1993年版，第237页。
[2] 同上书，第117页。
[3] 同上书，第65页。

对生活贫困、经济落后的地区，要放宽政策。"多搞点粮食，把经济作物恢复起来"。邓小平强调坚持以"提高农业的经济效益，增加农民收入为方针"，并且农业政策上要长期保持稳定。"同时也要在工业支援农业的政策上下功夫。"[①] 在谈到依靠科学的问题上，他说："农业现代化不单单是机械化，还包括应用和发展科学技术等。"[②] 解决农业问题最终要靠科技。他提倡要进一步大力培养农业科技人才，发展适度规模经营，建立和恢复农业科研和推广体系，并付诸实施了一批农业重点科技攻关项目，[③] 促使我国农业生产力飞速发展，大大提高了农业在国家中的地位。

工农业互相支援。这一思想是对毛泽东的工农业并举发展思想的深化与发展。1975年邓小平在《关于发展工业的几点意见》中谈到，工农业互相支援，"这是个加强工农联盟的问题"[④]。工业与农业，城市与乡村必须联系起来，城乡发展不能搞各自为政、搞"单打一"。要合理安排劳动力，既要支援工业建设，又不误农时生产，扩大农村市场，推动工业发展。工业要把帮助农业生产列为自己的计划，要把工业对农业的支持落实到具体的政策中去，促进农业现代化，在"投资方向、资金使用方向等"方面支持农业，使农村小型工业与附近城市工业区互促发展。

乡镇企业在工农之间、城乡之间发挥了重要的作用。邓小平曾说，改革中我们乡镇企业的异军突起是"完全没有预料到的最大的收获"[⑤]，他对其予以肯定并高度赞扬："乡镇企业是我国农民的伟大创造。"邓小平及时总结了我国乡镇企业发展的经验，创造性地提出了我国农村应走农村工业化与农村城镇化同步发展，实现城乡协调发展的思想。他谈到，"农村实行承包责任制后，剩下的劳动力怎么办"，现在看来，"这恐怕是必由之路"，认为只要动员农民发挥积极性，问题就能较好地解决。他提倡走多元化的发展道路，以激发农民的活力。同时强调要积极发展乡镇企业的栖息地，这样农村一半的剩余劳动力不去城市，就有了出路，大

[①]《邓小平文选》（第一卷），人民出版社1994年版，第322页。
[②]《邓小平文选》（第二卷），人民出版社1994年版，第28页。
[③]《邓小平文选》（第三卷），人民出版社1993年版，第23页。
[④]《邓小平文选》（第二卷），人民出版社1994年版，第29页。
[⑤]《邓小平文选》（第三卷），人民出版社1993年版，第238页。

量的新型小镇的建设,又为乡镇企业发展提供聚落点,以较集约的形式聚集劳动力,加之其他行业的发展,转而促进农业发展,加快农村经济繁荣。由此为我国指明了一条符合中国国情的农村工业化和城镇化的道路,也为我国城乡二元结构的破解提供了理论支撑。

20世纪末,通过农村体制改革和乡镇企业发展,我国农村劳动力结构发生变化。农村发展导致小城镇强劲增长,城乡关系健康发展,城乡之间的距离逐渐拉近,农村就业水平和农村居民收入大幅度提高,为新时期城乡关系发展开辟了新局面。

以江泽民同志为核心的党的第三代领导集体,进一步丰富了我国的城乡理论。总结了之前城乡建设经验教训,再次强调必须要重视"三农问题",主张要从根本上解决"三农问题",以发展小城镇,统筹城乡发展的方式来带动农民农村的发展。不仅要统筹城乡经济发展,更要统筹城乡社会发展,使城乡的经济和社会两方面的发展相互协调,互促共进。这标志着我国城乡关系由"兼顾"城乡到"统筹"城乡的理论转变。

21世纪初,"三农问题"日益凸显,工农业发展严重不协调,农业发展明显滞后于工业,这已经在一定程度上成为制约整个国民经济发展的瓶颈。党的十三届四中全会后,以江泽民同志为核心的第三代领导集体,充分认识农业发展在国民经济中的地位以及与小康社会实现的关系,指出没有农民的小康,就不可能有全国人民的小康;江泽民强调:三农问题"始终是一个关系党和国家的全局的根本性问题"[①],指出没有强大的农业基础,就没有国家独立;没有农村稳定和总体进步,就没有社会的稳定。[②] 在十四大报告中,他又要求全党"必须把加强农业放到首位",之后的"十五"发展规划中指出要"努力使城乡经济良性互动",在十六大上"统筹城乡经济社会发展"被明确地提了出来,由此完成了党的城乡发展思想上由"兼顾农村"到"统筹城乡"的重大转变,并从国家战略上加以落实。这种转变突破了以往就"三农"论"三农"的思维,站在经济、社会、现代化、小康的全局和整体的有机联系中通盘考虑我国

[①]《江泽民论有中国特色社会主义(专题摘编)》,中央文献出版社2002年版,第119页。
[②]《江泽民文选》(第一卷),人民出版社2006年版,第258页。

的城乡发展问题。在改革开放的深化过程中,以江泽民同志为核心的领导集体不断地深化了党的城乡发展思想,推动我国的城乡关系发展进入新境界。

小城镇是大战略。世纪之交面临世界金融危机经济下滑的同时,经济发展中某些深层次的矛盾凸显,小城镇的发展地位从一般的工作任务提高到带动国民经济发展的大战略。江泽民强调,"要继续把发展乡镇企业作为振兴农村经济的一个战略重点",并在十五届三中全会上提出"发展小城镇""是一个大战略"[1];提倡引导乡镇企业集中的小城镇,要加强规划,将农村剩余劳动力有计划、有步骤地引导到小城镇;并提出要大力发展小城镇,努力开拓国民经济发展的市场空间,将更多的民间资本吸纳到小城镇,拉动农村的最终消费,扩大我国的内需,盘活农村的经济发展,[2] 充分运用市场机制,走出一条政府引导下的依靠社会资金建设小城镇的路子。这将为我国经济社会大发展提供新的增长动力。江泽民还提出了小城镇建设的"四项原则":尊重规律,循序渐进;因地制宜,科学规划;深化改革,创新机制;统筹兼顾,协调发展。2002年我国又放宽了城镇落户的政策,以适应小城镇建设。由此,我国小城镇建设和发展进入了一个全新的历史时期。江泽民同时强调要"坚持小城镇与大中小城市协调发展"[3],小城镇大战略,在揭示一般规律的同时结合中国的实际走出了自己的城镇化道路。为建立共同繁荣新型城乡关系,消除城乡分割局面提供了指导。

"统筹城乡发展"、小城镇大战略等一系列思想把中国特色的社会主义城乡关系理论又向前推进了一大步,为党的新一代中央领导集体成功解决"三农"问题和城乡工农关系奠定了理论基础。

进入新世纪以来,我国城乡差距显现出持续扩大的趋势,城乡发展中更多深层次上的矛盾亟待解决。以胡锦涛同志为总书记的党中央,对实施城乡统筹发展方略的实践高度关注,从我国新世纪新阶段的实际出

---

[1] 《十五大以来重要文献选编》(上),人民出版社2000年版,第569页。
[2] 《十五大以来重要文献选编》(中),人民出版社2001年版,第1074页。
[3] 《全面建设小康社会,开创中国特色社会主义新局面——在中国共产党第十六次全国代表大会上的报告》,人民出版社2002年版,第23页。

发，不断开拓创新，把中国特色的社会主义的城乡关系理论推向了新的高度，开拓了更宽广的视野。主要内容体现为：基于科学发展观和"两个趋向"的判断，从城市工业支持反哺和新农村建设两条路径出发，促农带农，在"五个统筹"的有机整体中推动城乡经济社会发展一体化新格局的形成。

胡锦涛指出："农业丰则基础强，农民富则国家盛，农村稳则社会安。"全党工作要把解决好三农问题放在更加突出的位置，坚持统筹城乡发展。2003年10月党的十六届三中全会提出了全面建设小康社会的"五个统筹"要求，将"城乡统筹"经济社会发展列为"五统筹"①之首纳入了科学发展观，明确了其在社会主义建设中的指导地位和作用。

"两个趋向"的判断。2004年9月，党的十六届四中全会上，胡锦涛基于发达国家工业化现代化历程带有普遍性的"两个趋向"的判断，深入分析了我国国情，指出"工业反哺农业、城市支持农村"是"普遍趋向"，这是工业化达到相当程度以后，世界许多国家城乡发展中呈现出的规律性，提出针对我国经济社会发展"两个趋向"的判断，科学定位我国新形势下城乡关系和工农关系的发展阶段。并明确指出从我国总体上的发展看，"已到了以工促农、以城带乡的发展阶段"②，强调这一阶段是需要实现工业与农业、城市与农村的协调发展的重要时期。为我国实践城乡经济社会发展明确了方向。我国应当顺应这一趋势，更加积极地推动城乡关系发展的良性互动与升级。随后的中央经济工作会议上胡锦涛又从"辐射""带动""支持""反哺"与城乡二元经济结构的体制改变的两个方面具体论述了城乡统筹发展的路径。③ 在这一思想的指导下，我国进行了多方面的体制改革和卓有成效的创新探索，加快了我国城乡一体化发展的步伐，例如2005年年底，中共中央废止了农业税，中国农民延续了两千多年的"皇粮国税"不复存在。城乡一体关系实现了历史性的转变。

---

① 五个统筹发展，即"统筹城乡发展、统筹区域发展、统筹经济社会发展、统筹人与自然和谐发展、统筹国内发展和对外开放。
② 《胡锦涛文选》（第二卷），人民出版社2016年版，第248页。
③ 同上书，第247页。

建设社会主义新农村。在"两个趋向"的科学判断的基础上,以胡锦涛同志为总书记的党中央从增强农村内生力,促进城乡互动发展的思考上,提出要建设社会主义新农村,并把新农村建设作为推进城乡现代化进程的重大历史任务。随后,在中共中央"十一五规划"中明确了新农村建设的五项主要内容,从生产、生活、乡风、村容、管理上勾画出了我国农村建设的全貌,并提出各项具体措施加以落实新农村建设。要求从根本上改变农村落后的面貌,实现农村生产发展、生态良好,生活富裕,使其走向发展、宽裕、文明、整洁、民主的崭新大道,进而缩小农村与城市诸多方面的差距,统筹城乡发展。之后,中央政治局又明确提出,要同步推进城镇化,将其视为城乡统筹发展的至关重要的环节。出台了一系列强农惠农政策,由此,城市建设和现代化道路上共同繁荣的新农村宏大实践逐渐展开。

城乡经济社会发展一体化。十七大报告对统筹城乡发展提出了新的要求,明确了今后一个阶段要着力"形成城乡经济社会发展一体化新格局",并且从建立长效反哺机制上,推动"以工促农、以城带乡"趋势的长足发展。同年12月,中央农村工作会议上就推进这一"新格局"提出了具体要求,强调要加强农业基础设施建设、切实解决农村民生问题,促进农村繁荣和全面发展,使广大农民生活不断得到改善。在2010年12月的中央农村工作会议上,胡锦涛进一步提出要"深入推进农村改革创新",强调要从强农惠农政策推动上给农民和农村注入发展的活力,并不断加大政策力度,同时将"新格局"确定为构建和谐社会的重要部分,强调城乡经济社会发展一体化新格局是社会和谐稳定的强有力的支撑。指出"加快农业发展方式的转变",促进农业转型升级,发展可持续的现代农业,扎实推进社会主义新农村建设。党的十八大上,中央进一步就新农村的社会建设和民生发展给出了的指示,提出要全面推进城乡基本公共服务均等化。同时主要措施上要求建立城乡平等的要素交换机制,促使城乡一体化的机制的内生发展动力,更强调要在发展中把城镇建设和新农村建设两个建设加以统筹规划,通盘考虑,统一推进。由此为我国全方位格局的城乡一体化发展指明了奋斗的方向。

胡锦涛对我国城乡经济社会一体化新格局的新思维、新探索,推动着中国特色社会主义城乡关系理论继续前行,为我国城乡经济社会科学发展提供了强大的理论武器,开创了谋划我国城乡一体化发展的新起点。

四 习近平关于新时代中国特色社会主义城乡关系的重要论述

在新的历史条件下,以习近平同志为核心的党中央为城乡关系建设赋予了新的内涵并提出了更高的发展要求。习近平聚焦于我国"城乡发展不平衡不协调"的突出矛盾,坚持并发展了城乡一体化战略,着力弥补城乡经济社会发展的短板,主张建设美丽城镇、美丽乡村,全面扶贫脱贫,走农民职业化道路,实施乡村振兴战略,走城乡融合发展之路,为我国城乡经济社会发展注入新的活力,为我国社会主义现代化提供持续发展的强大动力,把我国的小康社会建设推向全面发展的快车道。

习近平指出全面深化改革是解决发展难题的强大动力,要以"与时俱进的精神状态和强烈的政治责任感"全面深化改革,务必改革开放促"三农"。[1]表明了我们党和国家解决好"三农"问题的决心和意志。他说"任何时候都不能忽视农业、忘记农民、淡漠农村","始终把'三农'工作牢牢抓住、紧紧抓好"。他亲切而生动地说:"小康不小康,关键看老乡。"并强调美丽富裕的农村是美丽富裕的中国应有之义,指示在认识的高度、重视的程度、投入的力度上保持好势头,不断加大强农、惠农、富农政策力度,"最大限度调动一切积极因素",要给农民农业插上起飞的翅膀,使其获得持续的发展能力,使农村的短板走上自我完善、自我发展的康庄大道。

推进城乡发展一体化。习近平坚持并发展了城乡一体化战略。在2013年11月9日十八届三中全会上,习近平指出:"必须推进城乡发展一体化。"[2]提出要继续深化改革,着力从体制机制创新上取得突破。推进城乡发展一体化的"五化"目标[3]实现。提出城乡一体化战略是我国城

---

[1] 习近平:《之江新语》,浙江人民出版社2007年版,第105页。
[2] 《中国共产党第十八届中央委员会第三次全体会议公报》,2013年11月12日,新华网(http://www.xinhuanet.com/politics/2013-11/12/c_118113455.htm)。
[3] "五化"目标,即逐步实现城乡居民基本权益平等化、城乡公共服务均等化、城乡居民收入均衡化、城乡要素配置合理化,以及城乡产业发展融合化。

镇化、工业化、农业现代化发展的必然要求。习近平提出了健全城乡发展一体化的体制机制的改革举措，强调从财产权、经营体系、要素交换和配置三个方面的探索。要求充分发挥现代市场的积极因素，经营模式，发展农业大户合作和企业流转，促进城乡劳动要素的平等交换，建立公共资源均衡配置的体制，尤其是要建立起与农民工转移相适宜的社会公共服务配置。习近平强调，要充分认识我国城乡发展不平衡不协调的现实，不但要从制度体制改革，更要立足我国的自然禀赋和历史文化传统，将二者有机地结合起来，勇于创新，大胆实践，加快城乡二元结构的转变，逐步实现城乡居民生产生活诸多方面全面的平等、均衡、合理、融合。习近平明确提出，城乡发展一体化必须双轮驱动，新型城镇化和新农村建设要齐抓共进，共同助推发力。① 他进一步指出，农村农业与城市二、三产业存在着多重依存的密切关系，要统筹城乡发展。充分发挥"三化"带动"三农"作用，推进城市化、工业化、市场化的健康发展，并指出现代农业发展道路的特征：集约、高效、安全、持续，同时更强调建设有质感的新农村，打造"农民幸福生活的美好家园"。

建设美丽城镇。习近平强调注重文化传承，提升城镇的文化内涵，建设宜居生态的幸福城镇。党的十八大提出推进我国事业发展，实现中国梦的"五位一体"总体布局。其中，并首次把"美丽中国"作为生态文明建设的宏伟目标纳入总体布局。美丽城镇是美丽中国的应有之义。习近平指出要建设以"创新、协调、绿色、开放、共享"五大发展理念为引领，更加注重环境宜居和历史文脉传承的新型城镇化建设。主张将城镇化建设与生态文明建设相结合，二者同步推进。2013年习近平在海南考察工作时说："金山银山固然重要，但绿水青山是金钱不能代替的。"② 他将美丽乡镇作为城镇人民幸福生活的重要内容。提出美丽城镇发展，既要有地域民族特色，还要能承载历史记忆。用城市历史记忆与个性文化留住乡愁，增强人民的城市幸福感，使人民不再作为城市的过

---

① 习近平：《坚定不移全面深化改革开放　脚踏实地推动经济社会发展》，《人民日报》2013年7月24日第1版。

② 习近平：《建设美丽中国，改善生态环境就是发展生产力》，2016年12月01日，人民网（http://cpc.people.com.cn/xuexi/n1/2016/1201/c385476 - 28916113.html）。

客穿梭于高大宏伟的水泥建筑群之中。该理论丰富和深化了以人为本的城镇化发展的内容，使我国的城镇化建设理念又迈上了一个新的台阶，开拓了中国以人为本新型城镇化道路的新境界。2013 年习近平在哈萨克斯坦纳扎尔巴耶夫大学演讲时说，我们"决不能以牺牲生态环境为代价换取经济的一时发展""宁要绿水青山，不要金山银山"，呈现了习近平的高远智慧和深邃思想。2015 年 4 月 25 日《中共中央国务院关于加快推进生态文明建设的意见》指出，城镇的空间合理布局要尊重自然格局，尽量减少对自然的干扰和损害[1]，应当依托现有气象条件和山水脉络。"美丽城镇"赋予了新型城镇化新的科学内涵，结合了城市和乡村各自的优点，使两者相得益彰，协调发展，赋予城镇与乡村"生态文明的自然之美、科学发展的和谐之美、温暖感人的人文之美"，既传承历史文化，又彰显了时代气息，各具特色，搭建了凝聚人心的舞台。

建设美丽乡村。2013 年 12 月，习近平在中央农村工作会议上对社会主义新农村建设提出了更丰富的内容，指出了新农村建设的方向。美丽乡村是小康社会在农村的具象化表达。习近平说："中国要美，农村必须美。"美丽乡村是农业的美、农村的美、农民的美的"三美"有机结合。美丽乡村为我国社会主义新农村建设注入了新的内涵，深化了我国新农村建设理论，增强了人们对美好生活的信心，将人们对新农村建设的外在物质形态与人们内心主体体验完美结合，美丽乡村既有外在具象之美，更有宜人内在质地，它为我们勾画出了一幅新农村的美好画卷。美丽乡村首先是富庶乡村，富庶乡村美在产业，现代化变迁中的农村应是感受现代文明的生产和生活乐园，而不是"荒芜的农村、留守的农村"[2]。习近平强调城乡要共建美丽乡村致富产业，鼓起农民的腰包，着力发展既山清水秀，又宜居宜业的产业模式，既能保护乡土文化、留住民族记忆，又能致富农民的融合产业。只有这样，农民的"心里才会美美的"。习近平的美丽乡村构建思想将农村的发展置于更广阔的视野中，有的放矢，

---

[1] 《中共中央国务院关于加快推进生态文明建设的意见》2015 年 5 月 5 日，中央政府门户网（http://www.gov.cn/xinwen/2015-05/05/content_2857363.htm.）。
[2] 同上。

对中国的新农村建设极具指导意义，将推动城乡一体全面的可持续的发展。

全面扶贫脱贫。习近平在2015年减贫与发展论坛上指出："全面小康是全体中国人民的小康，不能出现有人掉队。"①"美丽中国应该是全体中国人民的美丽中国"。2012年底至2013年初，习近平多次集中奔赴我国贫困地区考察、慰问、调研。如2012年12月底前往河北省阜平县，2013年2月深入甘肃定西、临夏等连片特困地区，后又落脚湘西贫困村民家里。期间发表了一系列重要讲话，深刻阐发了新时期城乡建设的重大理论问题和实际问题。十八大以来党中央把扶贫开发工作摆在更加突出的位置，实施精准扶贫，开创了全面扶贫脱贫事业的新局面。消除贫困，是社会主义的本质要求，是全面建成小康社会的一项重要而艰巨任务。习近平强调要用改革创新的新思想科学扶贫，不断完善有利于加快扶贫发展的政策体系，建立可持续的扶贫体制机制，激活贫困地区发展的内生动力，把扶贫开发作为重大战略任务和政治任务，集中力量打好扶贫攻坚战。②习近平尤其注重精准的造血式扶贫，他说扶贫工作"贵在精准，重在精准，成败之举在于精准"③。认为扶贫攻坚战成败的关键是实现"粗放漫灌"到"精确滴灌"的跨越。全面扶贫脱贫是新时期一项具有特殊意义的群众工作。习近平指出，"对困难群众要格外关注"，"把他们的安危冷暖时刻放在心上"，创新完善工作机制，以摆脱贫困为底线，改善民生，全面建成小康社会。"精准扶贫"的提出，拓展了中国共同富裕的实现途径。

农民职业化道路。只有农民职业化，才有我国未来农业的现代化。"说到底，农村经济社会发展的核心是要解决好人的问题"④。农业是人类社会赖以生存发展的基础产业，关系到国计民生。将来"谁来种地"对

---

① 习近平：《携手消除贫困 促进共同发展》（习近平出席2015减贫与发展高层论坛主旨演讲），《人民日报》2015年10月17日第1版。
② 习近平：《脱贫攻坚战冲锋号已经吹响全党全国咬定目标苦干实干》，《人民日报》2015年11月29日第1版。
③ 《习近平总书记系列重要讲话读本》（2016年版），人民出版社2016年版，第220页。
④ 《十八大以来重要文献选编》（上），中央文献出版社2014年版，第678页。

中国特色农业现代化道路来说举足轻重,新型农民职业化是农民的圆梦之路。习近平指出,让农业成为有奔头的产业,关键是"让农民成为体面职业"。"要增强农民的职业地位和声望",让农业经营有效益,让农民成为令人羡慕的职业,才能聚集优秀的市场资源于农业,才能吸引最先进的生产力走入农村,走向农业,才能吸引有文化、有素质的优质劳动力从事农业活动,吸引年轻人务农,才能在全社会充分利用现代化生产积累的优秀因素和成果来武装农业,发展农村,城乡工农共享现代文明发展的成果。促进城乡一体的所有劳动者的职业化发展,是农民全面发展和三农现代化的圆梦之路。要加强农民科技培训,培育更多职业农民,保证农业后继有人,切实改变中国很多地方存在的"老人农业"问题,处理好与农民利益密切相关的收入与土地问题,加大社会组织服务农业农民的扶持力度,完善农村基本经营制度,加大对新型农业主体的扶持力度,使高端新型职业农民成为现代农业的创新者,不断为中国的农业产业注入活力和动力,推动中国城乡整体现代化水平的提高。

构建新型城乡融合关系。以乡村振兴战略为实践路径,夯实城乡融合发展基础,以城乡融合发展,推进实施乡村振兴,实现农业农村现代化。2018年9月21日,习近平总书记在中共中央政治局第八次集体学习时强调,40年前,我们通过农村改革拉开了改革开放大幕,40年后的今天,我们应该通过振兴乡村,开启城乡融合发展和现代化建设新局面。党的十八大以来,习近平总书记在高度总结马克思主义城乡发展理论和中外社会主义城乡建设历史经验的基础上,深刻分析了当前中国的时代背景与现实需求,对中国特色社会主义城乡建设赋予了新的时代意义和理论内涵。十九大报告中,习近平总书记正式宣布中国特色社会主义已经进入了新时代,中国社会的主要矛盾也已转变为人民日益增长的美好生活需要和不平衡不充分的发展之间的矛盾,重新界定和调整了中国经济社会发展的历史方位和航标。报告提出乡村振兴战略,首次将"城乡融合发展"写入党的文献,标志着中国特色社会主义工农城乡关系进入新时代,乡村发展也从"政策惠农"走向"战略部署"。报告指出要实施乡村振兴战略,要坚持农业农村优先发展,按照"产业兴旺、生态宜居、乡风文明、治理有效、生活富裕"的总要求,建立健全城乡融合发展体制机制和政策体系,加快推进农业农村现代化。在2017年底召开的中央农村工作会议上,习近平指出:"农业强不强、农村美不美、农民富不富,决定着亿万农民的获得感和幸福感,决定着我国全面小康社会的成色和社会主义现代化的质量。"走中国特色社会主义乡村振兴道路,必须重塑城乡关系,走城乡融合发展之路,将工业与农业、城市与乡村、城镇居民与农村居民作为一个整体纳入全面建成小康社会和现代化建设的全过程中,明确乡村在全面建成小康社会和现代化建设中的突出地位和在城乡关系中的平等地位;紧接着2018年"中央一号文件"又全面布局了乡村振兴战略,提出了乡村振兴的七个必由之路,首要一条就是重塑城乡关系,走城乡融合发展之路,"推动新型工业化、信息化、城镇化、农业现代化同步发展,加快形成工农互促、城乡互补、全面融合、共同繁荣的新型工农城乡关系"。2018年9月21日,习近平总书记在中共中央政治局第八次集体学习时强调,城乡融合发展是实施乡村振兴战略推进农业农村现代化的有效途径,并强调要走城乡融合发展之路,向改革要动力。从根本上改变以工统农、以城统乡、以扩张城市减少农村减少农民的发展路径。在改革、转型、创新三个方面推动城乡地位平等、城乡要素互动、城乡空间共融。既要充分发挥政府的主导作用,大力推进体制机制创新,强化乡村振兴制度性供给,探索以基础设施和公共服务为主要内容的城乡融合发展政策创新,确保农业农村的优先发展,也要充分发挥市场在城乡要素资源配置中的决定性作用,构建推动城乡要素双向流动与平等交换的体制机制。通过制度变革、结构优化、要素升级,实现新旧动能转换,加快城乡基础设施互联互通,推动人才、土地、资本等要素在城乡间双向流动;建立健全城乡基本公共服务均等化的体制机制,推动公共服务向农村延伸、社会事业向农村覆盖。2018年10月25日习近平在听取广东省委和省政府工作汇报时的讲话指出"要加快推动乡村振兴,建立健全促进城乡融合发展的体制机制和政策体系,带动乡村产业、人才、文化、生态和组织振兴。十九大以来党的"城乡融合发展",强调树立"城乡协调""共存共荣""共建共享"的新理念,强调融合互动和共建共享是实现城乡共同繁荣和一体化的重要途径,符合新时代的阶段特征和具体要求,指出了未来城市、乡村的发展趋势,既彰显城市现代文明魅力,又呈现乡村欣欣向荣景象,是对城乡发展愿景的期待。

习近平在全面建成小康的历史道路上,从当前的实际国情出发,以中国现实问题为导向,推进城乡一体化建设、美丽中国、精准扶贫和农民职业化道路的思想,坚持和促进了社会公平正义,实现城乡关系良性互动,走城乡融合发展之路,让广大农民同城市人一样共享改革发展的成果,为新时期实现全面建成小康社会奋斗目标奠定了坚实的思想基础。在新的高度、更广阔的视野、充满家国情怀地创新和发展了社会主义城乡建设理论,对当前社会主义的城乡一体发展提出了更高的要求。

五 其他相关理论

(一) 田园城市和空间极化理论

1. 田园城市理论学派

田园城市理论学派是城市学和城市规划学界较为流行的理论。英国城市学家埃比尼泽·霍华德(Ebenezer Howard)最早提出"城乡一体化"思想。针对工业革命后出现的许多城市问题,城市规划学者们纷纷将研究聚焦于城乡空间的结合去寻求解决城市问题的途径,形成了众多理论成果。工业革命后,西方城市的发展速度急剧加快。农村人口大量涌入城市,导致住宅缺乏、交通阻塞、中心拥挤、建筑混乱、城市环境恶化等种种令人头疼的"城市病"[1]。许多专家学者纷纷加入探索城市发展"康庄大道"的行列,但是始终没有走出"城乡分治""工农分离"的惯性思维和"从理论到理论"纸上谈兵的窠臼,直到1898年霍华德编著的《明日的田园城市》一书的出版,才催生了城市建设发展的革命性变革。霍华德主张通过建设"田园城市"般的"理想城市",将乡村和城市的改进作为一个统一的问题来处理,来解决当时的诸多社会问题,提倡用一种"新社会结构形态"取代"旧社会结构形态",从而使城乡从对立走向一体。在霍华德看来"田园城市"将是这种新社会结构形态的前景。他

---

[1] [美] 伊利尔·沙里宁:《城市:它的发展、衰败与未来》,顾启源译,中国建筑工业出版社1986年版,第1—2页。

设想在那里"农村与城市可以联姻",他认为这种愉快的结合将迸发出新的生机。这将是兼具城乡各自优点的理想城市,并将产生"新的希望,新的生活,新的文明"[1]。他设想"田园城市"的四周被永久性农业用地所围绕,农业用地是田园城市的保留绿带,不得转为他用,为此城市化需要限制城市规模,认为这样的城乡接合体将最大限度地避免城市、乡村两者的缺点,成为一种理想的生活家园。书中他用三块磁石形象地阐发了他的思想。一块是城市磁石,一块是乡村磁石,另一块是"城市—乡村"磁石,分析了人类在三快磁铁影响下的生活及不同选择,设想"城市—乡村"磁铁就是未来的"田园城市"。霍华德的田园城市不仅是一个模式化的村庄建设,而且是一个平衡发展、环境友好的城镇区域。在这种思想影响下,英国1899年建立了田园城市协会,并由此带动了欧洲一些国家以及美国的"田园城市运动",迄今仍影响深远。

美国著名城市规划理论家刘易斯·芒福德（Lewis Mumford）长期对纽约与其周围的区域进行了系统研究,他在城市规划研究上更多地融入了生态学的视角,来揭示文明进步与城市发展的演进规律。20世纪60年代,系统提出"区域统一体"理念。他曾说:"城与乡不能截然分开,同等重要",如果将两者相比,"自然环境比人工环境更重要"[2]。他提倡通过许多新的城市中心的建立,重建城乡之间的平衡,分散权力到更大的区域统一体,从而使全体居民真正共享城市的益处。[3]他追求通过一种多中心的点轴交叉交通网连接下的整体化城镇集聚来解决城市面临的困境。

20世纪初大城市过度膨胀,由此带来了各种"城市病"。针对这些问题的解决,芬兰学者伊利尔·沙里宁（Eliel Saarinen）提出城市规划中疏导大城市的理念——"有机疏散理论"。他在1942年出版的著作《城市：它的发展、衰败和未来》中对其进行了详细的阐述,并从土地产权、土地价格、城市立法等方面论述其思想的可能性。他认为城市作为一个有机体,其内部秩序实际与生命有机体的内部秩序是相一致的,认为今天

---

[1] [英]埃比尼泽·霍华德：《明日的田园城市》序,金经元译,商务印书馆2000年版,第9页。
[2] 康少邦等：《城市社会学》,浙江人民出版社1986年版,第216页。
[3] 杨玲：《国内外城乡一体化理论探讨与思考》,《生产力研究》2005年第9期。

趋向衰败的城市，需要一个革命性的演变，不能任城市随意乱生，要有机整合，保持城市的良好结构，重建城市机体的秩序，从而获得健康发展。他主张将集中在城市的工业体系有机向外疏散，随着城市中心疏散到新的区域，人口就业便形成合理分布的格局，这样城市中心便得到了更适合的居住环境，建议将"日常活动区"和"偶然活动"合理布局，更多地安排在利于绿色出行的结构中，减少交通拥挤的冲击。1918年，他的理论在实践方面形成了芬兰大赫尔辛基方案，在第二次世界大战后许多城市的规划工作中也得到应用，具有世界性的影响。[1] 1932年美国建筑大师弗兰克·劳埃德·赖特（Frank Lloyd Wright）在《宽阔的田地》中正式提出了广亩城设想：主张把集中的城市分散在一个地区性农业的网格上。美国20世纪60年代，很多城市的规划都来自于这种理念的启示。

加拿大学者麦基（McGee, T. G.）对亚洲国家和地区的经济社会发展进行了长达30多年的跟踪研究。20世纪80年代，提出了"Desakota"概念，强调在城乡之间的地域组织结构上发展出了一种特有的空间形态。其城市与乡村界限在那里日渐模糊，农业活动与非农业活动并存，用地上似城非城。[2] 虽然麦吉并未具体指明这就是发展中国家城市化的具体方向，但这一概念打破了传统意义上把城市与乡村作为相对封闭空间思考的一对概念，为发展中国家城市化战略提供了有益借鉴。

无论"田园城市""区域统一体"还是"广亩城"思想，田园城市学派的学者们试图从乡村发展的改善来解决城市的发展问题，他们希望通过促进乡村发展，使城乡发展获得协调，这些思想对我国许多地方政府城乡实践也产生了深刻影响，我国的城乡边缘区研究也一定程度上因受此影响而展开。

2. 空间极化理论

空间极化思想是20世纪50年代出现的区域发展的重要思想，该理论

---

[1] 王广起等：《区域城乡一体化测度与评价研究》，中国社会科学出版社2014年版，第21页。

[2] T. G. McGee, *The Emergence of Desakota Region in Aisa: Expanding a Hypothesis*, Hunolulu: University of Hawail Press, 1991, pp. 1–2.

由几个分支理论复合而成。增长极理论最初是由法国经济学家佩鲁提出的,[①] 后经过一大批经济学家们不同层次的丰富和发展,最终形成系统化的理论。其中法国的布代维尔(J. B. Boudeville)、瑞典的缪尔达尔(Gunnar Myrdal)、美国的赫希曼(A. O. Hischman)和弗里德曼(J. R. Friedman)等人对增长极理论的成熟与完善作出了巨大的贡献。

法国经济学家佩鲁(Francois Perroux)最初提出增长极概念,其思想集中反映在他1955年撰写的《经济空间:理论与应用》一书中。他认为,经济增长首先出现于一些"增长极",并非同时出现在所有地方,当然这些增长极可以有不同的强度。经济位于这个力场中的推进性单元,可以描述为增长极。他所关注的主要是经济活动相关的产业的兴起及演变过程,他认为这些增长极通常最先是由具有创新能力的企业产生,然后在其"经济聚集效应"的支配作用下,相关企业不断被吸引汇聚,最终主导产业群得以构建,在这个经济空间中,通过产业间整个经济活动及经济要素紧密联系,实现区域由不平衡到均衡的发展。

法国学者布代维尔(J. B. Boucleville)1966年提出"都市—工业增长极"理论,将佩鲁的理论进一步向前推进。佩鲁提出的经济空间(受力场)是一个抽象的概念,是存在于经济要素之间的关系。布代维尔将增长极从具体地理空间上加以落实,认为经济空间是经济变量在地理空间之中或之上的运用,城市中心的工业集群增长极的持续发展,对城市整体发展具有很强的带动作用,通过建立城市中心工业集群增长极,可以进一步带来城市经济发展水平的整体提升,并促进自身不断壮大。其扩散效应也使得其腹地获得成长。

缪尔达尔"循环累积因果论"对增长极理论进行了进一步拓展。缪尔达尔的理论很好地解释了发展中国家"地理上的二元经济结构"的产生过程。他认为,经济发展过程首先是从一些条件较好的地区开始,获得超前发展,由于这些地区初始发展相比其他地区具有比较优势。随后这种超前发展又通过累积因果过程,不断积累有利因素而继续超前发展,导致增长极地区和落后区发生空间相关作用。在这种作用中存在着两种

---

① 曾菊新:《现代城乡网络化发展模式》,科学出版社2001年版,第30页。

效应:"回波效应"和"扩散效应",回波效应将经济要素拉回发达地区,而"扩散效应"把经济要素推向落后地区,但在市场的作用下这两种效应并不是相等的,"回波效应"会被在循环的经济活动中不断放大,远远地大于"扩散效应",最终发达地区和落后地区差距越来越大,导致经济上的二元结构。因此缪尔达尔主张在发展的过程中政府要担当起责任,在合适的时候通过政策的介入,来激发"扩散效应"的作用,实现区域间的均衡协调发展。

赫希曼1958年提出"核心—边缘理论",进一步完善了区域经济非平衡发展的解释。该理论用类似缪尔达尔两种效应的"极化效应"和"涓滴效应"理解经济上的区域不平衡发展过程。他指出,增长的区际不平衡现象是不可避免的,劳动力和资本从边缘区流向核心区从而扩大了区域差距的极化效应。因此,要缩小区域差距,必须加强政府干预,增强对欠发达地区的援助和扶持。他的理论与缪尔达尔的理论有一些相似之处,但在其《经济发展战略》中的分析,更加强调增长极的带动作用。

弗里德曼的核心—边缘理论是对增长极理论的进一步完善。他是在1966年的学术著作《区域发展政策》中正式提出该理论的。之后在《极化发展理论》中进一步将"核心—边缘"空间极化发展思想归纳为一种普遍适用模式,主要用于解释区际或城乡之间非均衡发展过程。弗里德曼认为,任何空间经济系统均可分解为不同属性的核心区和边缘区。他将地域社会组织系统中具有变革能力的子系统看作核心区,认为那里将激发出较高创新能力,边缘区则是由核心区决定的地域社会子系统,核心区和边缘区二者共同组成完整的空间系统,该理论试图解释一个区域从孤立的非系统如何发展为相互关联的大系统,促使区域的不平衡发展在关联与相互作用的系统运动下走向平衡。[1] 弗里德曼的理论还描述了随着区域经济发展,伴随着区域经济空间结构改变的过程。他将这一过程的历史运动,归纳为四个发展阶段[2],其经济空间形态依次表现为离散型、聚集型、扩散型、均衡型。

---

[1] 亢犁等:《地方政府管理》,西南师范大学出版社2015年版,第30页。
[2] 包卿等:《核心—边缘理论的应用和发展新范式》,《经济论坛》2006年第8期。

总体而言，空间极化理论被许多国家用来解决区域发展和规划问题。为科学规划区域经济发展提供了有益启示，也成为许多发展中国家空间规划实践的主流思想。该理论倡导通过刺激经济活动聚集在空间极化的一极，促进当地的经济发展，这种空间极一般在大城市中心或者地区中心，并预期这种增长会通过"涓滴""扩散"效应抵达乡村地区，认为这种经济活动的组织实际也是对整个社会福利的一种改进。

（二）二元经济和结构转换理论

二元经济结构是西方发展经济学家对发展中国家经济发展结构的理论概括，其最重要的代表人物是美国著名经济学家阿瑟·刘易斯（Arthur. Lewis）。他提出"二元经济"的概念和分析方法，奠定了二元经济结构分析的基础框架。他研究了发展中国家的经济特征，给出了一种描述二元经济结构运行的模型，论证了发展中国家消除城乡二元经济结构的一种可能路径。其思想集中反映在《劳动无限供给条件下的经济发展》一书中。他提出发展中国家普遍存在着现代部门与传统部门，从两者的边际劳动生产率来看，现代部门要远远高于传统部门，面对农业部门的低工资，现代工业部门要想获得源源不断的劳动力供给和扩张发展，只要提供略高于农业部门的工资，在利润最大化的追求下，现代部门将会选择不断追加资本，进行扩大再生产，这又会吸纳更多的农业剩余劳动力，如此循环。对于农业部门的生产来看，由于农村劳动力转出，劳动生产率得以提高，农民的收入因此也提高，最终经济发展形成了一个良性的运行过程，随着农村劳动力的逐步转移，城乡二元经济结构最终将会消失。

费景汉（John C. H. Fei）和拉尼斯（Gustav Ranis）在运用微观经济学基本理论和计量经济学方法的基础上，对刘易斯的二元经济模型进行了进一步的改进与深化，从而形成了"刘易斯—拉尼斯—费景汉"模型。他们从动态的角度对发展中国家农业与工业的均衡增长问题进行了研究，在1961年《经济发展的一种理论》中，提出了三阶段的二元经济结构的演变过程，进一步细化了工业发展和农业发展之间的关系及二元结构转换的条件，强调了工业和农业两个部门平衡增长对整个经济增长的意义。

根据这种阶段划分的逻辑,为了避免在第二阶段工业扩张的停滞,必须要改进农业技术以提高农业部门的劳动生产率,消除农村劳动力转移对农业总量的影响,进而摆脱工业增长的困境,实现商品化,保证工业部门的扩张。总体看,虽然费景汉和拉尼斯强调了农业对现代经济发展的重要性,但在他们的理论视域中农村始终是处于从属的地位,它更多被当作工业部门输送劳动力的部门来看待。之后,乔根森(Dale W. Jorgenson)1967年提出"二元经济发展模式",修正和完善了之前二元经济理论模型中的"劳动力无限供给"等假设,论证了农业剩余的增长速度和工业部门的技术进步状况之间的协调关系决定工业化的速度,所以认为从一开始就必须保持工业和农业之间的平衡发展。

美国发展经济学家迈克尔·托达罗(M. P. Todaro)1969年创立了"托达罗人口流动模型",很好地解释了城市严重失业,而农村仍然有大量农业劳动力转移看似矛盾但又能并存的原因。在他看来,正是由于农业剩余劳动力大量转向城市,才加重了城市的失业状况,因此不能把农业和农村仅仅作为工业化发展的一个工具,而是要通过发展农村本身的各项事业,加快农村城市化、工业化的过程,以就地吸纳更多的农村剩余劳动力,而不是推动其向外迁移流动,把农村的发展直接作为整个社会经济发展的目标,当然,这样的结果也就同时实现了二元经济向一元经济转变的过程。

美国经济学家钱纳里,根据世界101个国家1950—1970年的历史数据,总结了经济发展过程国民经济结构变化的一般规律性,之后与塞尔昆于1986年出版了《发展的型式:1950—1970》,提出经济发展过程国民经济结构变化的"正常发展型式"(又译为"多国发展模型")。对产业结构和经济增长的关系和规律进行了全面的讨论。钱纳里指出从历史发展来看,工业化发展就是经济结构的成功转换。他研究发现经济增长体现着国民经济结构的变化,而经济的持续增长有赖于经济结构转变。他指出任何国家或地区经济发展都会规律性地经过6个阶段,每一个阶段的跃迁都是通过产业结构转化而推动,产业结构的升级必然带来区域发展阶段的跃迁。他试图通过GDP的变化来观察这种阶段变化过程,发现所有国家的成功发展事实上都可以由GDP的增加来刻画其特征,从而提供给人们一个观察工业化发展阶段的全新视野。由于发展中国家市场要素配置的非均衡现象更为突出,由此判断,与发达国家相比较而言,结构转换对于经济增长的意义更为重要。

(三) 系统理论

系统理论,尤其现代系统论是从古代人们对世界整体性的认识发展而来的,它把系统看作一个有机整体,而不是独立的部件。系统是同类事物按一定的秩序和内部联系组合而成的具有某种特性或功能的整体。系统理论有整体性原理、联系性原理、动态性原理、调控性原理、最优化原理等基本原理[1]。其涉及的具体内容、原理以及现代系统科学的分析方法(如系统动力学)等将在后面的章节运用中进行具体论述。

系统学对于本研究中系统论视域的城乡一体化发展探讨具有指导意义。城乡一体化发展是一个包含众多要素、关系复杂、目标功能多样的复合巨大系统,是城乡之间物质循环、能量流动、信息传递为基础的经济、政治、社会、文化、生态等多重城乡关系要素按特定结构方式互相联系的具有特定功能的统一整体。城乡系统的结构功能决定了城乡一体化发展的实现程度,因此研究城乡一体化发展,需要考虑系统的外部环境和内部结构,努力把握城乡的整体性质,深入分析城乡系统的结构和功能,同时西北各省城乡之间及各省区域间城乡一体化的发展都处于相互依赖的西北大区域网络之中而形成的更大的城乡系统,甚至与国家更大的城乡一体化发展系统耦合,因此,西北地区各省城乡区域之间的发展不可能独立地进行,而必然地彼此依存和相互联系,需要在协同共生中积极开展合作,并在动态中协调整体和部分的关系,以在共同的发展中,使自身得到更好的发展。

---

[1] 黎鹏:《区域经济协同发展研究》,经济管理出版社2003年版,第75页。

第三章 西北地区城乡关系的历史演进

历史是一条无法割断的时间链条，今天的创造只能在昨天留下的基础上进行。正如马克思所说的那样，"人们自己创造自己的历史，但是他们并不是随心所欲地创造"，而是在"既定的、从过去继承下来的条件下创造"。①

城乡关系是社会关系中最重要的关系。马克思说："城乡关系的面貌一改变，整个社会的面貌也跟着改变。"② 城乡关系演变与城乡一体化发展是城乡区域自发演进的过程，并随社会实践变化而发展。城乡关系是广泛存在于城市和乡村之间的普遍联系的一对矛盾，其矛盾运动集中反映着城市和乡村其他诸多关系因素。体现着一定社会条件下城乡之间的政治、经济等基本社会结构关系。主要表现为四对关系：①工业与农业关系；②商品关系；③农民与市民关系；④城市与农村关系。前三种关系对第四种关系具有决定意义。

中国城乡发展的历史进程及演变与中国谋求民族独立和国家富强的社会主义实践紧密相连。西北地区的城乡发展也随这一历史篇章不断展开，在不同发展阶段，城乡关系呈现不同特点。对西北地区新中国成立以来城乡发展实践进行梳理和反思，将有助于理解西北地区城乡发展的逻辑，为促进西北地区新型城乡形态的合理化演进及一体化发展提供基本借鉴。

以改革开放为分界点，以城乡关系相关联的国家主要政策调整和制度安排的变化为依据，西北地区城乡关系的演进分为两个大的进程，而

---

① 马克思：《路易·波拿巴的雾月十八日》，人民出版社2001年版，第8页。
② 马克思：《哲学的贫困》，人民出版社1949年版，第100页。

每一进程又有不同的阶段。其中改革开放前（新中国成立初期—改革开放前）西北城乡关系演进分为两个阶段：休养生息背景下的互惠型开放对流发展阶段（1949—1957）和赶超发展背景下的逐步制度化阶段（1958—1978）。而改革开放以后，以十六大科学发展观提出为分界点又可分为两个阶段，其中十六大之前又可分为两个阶段，即农村改革推动型关系和全面改革背景下城乡关系，十六大以后则为科学发展观指导的再平衡下合规律的反哺与一体化发展的城乡关系。如表3-1-1所示。

表3-1-1　　　西北地区城乡关系演进的阶段划分及类型

改革开放前	1949—1957	休养生息背景下的互惠型开放对流的城乡关系
	1958—1978	赶超发展背景下的逐步制度化隔离型城乡关系
改革开放后	十六大前	1978—1984	农村经济体制改革为主要推动的逐步改善型城乡关系
		1985—2002	全面改革背景下的城乡对立逐步扩大型城乡关系
	十六大后	2003至今	再平衡下合规律的反哺与一体化发展型城乡关系

第一节　西北地区城乡关系演变历程

一　中华人民共和国成立初期到改革开放前的西北城乡关系

（一）中华人民共和国成立初期（1949—1957）：休养生息背景下的互惠型开放对流的城乡关系

新中国成立以后，百废待兴，恢复经济成为国家发展的头等大事。有学者研究，从1820到1950年的一百三十年间，中国的经济总量占世界总量的比例，从28.7%下滑到6.2%[①]，发展已远远落后于世界的发展。1949年经济总产值结构中工业不足三分之一，而现代工业仅占17%。[②]

---

① ［英］麦迪森（Angus Maddison）：《世界经济二百年回顾》，李德伟等译，改革出版社1996年版，第131—132页。
② 李建建等：《统筹城乡发展：历史考察与现实选择》，经济科学出版社2008年版，第42—43页。

据1953年统计，全国总农户数约为1.1677亿户，农业人口总数为50314万人，约占全国总人口数的83.59%。1949年的主要农业产值低于新中国成立前的历史最高（1936年）。[①]就区域经济发展基础来看，这一时期西北地区的城乡经济发展能力远低于全国平均水平，生产力分布极不平衡。1949年面积占全国约三分之一的西北地区，工业产值仅为全国的3%；在北京—武汉—广州沿线以西的广大西南和西北地区，土地面积占全国总面积的60%，却只有很短的几条铁路，仅占全国铁路总长度的6%，西北不少地区的自然经济几乎与外界隔绝。摆在党中央面前迫切需要解决的问题就是要千方百计地快速恢复国民经济的发展能力，巩固新生的社会主义政权。

三年国民经济恢复时期（1950—1952），一方面党和国家加强了城乡经济的联系，积极搞活城乡经济，挖掘有限的工农产品潜力，着力提高其利用效率，疏通经济要素的流通渠道。另一方面随着国家发展的重心开始转向城市，通过预购代购等途径，从农村大量输入城市生活和生产所需要的原料及初级产品，同时大力组织农副土特产物资交流会等活跃农村经济，1951—1952年先后四次提高农副产品价格，采取了缩小工农业产品比价，稳定农产品比价的政策，快速缩小了工农业产品价格"剪刀差"。这一时期，中国城镇人口增加了1398万人，达到7163万人；比重上升了1.8个百分点，达到12.46%。这一时期西北地区工农业劳动生产率仍然较低，城乡人口流动实际上加剧了当时工业和落后农业发展的内在矛盾。之后，伴随高度集中的计划经济体制的制度效应，西北地区城乡关系的演变绩效逐渐释放。

1953年起实行我国历史上第一个发展国民经济的五年计划，国家进行了大规模经济建设，开始初步建立我国工业化的基础。中华人民共和国成立之初，我国地区经济结构不合理，全国2/3的工业集中在沿海地区，广大内地，尤其是西北地区，很少或根本没有新式工业。为尽快改变这种区域经济不平衡状况和加强国防，必须在内地建立新的工业基地。鉴于此，政府在制定国民经济发展第一个五年计划时，在大型项目投放

[①] 苏星等：《新中国经济史资料选编》，中共中央党校出版社2000年版，第155页。

和投资政策上明显从沿海向内地倾斜,由于西北地区丰富的自然资源和独特的地理位置,西北地区发展现代工业获得了第一次的历史机遇,这一时期西北地区的工业发展速度较快。在国家重点安排建设的156个项目中,陕西占了24项,国家投资总额达18.25亿元,①甘肃占有8项,连同军工及配套项目达到16项,国家投资达23.27亿元,占甘肃全省基本建设投资的95.56%。②到1957年,陕西省工业总产值达11.47亿元,五年间年均增长19.1%,青海省的工业总产值也较1952年增长15.6倍。城乡人口流动方面,大量农村人口以招工的形式流向城市,农村人口、西北以外的人口迁移至西北地区在建工业重点项目所在的新兴工业城市及资源型城市。全国上下号召人民支援边疆和农业建设,也使得人口迁移从人多地少的内地流向西北地区。城镇人口逐年增多,五年间人口城镇化率平均上升了3个百分点。③根据甘肃省的数据,年均增长率高达6.28%。④由此,农村人口的定向聚集推动了西北城市化的发展。

总体来看,建国初期西北地区城乡之间的差异还没有拉开,人口的双向流动较为活跃,可谓相互促进、共同发展,基本上呈现出平等、开放、对流的状态。

(二) 1958—1978:赶超发展背景下的逐步制度化隔离型城乡关系

新中国的经济是在极端艰难落后条件下起步,尽管胜利实现了第一个五年计划,但我国的工农业基础仍然十分薄弱,同时其他发展中国家纷纷步入赶超发展的国际浪潮,党中央提出仍然要坚持走优先发展重工业的社会主义现代化道路。认为重工业是完成国民经济技术改造和国防力量的基础。当时的中国在经济建设上缺资金、缺技术而又人口众多,基础薄弱。从外围环境上看,受到外国敌对势力在经济、外交和军事上的严密封锁,再加上外界的战争威胁不绝于耳。在这种现实状况下,我们能够选择的发展模式十分有限。重工业发展需要大量资本积累,当时

---

① 章泽:《当代中国的陕西》(上卷),当代中国出版社1991年版,第102—103页。
② 柳随年等:《第一个五年计划时期的国民经济(1953—1957)》,黑龙江人民出版社1984年版,第106—111页。
③ 田方等:《中国人口迁移》,知识出版社1986年版,第296页。
④ 王劲等:《甘肃通史》(当代卷),甘肃人民出版社2013年版,第425页。

西北地区城乡一体化发展：演进与机制

中国政府以具有成功经验的苏联模式为样本，建立起了一套高度集中的计划经济体制，该体制通过政府的行政力量来组织和配置社会资源，取消市场机制的作用，人为压低资本、外汇、能源、原材料、农产品和劳动力价格，通过榨取农业生产剩余，以获取工业发展所必需的工业化积累。

国家在政策上做出了一系列的调整。首先，持续实施了统购统销政策，严格限制了以粮、棉、油等为中心的大宗农产品进入自由的市场交易。其次，进行了大规模的集体化运动。1958年中国农村建立了人民公社体制，形成了"一大二公"的特点，使农民固守在农村农业和集体经营上。这些政策制度的调整和实施，抑制了农民的积极性，背离了价值规律，严重制约了农村经济发展。但同时使得国家能够对农民和农业剩余进行全面控制，从而为国家重工业的发展创造条件，以便从廉价的农产品交换中获得源源不断的工业发展资金。国家通过工农产品的不等价交换，从农业部门取得了巨额资金。相关研究表明，1950年至1978年的28年间，仅工农业剪刀差就剪走了农民大约5100亿元，平均每年从农业部门流出资金净额达155亿元。[①] 在新中国成立后的10年里，农民在城乡的自由流动，促进了我国工业化的发展，满足了城市经济建设劳动力需求，但由于农业生产力的落后，粮食生产能力的不足，伴随着越来越多的农民流入城市，务农劳动力的减少一方面直接影响农业生产，另一方面也加重了城市食品供给的负担，同时加深了城市的就业矛盾。政府逐渐着手采取相应的措施以限制农民自由地流入城市，如建立城市收容机构、禁止企业单位从农村招工、强制遣送农民回原籍等，几乎到50年代后期，极为严格的户籍管理制度体系被逐步建立。1957年，中共中央和国务院联合发出指示，要求管理部门制止农村人口盲目外流。一年后，又以法律的形式限制了农村人口的流动。1958年，国务院颁布了《中华人民共和国户口登记条例》，凭证落户制度和户口迁移审批制度正式确立，并从体制、政策到各项管理制度等多方面构筑了人口城乡流动的屏

---

① 《农业投入》总课题组：《农业保护：现状、依据和政策建议》，《中国社会科学》1996年第1期。

障。逐步形成了以户籍制度为及其相应的劳动就业、物资供应、社会保障等一系列机制构成的城乡壁垒，甚至财政投入制度，形成了一系列城市利益倾向的政策制度体系。

在以上一系列具有高度集中的计划经济特色的政策系统的共同作用下，西北地区城乡之间的联系和要素流动被完全切断，城乡人口的迁徙流动被直接纳入国家控制之下，形成和固化了相互封闭、相互隔绝的城乡二元结构。因此，新中国成立以来近30年，农村实际上被排除在国家工业化进程之外，西北地区农业劳动力向其他部门转移相当缓慢。1952—1978，西北地区农业所占社会总产值下降了约25%，农业劳动力占社会总劳动力约下降了10%。这样大约到20世纪70年代末，专注于城市利益偏向的城乡二元经济社会结构开始形成，由此城乡分割和对立逐步开始。

这一时期，我国工业化战略经历了两次大的调整。一个是"大跃进"时期（1958—1960年），另一个是以发展国防科技工业为重点的三线建设时期。我国重工业优先发展的工业化道路，在这两个时期又被不断放大，大大延缓了对农村劳动力的转移吸纳能力，及农村农业的发展能力，城乡结构严重失调，二元结构的不断强化，城镇化发展缓慢，到1978年城镇化率维持在17.92%的低位。西北地区城乡关系演变与整个中国基本上是同步过程，由于西北地区在国家两次工业化战略中的特殊安排，使得这种城乡二元结构更为凸显。

国家"二五"时期（1958—1962年）原计划在西南、西北进行新的基地建设，然而1958年开始的"大跃进"打乱了原定计划，在"调整、巩固、充实、提高"的方针指导下，绝大部分项目被关停，造成西北地区畸形发展钢铁工业，延误了西北地区工业化的进程，造成了西北地区国民经济比例的严重失调。经过调整之后，一些工业得以发展并保留。西北地区拥有了一定规模的新式工厂和工业企业，尤其是西北少数民族地区的工业获得了明显的发展，西北各省会城市也都变成了工业重镇。

"三线"建设时期（1966—1978年），西北地区的工业进入了大规模的建设阶段。1964年中国周边的国际局势更加严峻，国家基于备战的考虑，经济发展和结构调整中将国防安全和建设放首位，将全国划分为三类地区，其中"三线"地区作为战略大后方，成为国家经济建设的重中之重，集中力量进行建设，除新疆以外的西北各省均被划入"三线"之列。1966年1月，中央批准成立了西北局"三线建设"委员会，统一领导西北地区的"三线建设"。第三个五年计划期间，全国976亿元，其中西部地区基建投资高达全国总额的34.9%，西北地区在强大的投入推动下较快地形成了一批高专业化率的重化工行业。一定程度上促进了西北偏远地区及农村地区的经济发展，客观上使西部工农业比例关系有了一定的改善，并使其趋于合理，也减少了与内地及发达地区的差距及摩擦。

"三线"建设背景下，西北地区相继从内地迁入和新建了一批机械、化工、军工和冶金企业，奠定了西北重型工业结构的基础，各省会城市都发展成为重化工业城市，整体经济实力在整个国民经济中有所提升。一些长期封闭的少数民族聚居地区的工业也有所发展。从1965~1978年，国家强行投入陕西400多个项目建设，[1] 甘肃在临夏建起了4000余人的甘肃光学仪器厂，[2] 1978年，宁夏工业总产值比1958年增长了17.7倍，工业产值比重也由1958年的16%上升到69%，[3] 这期间，由于国家第三个五年计划没有得到贯彻执行，西北地区城乡发展也受到了极大的影响，但之后又重启"三线建设"，西北工业化又获得了发展机遇，1976年10月以后，西北地区工业部门内部及与其他产业比例严重失调，城乡经济秩序混乱。

三线建设在推动西北地区城市近代化的同时，在一定程度上也延缓了西北地区的城镇化进程。三线建设使西北地区诞生了许多新兴工业城市和新的工业区，使各省（区）得以建立相对独立，较为完整的工业体系。这些工业基础体系事实上成了所在省（区）经济发展的极其重要的增长极，成为推动城市近代化的重要力量；另一方面，三线建设也干扰了西北地区的粮食生产，在一定程度上延缓了西北地区的城镇化进程。

---

[1] 国家统计局综合司：《全国各省、自治区、直辖市历史统计资料汇编（1949—1989）》，中国统计出版社1990年版，第812—819页。
[2] 刘毓汉：《当代中国的甘肃》（上卷），当代中国出版社1991年版，第71—72页。
[3] 黄宗信：《宁夏工业发展如是说》，《市场经济研究》1998年第5期。

比如1971年安康地区就有48%的主要劳动力参加铁路建设,① 这在一定程度上占用了大量的农业生产第一线的劳动力,干扰了粮食生产。而且由于三线建设是"靠山、隐蔽、分散"选址布局,很难形成新城镇,加上大批知识青年上山下乡,西北农村人口的城市流动极为迟缓,城镇人口的发展总体缓慢。就陕西来看,"三线"建设时期,全省城镇人口比重只提高了0.44%。②

总体来看,1958—1978年,在赶超发展背景下,国家依靠计划经济体制较强的资源调配能力,推进了西北工业化的高速发展,建起了西北较为完整的现代工业体系,其工业总产值在全国的比重由1952年的2.5%上升为1978年的5.6%,上升了1倍多。③但计划体制和工业化政策也强化了西北地区经济和社会的二元特性,西北地区城乡关系逐步制度化隔离,城乡劳动力转移缓慢、受阻,城乡发展差距迅速拉大,但整体上与全国城乡收入差距不大。比如1980年新疆和宁夏的农民家庭收入为198.01元和178.06元,基本接近全国平均水平191.32元,新疆、青海、宁夏等省区城市职工收入均高于全国平均水平。④

二 改革开放到十六大前的西北城乡关系

1978年,党的十一届三中全会做出改革开放的伟大战略决策,中国人民在邓小平的领导下走上了改革开放的强国之路,城乡关系发展进入了一个新的历史时期。改革以农村作为突破口,发展农村经济,我国经济社会的发展由此实现了伟大转折。之后随着市场机制不断引入,在巨大的市场力量冲击下,城乡联系显著增强,西北地区城乡关系得以逐步改善。十六大以来,党中央在统筹城乡经济社会发展上大力推进,西北地区城乡经济社会获得了较快发展,伴随改革进程的不断深入,逐步向城乡一体化发展迈进。改革开放以来的西北地区城乡关系演变可以分为

---

① 巴运鹏:《回忆白河县"三线"建设》,《陕西党史》2009年第6期。
② 刘科伟:《陕西城镇发展的回顾与展望》,《经济地理》1995年第3期。
③ 陈佳贵等(中国社会科学院西北开发战略研究课题组):《西北大开发的战略选择》(上),《中国工业经济》2001年第1期。
④ 桑百川:《区域开发战略论》,中国青年出版社1996年版,第24页。

三个阶段。①1979—1984 年：城乡差距趋向缩小；②1985—2002 年：城乡差距急剧扩大；③2003 年以来：城乡统筹与协调发展（一体化发展）。

（一）改革开放前期（1978—1984）：农村经济体制改革为主要推动的逐步改善型城乡关系

1978 年党的十一届三中全会拉开了改革开放的大幕。改革率先在农村进行，因其是单一公有制最薄弱的环节。为了解决全国人民的温饱问题，恢复农村生产力，国家通过改革使得农业的微观组织结构得以重塑，农民逐渐成了独立的经济财产主体，增强了微观经济主体的活力，农民的生产积极性得以充分发挥。1984 年，全国粮食产量突破 8000 亿斤，[①] 基本解决了温饱问题。农村经济的活力逐步释放，城乡紧张的关系开始松动。

与全国改革进程一致，西北城乡关系的松动也是从 1978 年农村改革开始的。通过这些年的实践，我们发现，过度收缴农业剩余和农村缺乏微观经济效益的集体制，使得农民在农业特别是集体农业经济中内外交困。[②] 在中央政府对农村家庭联产承包责任制的充分肯定和支持之后，西北农村生产方式开始发生重大变革，这种制度安排使西北地区农村经济组织的微观结构得以再造，由此奠定了西北地区城乡之间的经济文化交流的坚实物质基础。农业以家庭为单位的资源配置方式开始建立，平均主义分配模式被打破，1979 年国家较大幅度提高了农副产品收购价格，减少部分农业税，逐步理顺国家、农民、城镇之间的分配关系，减少工业和城市流入中的农业价值数量，在这一系列激励机制作用下，农业生产实现了跨越式发展，农民收入水平随之快速提高。全国农业总产值在工农业总产值中所占的比重由 1978 年的 24.8% 增加到 29.7%，而西北地区农业总产值在工农业总产值中所占的比重也由 1980 年的 29.4% 增加到 34.8%。

由于我国城市改革还没有全面推开，城镇居民收入增长较慢，城乡收入差距得以迅速缩小，1984 年城镇居民与农民的人均纯收入比为 1.84∶1。[③]

---

① 席敏：《中国粮食生产 60 年变迁——不能轻言解决了粮食问题》，《瞭望》2009 年第 8 期。

② 张国：《中国城乡结构调整研究——工业化过程中城乡协调发展》，中国农业出版社 2002 年版，第 137 页。

③ 权衡：《收入分配与社会公平》，上海人民出版社 2014 年版，第 36 页。

西北地区城乡收入差距也在缩小，但较全国平均水平略高，城乡居民收入比为2.22∶1，但与东中部的收入差距有所加大，1978年东部、中部、西部地区间农民收入差距为1.42∶1.1∶1，到1985年这一比例达到1.59∶1.17∶1（西部为1）。[1]

随着农村改革的进行，城乡联系不断增强，城乡集市贸易恢复发展，长期隔离的城乡市场要素流通管制开始松动，一些农产品价格逐步放开，城乡关系的不和谐状态有所改善。1985年，近30年的农副产品统购派购制度被取消，大部分农产品由农民进入市场自由交易。截至1993年底，西北除甘肃的几个县以外，粮食价格和销售基本放开。农村剩余劳动力就业限制逐渐取消，不再固化在土地生产上，还鼓励农村发展副业，随着农村生产率的提高，农业剩余劳动力大量涌现，开始出现越来越明显的向乡镇企业或中心城镇转移的现象，乡镇企业开始逐步发展壮大，农村的非农化趋势明显，农村工业化发展得以加快，形成新一轮的城乡经济发展浪潮。1985年西北地区农业总产值占农村社会总产值比重，由1980年的78.8%下降到68.6%，农村工业产值比重由9.2%上升到14.9%。西北地区农村第二、第三产业虽然有较快的发展，但是由于原来基础很差，仍然比较落后。1985年西北地区农村劳动力2278万人中，从事农业劳动的有1927万人，占84.6%（全国为81.9%），从事农村第二、第三产业的劳动力占15.4%，各省、自治区农业劳力占农村劳力比重：陕西为84.5%，甘肃为79.8%，青海为89.1%，宁夏为90.1%，新疆为93%。[2] 1985年底，全区乡办村办两级企业共有7.3万个，占全国的4.7%，从业人员171.5万人，占全国的4.1%，比1980年增加58万人，其中陕西94.6万人，甘肃42万人，新疆18.7万人，宁夏6.8万人，青海9.5万人。这一时期，虽然西北地区城乡二元结构依然存在，但已经有了明显朝着提高农民利益方向变化的趋势，二元结构矛盾也得到了很大的缓解。

---

[1] 温娇秀：《教育机会与收入分配》，上海财经大学出版社2012年版，第123页。
[2] 孙德山等：《西北地区农村经济发展战略研究》，农业出版社1989年版，第27页。

（二）1985—2002 年：全面改革背景下的城乡对立逐步扩大型城乡关系

借鉴农村改革成功实践。1984 年十二届三中全会通过《中共中央关于经济体制改革的决定》，中国的改革进入城乡全面经济领域。1985 年起为保证城市改革顺利推进，重新恢复以城市为中心的利益格局，国家的财政资金及各种资源配置开始向城市倾斜，城乡关系再度失衡。西北地区城乡关系的发展也成为这一时期中国城乡关系演变的重要组成部分。

伴随着市场经济体制的确立，市场成为资源配置的基础性手段，在市场机制的作用下资源被更多地流向城市，配置于城市的产业，由于工业收益大于农业收益的市场效应，基础相对差、落后的农村很难与城市竞争，使得在再生产体系中城市发展被不断注入强大的动力，而农业农村农民逐渐被边缘化，城乡差距越来越大，城乡关系再度失衡。

自 20 世纪 90 年代中期以后，改革开放带给农村发展的能量释放变慢，乡镇企业作用日渐式微，因作为农村劳动力转移的小城镇载体能力不足，越来越多的农民转向更大的地域空间寻找出路，农村劳动力跨市跨区的流动增多，这在某种程度上也推动了西北地区城市的发展。但是，农民工在身份地位等诸多方面不能与城市居民拥有同等权利，城市农民的就业、社会保障、公共服务等与城市居民有很大差距。加上国家对农村税费的"三统筹、五提留"政策，以及"多取、少予"的"三农"政策，使得农民负担大幅度上升，导致工业和农业的增长速度出现相当大的落差。1993—2002 年间，西北地区工业增加值平均增长速度为11.57%，而农业增加值平均增长速度为 8%，两者相差近 3.6 个百分点。据统计 2000 年农民承担的税费负担已占到农民收入的 11% 左右。西部 12 省区 1995 年至 2000 年的 5 年间，农民平均每人的税费支出由 59.01 元增加到 79.45 元，平均每年增长 7%，明显高于近两年的西部农民人均纯收入 3% 的增长水平。[①] 而与全国和东部地区相比，西部地区农民的税费在地方财政收入中所占的比重和农民支出中所占的比重都比较高。以 1999

---

① 朱智文等：《西部开发中的"三农"问题研究》，甘肃人民出版社 2002 年版，第 324 页。

年为例，农业税收入在全国财政收入中占的比重为2.9%，在东部地区财政收入占的比重为1.5%，而西部地区财政收入占的比重是4.9%，西部地区比全国高2个百分点，比东部地区高3.4个百分点；从1999年税费支出占农民现金支出的比重看，全国为4.0%，东部地区为2.5%，西部地区达4.4%，比全国平均数高0.4个百分点，比东部地区高1.9个百分点。[①]

这一时期国家在收入分配、社会保障、劳动就业等方面出台了一系列城市倾向性的制度和政策，与此同时农村发展却长期缺乏资金支持。在公共服务上，政府几乎承担了城市所有的公共产品，而农民的医疗、卫生、教育、社会保障等公共服务大部分却是自给自足。由此使得西北地区城乡社会分割不断深化。这一切导致西北地区城乡差距急剧扩大，城乡矛盾也日益突出，呈现出新的不协调局面。比如，西北地区城镇居民收入迅速增加，而绝大多数农村居民收入增长缓慢，呈现出差距不断扩大的趋势。西北地区城乡收入差距的转折点出现在1998年，陕西、甘肃、青海、宁夏、新疆城乡居民人均可支配收入差距在1998年分别为3倍、2.8倍、2.9倍、2.3倍和3.1倍，之后迅速扩大，到2002年分别达到3.9倍、3.8倍、3.6倍、3.1倍、3.5倍。[②] 从西北地区城乡关系两次失衡的原因来看，改革开放以前更多是国家赶超战略所致，而改革开放之后主要是城市偏向的政策和市场经济体制所致。

改革开放后到党的十六大前这一时期西北城乡关系总的趋势是在波动中前进，在这一过程中随着社会主义市场经济体制的逐步建立与完善，加强了西北地区的城乡联系，突破城乡之间的壁垒，资源要素得以流动和优化。虽然这都使得西北地区城乡居民的生活水平普遍得到提高，但并不意味着城乡走向了均衡发展，城乡鸿沟反而日益扩大，城市单极化汲取的循环累积因果效应还无法化解，西北城乡二元结构也更加深化，而且城乡整体发展水平与全国和东部地区的差距较大。

改革开放后到党的十六大前这一时期，西北城乡关系经历了改革开

[①] 朱智文等：《西部开发中的"三农"问题研究》，甘肃人民出版社2002年版，第326页。
[②] 白永利：《西北地区城乡差距与政府控制——以制度经济学为研究视角》，硕士学位论文，西北师范大学，2008年，第18页。

放初的短暂协调，随后又出现了一些小的波动和反复，但城乡对立在逐渐加深，总的趋势是在波动中走向对立，且伴随着市场经济体制的建立，要素市场偏好的循环累积因果效应的出现，城乡关系陷入新的不均衡之中。

三 再平衡下合规律的反哺与一体化发展型城乡关系

党的十六大以后，针对我国经济社会发展的问题，中央领导集体借鉴国外发展的经验教训，对工农城乡关系有了新的认识，2003年10月在十六届三中全会提出了包含以"统筹城乡"为首的"五个统筹"的科学发展观，迎来了城乡关系协调向好的转折点。确立了统筹城乡发展的基本方略，促进城乡关系重新向着协调的方向发展。西北地区城乡关系的发展也进入新的历史阶段，逐步朝着协调、和谐、一体化方向演进。

20多年的改革发展以来，我国经济持续高速增长，至2004年，我国已经进入工业化中期阶段，城镇化水平达到41.8%，与此同时，国家的财政收入比1978年增加了20倍以上，国家可以有更多能力反哺城乡关系中的"三农"短板，建立新型城乡关系。2004年胡锦涛提出"两个趋向"的论断。2005年又废止了在我国延续了2600多年的农业税。同期伴随着我国城乡二元结构越来越巩固的态势，社会问题也日益凸显，党和国家对城乡一体化的推进政策扩展到社会生活领域。党的十七大又提出"形成城乡经济社会发展一体化新格局"，从战略上提出了中国城乡结构的演变发展道路，也标志着统筹兼顾城乡利益的发展开始进入实质性操作的时期。党的十八大又提出"推动城乡发展一体化"的战略思想，从新的高度认识了我国的城乡关系，由此给中国新型城乡关系的发展指明了总体方向和奋斗目标，为我国新时期的工农城乡关系演进续写了新篇章，并从基本方针、根本任务、战略格局、战略任务、基本方向、根本途径、体制机制等方面构建了相互配套的制度政策机制体系。从农村、城市、城乡联系，从中国特色农业现代化道路、新农村建设、新型城镇化道路，从反哺、支持、促农、带乡、互惠、一体等方方面面搭建起全方位的中国城乡关系发展的新的制度框架，翻开了中国城乡关系发展的崭新一页。西北地区城乡关系的演进也在这一框架下逐步走向和谐化、一体化。

2004年以来，中央连续发布"一号文件"，着力"三农"问题的解决。随着科学发展观的确立及一系列相应配套政策的推动，农民收入增长速度加快，但由于原有城乡差距的惯性，农村居民收入增速仍滞后于城镇居民，城镇居民收入增长更快，加之政策效应的滞后性，城乡居民收入比仍呈进一步扩大态势：由1978年的2.57:1扩大到2009年的3.33:1，达到历史上最大。[1] 2010年起，城乡收入比才出现逐渐缩小的趋势。

由于一系列惠农的方针政策的出台及推行，农民的利益和权利有了切实的保障，西北地区城乡收入差距呈现出弹性伸缩的态势，城乡差距过大的刚性局面已经结束。到2009年，全国31个省（市区）的城乡收入比先后达到峰值，且都呈现出持续缩小的趋势。除新疆以外的西北地区，收入差距缩小的拐点出现时间都较晚：甘肃和青海的拐点出现在2007年，城乡收入比分别依次为4.30:1和3.83:1；宁夏的拐点出现在2008年，城乡收入比为3.51:1；陕西最晚，拐点出现在2009年，城乡收入比为4.11:1。

从不同区域看，西北地区城乡收入差距缩小幅度最大，但城乡收入差距在全国仍较高。从2013年城乡居民收入比的区域比较来看，东、中及西部依次为2.5:1、2.8:1、3.3:1。与2009年的峰值比较，东、中及西部的城乡收入大约平均缩小10%、12%、19%。[2] 到2013年，城乡收入比最大的5个省（区）中就有甘肃（3.71:1）和陕西（3.51:1）；青海和宁夏的城乡收入比都在3倍以上；而新疆的城乡收入比也达到了2.7:1。

针对改革开放以来出现的地区发展不平衡带来的突出矛盾，中央逐渐对区域发展战略进行调整和完善，中共中央于1999年明确提出实施西部大开发，适应了历史发展的要求，同时也给西北地区经济社会大发展带来了一次绝佳的历史机遇。西部大开发战略实施十几年来，在中央政府财政倾斜和相关优惠政策的驱使下，西北地区的社会经济发展取得了显著的成效，区域社会经济发展不均衡的格局有所改善，但与东部地区相比，东西部差距进一步扩大，且表现出西部大开发战略对西北地区的城市与农村的影响迥异的情况。某种程度上看，西部大开发战略可能更

---

[1] 曹光四等：《我国城乡居民收入差距变化的新视角》，《调研世界》2015年第5期。
[2] 同上。

有利于促进城市发展,因为与农村相比,城市往往面临着新的发展机会和投资前景,进而导致地区间城乡差距的缩小效应并不显著。有研究表明,西部大开发战略不仅没有缩小西部各省区城乡固定资产投资差距,反而拉大了城乡固定资产投资差距,在金融资源、教育资源、地区开放程度等渠道也有相同的作用机制。[①]

总体来看,这一时期,城乡统筹及一体化发展思想在国家发展及党的意识形态中的地位越来越牢固,城乡之间的互动加强,西北地区城乡关系进入了再次弥合阶段,逐渐由对立向良性互动转变,虽然城乡差距仍然比较明显。这一时期,自2004年以来中央连续15年将一号文件的落脚点锁定于"三农"领域(见表3-1-2)。随着西北地区政府努力破除城乡二元结构的实践的推进,西北地区城乡关系有了较大的改善,但由于西北地区还没有真正建立起城乡之间良性协调平等的互动机制,城乡关系仍处于扭曲和失衡的状态。我们也相信,随着政府越来越重视城乡关系、统筹兼顾城乡利益措施的实施,以及相关制度安排的创新实践,西北地区城乡一体化发展也将稳步推进。西北地区城乡关系将会不断走向协调与和谐,在良性互动中不断形成城乡共同发展、共同繁荣、共享发展的局面。

表3-1-2　2004年以来"中央一号文件"包含的"利农"信息

1	2004	《关于促进农民增加收入若干政策的意见》。历史性地提出"两免三补贴",即逐步降低农业税税率,同时取消烟叶外的农业特产税,给予农民粮食直接补贴、良种推广补贴和农机具购置补贴。
2	2005	《关于进一步加强农村工作　提高农业综合生产能力若干政策的意见》。继续坚持统筹城乡发展的方略,坚持"多予少取放活"的方针,进一步扩大农业税免征范围,加大农业税减征力度。
3	2006	《关于推进社会主义新农村建设的若干意见》。历史性地提出在全国范围取消农业税。明确提出"我国总体上已进入以工促农、以城带乡的发展阶段,初步具备了加大力度扶持"三农"的能力和条件,要把国家对基础设施建设投入的重点转向农村。

[①] 邵传林:《西部大开发战略对城乡收入差距的影响评估》,《现代财经》(天津财经大学学报)2014年第8期。

续表

4	2007	《关于积极发展现代农业 扎实推进社会主义新农村建设的若干意见》。强调扎实推进社会主义新农村建设。强化建设现代农业的科技支撑，健全发展现代农业的产业体系，培养新型农民，创新推动现代农业发展的体制机制。
5	2008	《关于切实加强农业基础设施建设 进一步促进农业发展农民增收的若干意见》。以加强农业基础建设为主题，着力构建以工促农、以城带乡的长效机制。
6	2009	《关于促进农业稳定发展农民持续增收的若干意见》。加大对农业的支持保护力度；稳定发展农业生产；强化现代农业物质支撑和服务体系；稳定完善农村基本经营制度；推进城乡经济社会发展一体化。
7	2010	《关于加大统筹城乡发展力度 进一步夯实农业农村发展基础的若干意见》。就"三农"投入首次强调"总量持续增加、比例稳步提高"，首次提出要在3年内消除基础金融服务空白乡镇。
8	2011	《关于加快水利改革发展的决定》。首个以水利为主题的一号文件，是新中国成立62年来中央文件首次对水利工作进行全面部署。文件明确了新形势下水利的战略定位，制定和出台了一系列针对性强、覆盖面广、含金量高的加快水利改革发展的新政策、新举措。
9	2012	《关于加快推进农业科技创新 持续增强农产品供给保障能力的若干意见》。突出强调部署农业科技创新，把推进农业科技创新作为"三农"工作的重点。要求持续加大农业科技投入，确保增量和比例均有提高。
10	2013	《关于加快发展现代农业 进一步增强农村发展活力的若干意见》。围绕农业现代化进行部署：提出农业补贴要向专业大户、家庭农场、农民合作社等新型生产经营主体倾斜，"家庭农场"概念首次在"中央一号文件"中出现。
11	2014	《关于全面深化农村改革 加快推进农业现代化的若干意见》。对农产品价格形成机制、土地制度、农村金融等三方面的改革做出深度规划，强调市场在农业发展中的作用。
12	2015	《关于加大改革创新力度 加快农业现代化建设的若干意见》。确定以改革创新推动农业现代化发展。努力提高粮食生产能力的新潜力，开辟优化农业结构的新途径，寻求农业发展方式转变上新突破。
13	2016	提出创新、协调、绿色、开放、共享的发展新理念，"农业供给侧结构性改革"表述首次写入文件中，加强农村基础设施建设补齐"短板"。
14	2017	《深入推进农业供给侧结构性改革 加快培育农业农村发展新动能的若干意见》。提高农业供给质量为主方向，深入推进农业供给侧结构性改革，明确提出农村共享发展的扶贫、教育、医疗、社保、养老、住房、环境、文化八方面内容。
15	2018	《关于实施乡村振兴战略的意见》。实施乡村振兴战略，全面谋划新时代乡村振兴的顶层设计。首次提出乡村经济要多元化发展。拓展农业的生态功能，鼓励工商资本下乡，对焦点的农地问题作出新改革举措。

第二节 城乡关系历史演进的启示

通过对新中国成立以来西北地区城乡关系演变历程的回顾与思考，可以得出以下启示。

一 城乡关系是我国各种社会与经济关系中最重要的关系

城乡历史实践证明，城乡关系的改变会带来社会面貌的改变。新中国成立近70年来，任何城乡关系演变都涉及社会各界的利益和得失。在西北地区城乡关系演变过程中，农村和农民一直处于发展相对缓慢的一端，致使西北城乡关系呈现不协调的发展局面，对西北区域整体经济的可持续发展，社会的和谐稳定，利益的公平与均衡带来严重影响，并影响到西北地区及全国实现全面建成小康社会的目标。实践证明，城乡关系的协调发展，农业的快速发展，农民生活的极大改善，都直接关系到我国经济社会科学发展的实现程度。什么时候城乡关系处理得好，什么时候整个社会经济就发展得好一点，步子就会迈得快一点。当然，城乡关系的矛盾运动总是否定之否定的不断扬弃的过程，所以能否对城乡关系的客观现实作出准确的把握，适时作出调整，将是城乡关系良性发展的关键。党的十六大以来，党中央始终把"三农"问题的解决作为全党全国的重中之重，也体现了调整城乡关系上国家战略高层对客观现实的明确把握，党的十八大又进一步强化了城乡关系的重要性，特别提出构建新型工农城乡关系，党的十九大明确提出实施乡村振兴战略，首次将"城乡融合发展"写入党的文献。目前西北地区经济社会发展中所存在的许多问题，根源还在农业、农民与农村，当前广大农村地区还存在诸多问题和短板，西部地区、贫困地区、少数民族地区、山区、生态环境脆弱地区等依然是短板中的短板，只有理顺西北区域内的城乡关系，才有可能实现我国经济社会发展的美好目标。

二 国家政策是影响西北地区城乡关系的首要因素

梳理新中国成立以来西北城乡关系走过的历程，我国城乡关系发展，无论是城乡分割差距扩大,还是城乡相对协调、差距缩小,每一次转折性的改变,都带有国家政策的烙印。西北地区城乡关系与不同阶段的中国工业化道路、区域发展战略和推进市场化取向的渐进式改革,以及决定着只能选择这种道路的城乡结构相互交织而处于一种特殊的历史胶合状态。从"大包干"试点到家庭联产承包责任制普遍实行,从不联产到联产再到人民公社的解体,从统购统销制度到农产品价格改革,从农村税费制度改革到农村就业制度改革,每一次的政策调整,都影响城乡劳动要素的流转和城乡生产活动的组织过程,直接或间接地改变着城乡关系的走向。随着党和政府需要借鉴经验教训,在实践中不断摸索,随着城乡关系发展的客观现实,及时调整发展政策,逐渐改革不合理的战略举措,推出行之有效的政策方针,使城乡关系朝着有利于推动城乡关系协调发展,为实现城乡一体化发展而努力。

三 制度创新是推进西北地区城乡一体化的关键

西北地区城乡关系的演进告诉我们,城乡关系是国家在工业化和城市化发展过程中所采取的目标、结构布局、制度设计、规划策略在城乡关系上的反映。中国城乡发展严重失衡、城乡关系极不协调、城乡差距日益扩大等城乡不和谐的现象大都源于制度的强势输入,特别是新中国成立初形成的城市偏向制度,固化了当下城乡的二元化体制,使得中国城乡的分割对立难以跨越。西北地区城乡关系的演进作为中国城乡关系演变的重要组成部分,在国家意志影响下,表现出的管控农村、偏向城市以及城市引领农村发展的制度安排,密切影响着西北地区城乡关系的变迁路向。同样我们也看到了制度创新的积极意义,制度创新是实践创新的助推器,是西北城乡矛盾和城乡关系的调节器。从宏观上看,中国"三农"问题的解决过程就包含着制度创新,我国制度变迁从需求诱致到供给主导,从计划经济时代到市场经济时代,每一次制度创新都大大激发了农民的创造力和激活了农业的活力,家庭联产承包责任制的创新,乡镇企业制度的创新,劳动就业及保护制度的创新,以及党的十六大以后一系列支农惠农政策创新,都使得西北地区的城乡关系整体风貌不断改善,当前城乡制度体系中还存在着一定的不足和制度歧视,如土地产权、户籍、农村税费、社会福利、劳动就业、教育培训、公益建设、财政投入等不同程度上制约着西北地区城乡一体化关系的发展。因此，中央和西北地区地方政府要不断推进制度创新，构建西北地区城乡发展的宏观政策利好环境和微观政策支撑制度，充分发挥政策在西北地区的驱动效应，推进西北地区城乡一体化发展。

四 新型城镇化与乡村振兴同步协调推进是重要途径

乡村振兴与新型城镇化协调同步发展是实现西北地区城乡一体化的重要途径。西北地区城乡一体化发展，不能只寄托于农村人口向城市的自发流动与转移，还需要从城乡两方面着手，进行全面而深入的改革创新，不断提高农村农民的生存条件、生活环境质量及农业生产力，才能真正建立起以工促农、以城带乡、工农互惠、城乡一体的经济运行机制，西北地区的工农城乡差别与东部地区的发展差距才能够逐步缩小，西北地区城乡二元结构才有可能趋于消除。新型城镇化发展方向是改变西北地区城乡二元结构，缩小城乡差距的重要途径和有效手段，可以优化并完善西北地区农村生产要素的配置，转移过剩的农村劳动力，提高农村生产要素的经济效益，增加农民的收入，提高农民生活水平，缩小西北地区自身的城乡差距以及与东部城乡发展的差距。从历史发展来看，新中国成立以来，西北地区的城市化发展一直落后于全国的整体水平，且严重滞后于西北地区工业化发展，即使国家声势浩大地推动重工业的发展战略和大规模的三线建设时期，由于这些工业的布局大都安放在西北偏远、孤立、隐蔽的地域上，对西北的城镇化发展推动非常有限，到后来的西部大开发战略，国家建设资源政策性地输入到西部及西北地区，虽然给西北地区城乡发展带来了很好的机遇，但西部大开发中更多的资源投向了公路交通等基础设施建设，尽管加快了西北地区的整体发展，但这对于地广人稀而又广泛散布的西北农村来说，带动作用就显得非常有限，与现实的需要相距甚远，西北城乡差距急剧扩大，而且比全国普遍状况和东部地区矛盾更突出。因此，需要加快新型城镇化与新农村建设同步协调推进，形成西北城市与乡村互动互促、共享发展，最终将有助于缩小西北地区城乡差距及与东部地区农村建设的差距，实现西北地区及全国整体的城乡一体化发展。

五 城乡一体化是一个长期的发展过程

城乡一体化是一个历史演进过程，城乡关系的螺旋式上升状态的发展是建立在经济社会发展基础之上，并随其发展而逐步完善的过程，因而其实现过程是长期的，城乡差距的缩小绝不可能一蹴而就，是一个动态的变化过程。我国近几年虽然持续加大对三农扶持的政策力度，但仍然没有从根本上遏制城乡收入差距扩大的趋势。城乡分割的二元结构还未从根本上发生改变，农业农村经济的资源配置还是处于不利的地位，城乡村居民的发展机会和社会地位仍然不平等。另外，从农村剩余劳动力转移方面来看，目前仍有大量的农村劳动力亟待转移，由于农民收入增长与其土地经营规模、土地价格水平有十分密切的关系，而当前西北地区农村人地矛盾突出，加上农产品价格受国际影响很大，国家财政对农产品价格的持续补贴较为艰难。因此，尽快解决长期困扰中国的三农问题将是当前党和政府全部工作的重中之重。虽然近几年国家在财力上也加大了对"三农"的支持力度，但从我国的实际国情来看，期望短期内大幅度地倾斜农村也不太可能，而三农问题又集中体现在欠发达的西部地区，特别是集中了近3000万农村贫困人口的西部老少边穷地区，因此西北地区城乡一体化发展之路任重而道远。

第三节 西北地区地域系统的要素特点

一 自然资源富集 生态环境脆弱

西北五省地区[①]处于我国内陆和亚欧大陆腹地，地理位置独特，生态地位重要；地处中国三大阶梯的顶端，横跨青藏高原、蒙新高原和黄土高原，地势复杂，干旱少雨，为典型的干旱半干旱地区。沙地和黄土

---

① 在不同概念下，西北地区有不同的范围，行政区划上的西北地区包括陕西省、青海省、甘肃省、新疆维吾尔自治区、宁夏回族自治区五省简称"西北五省"，是七大地理分区之一。西北五省一说源自1949—1953年国家设立的六大行政区之一的西北行政区，一直沿用至今。

广布，植被覆盖率低，水资源匮乏，水土流失，草场退化，盐渍化问题严重，土地质量总体较差，中国荒漠化土地的2/3分布在西北地区，是世界上荒漠化最严重的地区，生态系统脆弱。中国三大生态脆弱带大多分布在西北地区，青海、甘肃、宁夏、西藏和贵州被视为全国生态最脆弱的五个省区，加之长期以来受气候变化和不合理经济活动的影响，生态环境不断恶化，已经成为我国生态环境和区域经济脆弱性表现最为明显的区域之一。西北地区地广人稀，总面积约为309.3万平方公里，占整个西部总面积的57.7%，占国土总面积约31%，人口10009万（2015年底），占全国总人口的7.28%，人口密度约为全国平均水平的1/4，但适宜于人们生存的环境规模却是狭小的。部分省区自然条件极为恶劣，交通不便，对外交流存在地理障碍。同时，区域内自然资源富集，煤、石油、天然气储量居全国前列。煤炭保有储量占全国总量的30%左右，天然气储量占全国陆上总储气量的58%，准噶尔、塔里木、柴达木三大盆地油、气储量之大引起世界注目，成为我国石油资源开发的重要后备基地。区内分布多条巨型成矿带，矿产资源相对丰富，但开发利用程度较低，有色金属、稀有金属的储量也在全国占有重要的地位，风力、光热等清洁能源开发潜力巨大。柴达木的镁、锂，新疆的铍等矿储量均居全国之首，甘肃的钴、铜，陕西的钼，新疆的铬等矿储量均居全国第二位，青海的钾盐、石棉、溴等资源储量均居全国首位。太阳能资源居全国首位，大部分地区年辐射量在50232~83720J/cm，甘、青、新三省区有许多地方的风速达可利用级。但由于生态容量和环境承载力极其有限，西北地区经济社会发展面临较大困难和压力，不仅制约了当地经济社会的发展，也影响到整个中华民族的生存和发展，考验着地方政府的智慧和能力。如何实现资源环境的可持续发展，是西北地区生态建设面临的重大挑战。

二 人文历史悠久 经济发展滞后

西北地区是我国古丝绸之路的起点，曾在中国悠久的文明发展史上占据非常重要的位置，被称为"羲皇故里，河岳根源"，是多种文化交汇融合形成的中华文化发祥地之一，取得过灿烂而辉煌的成就。汉唐时期的西北地区是中国盛极一时的经济中心地带，对东西方各国经济文化发展起到过巨大的推动作用。同时这里也是回族、藏族、维吾尔族等17个少数民族的集聚地区，中华文化的多元性在这里得到充分展示，创造出了极具个性的物质财富和精神财富。然而，海上丝绸之路开通后，经历数百年沧桑变化，西北地区逐步衰落，成为中国的落后地区。1949年，全国工业总产值中西部仅创造了9%，而东部沿海地带占到了70%。20世纪六七十年代，由于战备需要，大量国家国防军工企业转移到这里，促进了西北地区的工业发展，东西部差距在一定程度缩小。改革开放以来，我国社会主义市场经济体制不断完善，极大地推动了该地区的发展。新世纪以来，国家实施了"西部大开发"战略，加大了对西北的支持力度，西北地区获得了历史性机遇，经济社会发展能力得到显著提升。但与东部地区相比，无论是经济总量还是发展质量，西北地区与其还有很大差距。2000—2015年，绝大部分西北各省国内生产总值排名靠后，除陕西排名略有提升，其他四省排名几乎没有发生变化。陕、甘、宁、青、新国内生产总值排名（2000年/2015年）依次为20/15、27/27、29/29、30/30、25/26。此外，西北各省的人均GDP都低于全国平均水平。从2015年人均国内生产总值来看，西北地区仅相当于全国平均水平的四分之三，东部地区平均是西北地区的约3.5倍，其中，排名第一的天津市是排名最后的甘肃省的4.13倍。[①]

三 战略位置显要　民族问题突出

西北地区具有重要的地理位置、独特的民族分布、丰富的自然资源等优势。对于国家安全的维护和国际竞争力的提升至关重要，周边与多个国家接壤，是我国向西开放的桥头堡，第二亚欧大陆桥的重要枢纽，攸关我国的政治安全、经济安全、生态环境安全、国防安全，占据十分重要的战略地位。西北地区有5000多公里陆地边境，分别与蒙古、俄罗斯等八个国家接壤，连接15个贸易口岸，具有东进西出的独特区位优

---

① 根据国家统计局《中国统计年鉴2001》和《中国统计年鉴2016》国民经济核算相关数据计算。

势，是中国向西开放、加强与中西亚地区和欧洲经济联系的前沿区域。这里与中亚的跨国民族多达9个，中亚地区与中国西北在民族、宗教、文化等方面有着深厚的历史渊源和密切的现实联系，这种特殊关系，既为西北地区对外交流和经济贸易创造了有利条件，又受到外来宗教、文化的深远影响，成为政治上不稳定的重要因素。从地缘政治看，巩固和发展与中亚国家友好关系不仅能促进民族团结、维护边疆稳定，而且也能扩大我国内陆战略纵深。从地缘经济看，其毗邻的国家能源资源丰富，是未来开展国际能源合作的重要战略区域，有利于保障我国的能源安全，可再造一条新"丝绸之路经济带"，构建经济共同体，拓展中国的战略纵深，促进地缘经济的大发展。从生态的角度看，西北地区处于中国非常重要的生态位置，是中国的生态屏障和生态之源，对于整个中国乃至东南亚地区都具有很高的生态价值。这里孕育着中国著名大江大河的涵养水源，是我国主要的风源地之一，其生态环境通过生态系统直接影响下游、下风广大地区的经济生态等方方面面，具有强生态效益的扩散效应。西北地区还是一个多民族聚集区，是民族宗教问题敏感地带，从古至今一直是中国极为重要的战略防线。西北地区是我国多民族聚居地区，聚居着维吾尔族、回族、藏族、土族、蒙古族、哈萨克族、柯尔克孜族、塔吉克族、东乡族、撒拉族、保安族、乌孜别克族、塔塔尔族、裕固族、锡伯族、达斡尔族等世居民族，此外，还有许多流动的少数民族居住在西北各省区。据中国第六次人口普查数据，少数民族人口占西北总人口的21.2%。新中国成立后，实行民族平等和民族区域自治政策，边疆相对安定，西北少数民族地区发展明显。近些年国际国内形势风云多变，周边民族和宗教问题错综复杂。苏联解体后，民族分裂主义、宗教极端势力和国际恐怖主义在这些地区蔓延和泛滥。中亚地区不仅是穆斯林聚居区，还是多种文明的交汇碰撞区域，西北地区成为境内外"三股势力"活动和渗透的重点区域。在新时期这对我国处理民族问题也提出了更高的要求。

四　三农比重大　工业不发达

西北地区农村分布广泛且分散，占全国近1/3的国土上分布着1486

个乡，乡村人口达 5061 万人，农业人口比重大，占西北总人口 50.56%，高出全国平均水平近 6.7 个百分点。① 西北地区近代以来经济发展缓慢而落后，农业社会形态占主导地位。1949 年，西北五省区工业总产值只有 51206 万元，占全区工农业总产值的 15.6%，国民经济中约 85% 是落后的分散的小农经济，新疆、青海等省小农业和落后、分散的畜牧业经济的比重高达 90% 以上。② 历史上，西北地区的工业基础主要得益于"三线建设"，是全国重工业比重最高的地区之一，但其没有形成完整的工业体系。到 1980 年，西北地区重工业比重在其工业总产值中达到 62.15%，高出全国平均水平 9.3 个百分点。③ 从 1980—2015 年产业结构的变化来看，全国二、三产业比例从 48%、22.3% 发展到 40.7%、50.2%，第二产业下降了 7.4 个百分点，而第三产业上升了近 28 个百分点。与全国相比，西北地区产业结构中第二产业所占份额较高，平均高出 4.6 个百分点，而第三产业比重偏低，多数省区在 45% 以下，最低的陕西低于全国 9.5 个百分点，36 年间，第二产业仅下降了 2.9 个百分点；第三产业仅上升约 22 个百分点，落后全国水平 6 个百分点。④ 西北地区正处于工业化初期向中期过渡的阶段，工业增长对自然资源依赖性较强。时至今日，西北地区仍然多以重化工业和高载能产业为主，服务业及轻工业处于发展劣势，重工业所占比重仍在 60% 以上，⑤ 扮演着能源、资源输出地的角色。高能耗、高污染、高排放的"三高"产业在经济结构中占有较高比重。对生态环境产生较大压力。2015 年，西北地区 GDP 总量占全国比重为 5.46%，但废气排放量占全国比重高达 13%，高出 GDP 比重 7.54 个百分点；工业固体废物排放量占全国比重达 12.45%，高出 GDP 比重 7 个百分点。⑥ 同时，西北地区还面临生态型贫困的巨大挑战。2016 年国家扶贫办公布的 592 个国家级贫困县中，西北地区占 143 个，这些贫困县农村

---

① 根据《中国统计年鉴 2016》相关数据计算。
② 魏永理：《中国西北近代开发史》，甘肃人民出版社 1993 年版，第 17—18 页。
③ 徐炳文：《中国西北地区经济发展战略概论》，经济管理出版社 1992 年版，第 71 页。
④ 根据相关年份《中国统计年鉴》数据计算。
⑤ 赵宗福：《西北蓝皮书：中国西北发展报告（2015）》，社会科学文献出版社 2014 年版，第 12 页。
⑥ 根据《中国统计年鉴 2016》相关数据计算。

发展、农业生产、农民增收对生态环境依赖性很强，而这些贫困县基本处于生态功能退化最为严重、自然条件最为恶劣、自然灾害最为频繁的地区。西北地区尚未形成有竞争力的产业体系和产业结构，还面临绿色转型的艰巨挑战，缺乏快速城镇化应有的物质基础和制度条件，导致城镇化发展所需的内生动力不足，外部推力匮乏。

五 城市规模有限 结构体系不完整

西北地区小城市居多，中等城市和大城市数量相对较少，尤其Ⅰ型大城市和特大城市缺乏，城市人口密度低，城市化发展水平较低。截至2016年7月底，中国有656个城市，西北有各类城市65个，只占全国城市总数的9.9%，[①] 2015年底西北城镇人口4948万，占全国城镇人口的6.4%。城市土地面积为725353平方公里，占全国城市土地面积的15%。2016年西北城市人口密度为134.6人/平方公里，远低于全国269.7人/平方公里的城市平均人口密度，是全国水平的1/2。市辖区人口密度为265.584人/平方公里，仅为全国城市市辖区平均人口密度的43.6%，区域内人口城镇化率平均接近50%，低于全国平均水平6.1个百分点。[②] 根据国务院2014年11月发布的新的城市规模划分标准（《关于调整城市规模划分标准的通知》），[③] 西北地区没有人口在1000万以上的城市，人口在500万以上的特大城市仅有西安，人口在100万以上的大城市只有7个：宝鸡、安康、兰州、天水、武威、银川、乌鲁木齐，除陕西省会城市西安为Ⅰ型大城市，其他四省省会城市均为Ⅱ型大城市，没有Ⅰ型大城市，而且青海的省会西宁处于Ⅱ型大城市的最低标准线上。中等城市中，

[①] 根据中华人民共和国国家统计局公布的《最新县及县以上行政区划代码》（截至2016年7月31日）统计而得（http://www.stats.gov.cn/tjsj/tjbz/xzqhdm/201703/t20170310_1471429.html）。

[②] 根据《中国统计年鉴2016》和《中国城市统计年鉴2016》相关数据统计而得。

[③] 2014年11月20日国务院明确了新的城市规模划分标准，将原有城市规模划分调整为五类七档。新标准统计口径是城区常住人口，在《关于调整城市规模划分标准的通知》中，超大城市：≥1000万；特大城市：500万~1000万；Ⅰ型大城市300万~500万；Ⅱ型大城市100万~300万；中等城市：50万~100万；Ⅰ型小城市：20万~50万；Ⅱ型小城市：<20万，以上区间范围包括区间下限，不包括区间上限（http://www.gov.cn/zhengce/content/2014-11/20/content_9225.htm）。

陕西有6个，甘肃有2个，其他三省份均无中等城市。西北地区小城市居多，其比重达区域内城市总数的59%，占全国小城市总数的10%左右。[①] 从总体上看，西北地区城市规模存在两个断层。第一个断层是缺乏300万~500万的Ⅰ型大城市。2016年西北地区排首位的城市西安人口为621.38万，处于第二、第三位的是乌鲁木齐和兰州，人口分别为260.5万和204.7万。同时西北地区大城市大都是外力建设的专业性比较强的特殊工业城市，国企较多。国防、重工业、矿产区特点明显，对周边地区辐射带动效应不显著，区域竞争力不强。根据中国社会科学院和中国经济日报发布的《2017中国城市竞争力报告》，在289个城市发展排行榜中，三类竞争力排名均在前30名的城市中，西北地区仅有西安在列，其综合经济竞争力排名第29，宜居竞争力排名第13，可持续竞争力排名第17，其他省会城市的综合经济竞争力排名大多在100名以后，乌鲁木齐、兰州、银川、西宁排名依次为84、105、141、160；城市宜居竞争力上，除银川外，其他省会城市也都在100名之后；不过可持续竞争力较前两项指标要好，银川、乌鲁木齐、兰州、西宁的排名依次为：38、60、62、115。第二个断层是大部分省份缺乏50万~100万的中等城市。多数省份首位城市鹤立鸡群，人口多于次级城市数倍，最高的新疆达到8.7倍，陕西有4.4倍，宁夏和青海在2.3倍左右。且经济中心辐射能力不强，产业结构与地区经济乃至其他城市协作分工不明确。在广袤的西北地区无法起到上接大城市、下连小城镇的汇集、吸纳、过渡、缓冲等作用。到2015年底，区域内小城镇有2179个，但密度很低，特色不明显，平均约1086平方公里分布1个小城镇，[②] 缺乏传统城镇结构体系里寻求的承上启下的完整体系。小城镇大多属传统农业型城镇，镇区功能单一，经济总量较东部及沿海地区的城镇要小得多，农村、牧区的集镇也不发达，尚未形成数量众多的、大中小结构合理的城市群落，未构成多功能的城市体系，缺乏城市群落的带动。城市（地级市）公共财政收入为28299908

---

① 根据《中国城市统计年鉴2016》相关数据统计而得。
② 根据《中国城市统计年鉴2016》和《中国统计年鉴2016》相关数据统计而得。

万元，接近全国城市财政收入的4%，占西北地区财政收入的59%。[1] 西北地区城镇基础设施建设较落后。以2015年为例，西北各省县城市污水处理率均低于全国平均水平，最低的青海省仅有47.25%，比全国低40个百分点；县城市生活垃圾无害化处理率，除陕西省外的其他四省远低于全国水平，最低的新疆仅有27.51%，是全国的1/3，[2] 反映出其城镇化质量并不高。2011年国家最新出台的《国家主体功能区规划》，[3] 将西北地区的大部分地域都划分为生态功能区，对其进行限制开发和禁止开发，这在很大程度上对西北地区城镇化方式提出了更高的要求。

六 公共服务不足 基础设施欠缺

新世纪初，国家开始部署实施西部大开发战略，为西北地区提供了新的发展机遇，西部大开发十年以来，西北地区呈现出大发展、大开放、大建设的新态势。"十二五"时期，国家继续大力推进新一轮西部大开发战略以及"一带一路"战略，西北地区基础设施建设得到了快速发展，也逐年加大了对社会公共事业的投入力度，社会建设和社会服务都取得了较大成绩，公共服务水平和基础设施建设在总量上有了很大提高，生态环境也有很大提升。但由于历史欠账较多，长期以来，西北地区经济社会发展与全国平均水平存在较大差距，尽管在1999~2015年间，西北五省GDP占全国的比重基本上每年都在持续上升，但最高年份的2014年，也仅占全国的6%，缺乏强有力提高民生保障水平的财力支撑，尤其是区内公共服务基础设施差、缺口大，供给渠道少、任务重、效率低、能力弱，不能满足不断增长的民生改善需求。西北地区交通网络总体水平还比较低。1999年西北地区线路综合密度为513.1公里/万平方公里，仅为东部的11.06%、全国的32.4%，到2006年底，西北地区线路综合密度与1999年相比增加了近两倍，铁路密度增加了36.7%，公路密度增

---

[1] 同上书，相关数据统计而得。
[2] 根据《中国城市统计年鉴2016》和《中国统计年鉴2016》相关数据统计而得。
[3] 《国务院关于印发全国主体功能区规划的通知》（国发〔2010〕46号），国务院公报（2011年第17号），中华人民共和国中央人民政府网（http://www.gov.cn/gongbao/content/2011/content_1884884.htm）。

加了197.7%。到2015年底，西北地区线路综合密度达到4112.33公里/万平方公里，是2006年的2.8倍，但与全国水平和东部地区相比还有很大差距，相当于全国的39.8%，仅占东部地区的14.9%。2015年，西北地区的铁路密度、内河航道密度和公路密度分别为57.3公里/万平方公里、8.7公里/万平方公里、1921.4公里/万平方公里，相当于全国的45.4%、11.2%、40.3%和东部的18.3%、1.5%、15.7%。2006~2015年增长比例较大的是内河航道密度，从全国的6.5%增加到11.2%，铁路线路密度没有变化，公路线路密度仅增加了1个百分点，西北地区公路建设大致相当于发达地区20世纪90年代的水平;① 从2015年各省行政区（地级以上城市）市辖区建成区面积来看，② 西北建成区面积为2787平方公里，占全国建成区面积的6.8%，平均建成区面积是全国平均水平的42.2%，只有东部地区平均水平的22.3%，③青海省更是全国城市建成区面积最小的省份，仅有124平方公里。④ 从2015年各省一般公共预算的支出来看，西北地区公共安全、社会保障和就业、医疗卫生与计划生育、城乡社区4项所占百分比均低于全国地方投入比例，依次是全国平均投入水平的67.1%、94%、95.3%、77.2%，只有东部地区平均水平的63.4%、27.3%、33.1%、21.5%。⑤"十二五"期间，西北地区加快了城乡宽带网络及新一代通信信息基础设施建设，到2015年末，区内电话普及率（包括移动电话）为102.5部/百人，是2011年末的1.25倍，年均增速5%；互联网普及率为46.24%，较2011年上升17.41个百分点，年均增速10.1%，增速高于东部及全国平均水平，但两类指标的绝对值仍低于东部和全国水平，都是全国及东部的约83%。⑥ 2000年，西北地区普通小学生人均教育经费支出为557.16元，比全国平均水平的769.40元低27.6%；到2015年，西北地区普通小学生人均教育经费支出

---

① 根据1999—2016年《中国统计年鉴》计算整理。
② 建成区面积指实际已成片开发建设、市政公用设施和公共设施基本具备的区域。
③ 东部地区包括北京、天津、河北、上海、江苏、浙江、福建、山东、广东、海南10省。
④ 根据《中国城市统计年鉴2016》计算整理。
⑤ 同上书，计算整理。
⑥ 根据2011—2016年《中国统计年鉴》计算整理。

增加到2204.86元，是全国平均水平的90%。十六年来，差距在逐步缩小，但与东部发达地区的差距仍呈现扩大化趋势。[①] 与"十一五"末相比，"十二五"末，西北地区的"三废"治理效果不显著。废水排放量由117260万吨增加到390834万吨，年均增长27.38%，增速高于西部（24.34%）和全国（25.36%）的平均水平。二氧化硫排放量由2010年的237.1万吨上升到2015年的259.23万吨，年均增加1.9%，而西部、全国、东部及中部该指标都呈下降趋势。烟（粉）尘排放量，从153.97万吨增加到197.08万吨，年均增幅4.32%，小于东部（7.26%），但远高于西部（0.79%），也高于中部（3.18%）及全国平均水平（3.78%），烟（粉）尘治理成效在全国滞后。一般工业固体废物产生量大幅增加，由2010年末的18799万吨增加到2015年末的40715万吨，年均增速为18.43，远高于西部（8.55%），全国（6.3%）及东部（3.97%）、中部（6.93%）增速，西北地区节能减排面临很大压力，加之环保执法执行力度不够，近年来环境污染与破坏事故次数增加迅速，生态环境保护形势严峻。"十二五"期间，西北医疗卫生事业取得较快发展，医院、基层医疗卫生机构、专业公共卫生机构数、卫生技术人员分别由802个、14715个、448个、158917人增加到914个、17075个、802个、208536人。但从全国所占比例来看，五年间，医院数和基层医疗机构没有发生变化，都维持在10%左右，专业公共卫生机构有较大增幅，从6.1%增加到17.54%，卫生技术人员反而从7.33%下降到4.59%，下降了2.74个百分点。[②] 表明西北地区卫生技术人员缺口很大，尤其是在广大农牧业地区卫生人员更是匮乏，公共卫生服务资源配置不合理，一些偏远的乡村、牧场至今仍缺医少药。同时，西北地区贫困人口分布较多，且大多集中于边远、自然条件恶劣地区，国务院扶贫开发办公布的2016年全国592个国家级贫困县中，西北地区就有143个，接近全国的四分之一，其中陕西50个、甘肃43个、青海15个、宁夏8个、新疆27个。截至2018年2

---

① 根据《中国统计年鉴2016》及教育部《关于2015年全国教育经费执行情况统计公告》计算整理（http://www.moe.gov.cn/srcsite/A05/s3040/201611/t20161110_288422.html）。

② 以上数据根据2011—2016年《中国统计年鉴》整理计算。

月，全国585个国家级贫困县中，陕西省50个，甘肃省43个，青海省15个，宁夏回族自治区8个，新疆维吾尔自治区22个，除新疆地区有所减少，其他四省贫困县维持不变。一些集中连片贫困地区，生态环境脆弱、资源禀赋较差，生态问题与贫困问题相互交织，贫困程度较深，困扰本地区经济社会发展，脱贫攻坚和保障改善民生的任务十分艰巨。

第四章　城乡一体化发展的观测点与模型建构

本章研究涉及两部分内容。第一部分进行了系统论视域下城乡一体化发展分析。探讨了城乡一体化发展系统的结构、功能、特征、系统相变过程、发展实质、前景及目标，并分析了城乡大系统的主要子系统间联系的内容、方式及结构功能，包括经济、人口、社会、空间及环境子系统。形成了较为全面的城乡一体化发展的系统论分析框架。

第二部分尝试应用系统动力学的思想和方法，揭示西北地区城乡一体化发展能力的动力机制，并构建了西北地区城乡一体化发展能力模型，对模型变量和参数的确定给予初步分析，为今后政策模拟和仿真实验奠定了基础。

唯物系统辩证观是系统动力学（简称 SD）理论的哲学观的核心，SD 强调系统的观点，联系、运动与发展的辩证观点，主要矛盾与矛盾的主要方面等。SD 的模型模拟是一种结构—功能的模拟，它最适用于研究复杂系统行为之间的辩证对立统一关系。城乡一体化发展是一个包含众多要素、关系复杂、目标功能多样的复合系统，其发展能力获得有赖于其构成系统的有序运动与结构优化。运用系统动力学思想方法研究有其独特的优势，能够深入洞察西北地区城乡一体化发展能力获得的系统的行为，在多因素综合作用中把握西北地区城乡一体化发展能力的动力机制与发展趋势。

SD 研究复杂问题的方法是定性与定量结合。SD 模型是从微观结构着手来进行构建，在此基础上可应用计算机的仿真模拟技术对系统的结构功能与系统行为的动态关系进行定量研究。由于城乡一体化系统是一个复杂且巨大的系统，元素之间的关系及层次众多，对其微观结构进行直接观察是不容易的。城乡一体化的关键在于城乡的协调发展,农村劳动力转移与城乡一体化发展有着内在的必然联系。从城乡关系看,农村劳动力转移,包括:城市与乡村地域关系、工业与农业产业关系、市民与农民关系、工业与农民关系、农业与市民关系;涉及城乡一体化系统的经济、人口、社会、空间、环境各子系统要素,与城乡关系协调和城乡系统要素协调具有一致性和相互推动效应。本研究以农村劳动力转移为西北地区城乡一体化发展系统的微观切入点,农村劳动力转移系统为城乡一体化发展系统的中观系统观察层次,建构西北地区城乡一体化发展系统动力学模型,使得城乡一体化发展能力的分析既能观察微观又能观照宏观,从而使研究问题更清晰、更深刻地呈现出来,同时也能够进行科学量化分析,更有助于仿真实验定量分析的准确性和科学性。

第一节 系统论视域中的城乡一体化发展

系统与时间、空间一样,都是物质存在的形式。从系统视角出发,以系统思维和辩证思维着重从系统和环境、系统和要素、要素和要素之间的相互联系、相互作用中综合地、动态地考察城乡关系及发展,增强城乡认识的整体性、全局性,深刻认识城乡结构、功能、相互联系方式及演化趋势。

一 系统论的基本观点和方法

(一)系统的内涵

1. 系统的定义

"系统"(system)一词由来已久,早在古希腊时代就已被一些哲学家们所使用,但是真正将系统作为一个重要的科学概念予以研究的,则始于1947年的奥地利理论生物学家冯·贝塔朗菲(Ludwing Von Bertalanffy)。到目前为止,系统的确切定义依照不同学科、不同使用方法和针对的不同问题而有所区别。国外关于系统的定义不下40个。我国系统科学界通用的系统定义是(钱学森):"系统是由相互作用和相互依赖的若干组成部分结合而成的具有特定功能的有机整体,而且这个整体(系统)本身又是它从属的更大的系统的组成部分。"这个组成部分也被称为要素,它们可以是事物、概念或过程。这里包含三层意思:一是系统是由若干部分(要素)以一定的结构组成的有机整体;二是这个有机整体可以分解为若干基本部分(要素);三是这个有机整体具有不同于各个组成部分的新功能。

2. 系统的结构和功能

系统各要素及其联系的总和就形成了系统的结构。系统是具有一定结构(亦即相互存在着某种稳定联系)的要素所组成的集合。系统作为统一的整体并具有一定的功能。系统的功能是系统作为整体所表现出来的行为集合,它是系统的动态过程(行为)的表现形式的集合。各要素之间存在着有机的组合关系,从而能产生更高的价值功能。如把汽车的各种零部件(要素)组装成汽车,就可发挥零部件所不能发挥的功能。我们不能把要素堆积在一起就构成系统,也不能仅仅表明系统中有哪些要素就可确定一个系统,需要指出要素之间有着怎样的有机联系,才能使系统本身明确起来。这就是说,要素不能直接形成系统的属性和功能,它必须通过结构这个中介,才能产生系统的属性和功能。系统的功能以系统的结构为基础,系统不同,其功能也不同,这正是区别一个系统和另一个系统的主要标志。

3. 系统的环境与边界

一个系统中或不同系统中存在着物质、能量和信息的流动。由此,一个系统就与其他一些外部系统互相影响。广义而言,后者称为前者的环境(图4-1-1)。从环境向该系统的流动称为输入,从系统向环境的流动称为输出。

根据系统与环境的关系,可分为封闭系统与开放系统。封闭系统是与环境联系不紧密的系统,与环境发生能量、物质、信息的交流很少。如自给自足的小农经济,闭关自守的封建国家,大而全小而全的工厂也近似于封闭系统。开放系统是指系统与环境经常有较多的物质、能量、信息的交换,而且这种交换影响着系统的结构、功能和发展,一旦与外界的联系切断便会影响系统的稳定,甚至破坏系统。严格地讲,客观世界不存在真正封闭的系统,有时为了研究和思考的方便,可以把对象系统连同它的环境当成一个系统,称为封闭系统。一些具有自我调节或控

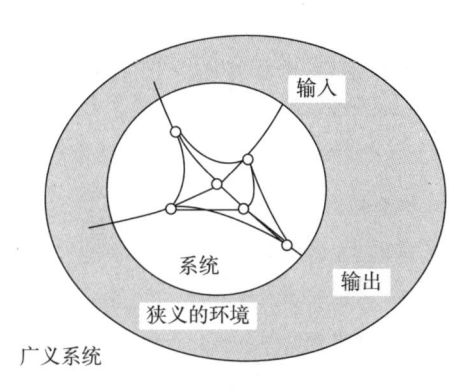

图 4-1-1　系统的环境

制特性的系统，划为封闭系统，应当理解为：在一定时间内，不依赖于任何外界的经常影响而具有稳定生存能力的系统。因此，封闭系统这个概念永远具有相对性。它的产生是为了描述某些在有限的时间范围内，外部条件保持不变的系统的功能，实际上不存在一个与外部环境没有物质、能量、信息交换的系统。

系统和环境分割开的假想线称为边界。它可以根据研究对象的需要而划定，并不是严格不变的。划分系统边界的原则有两个：第一，研究分析问题的着重部分应作为系统的组成部分；第二，对所研究问题有着重大影响的部分也应作为系统的组成部分，这些重大影响部分决定着系统的性能或运动状态，甚至决定着系统的性质。

4. 系统内涵的解读

（1）系统是具有一定结构的要素组成的集合，要素是形成系统的现实基础，系统的结构是相互存在着的某种稳定联系。一个系统的属性更重要的是由系统的结构决定，不单纯是要素的机械总和。一切其他关联要素的集合都是系统的环境。

（2）系统是以整体的方式与环境相互作用的，它通过对环境的作用（以输出和输入的方式）表现其功能。作为整体系统产生了各子系统不能具备的属性和功能。相对于环境而言，系统具有一定的目的性和功能性，并具有相对独立性。

（3）作为整体的系统在不同程度上具有稳定性、动态性和适应性等特征。系统内部可以含有子系统。子系统是系统部分的要素的集合。

(4) 系统与环境的关系反映系统内部与外部的相互联系，可由系统的功能概念来描述。研究系统的进化与退化必须进行功能分析，考察系统与环境的关系。系统有机结构的生命力依靠与外部交换能量、物质、信息来维持（图4-1-2）。

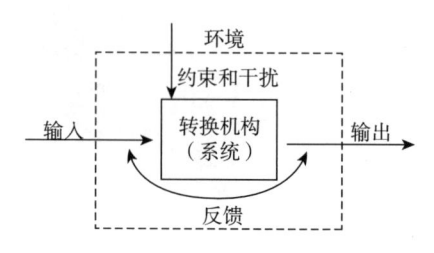

图4-1-2 系统环境适应性

5. 系统局部与整体的辩证统一

系统的局部与整体的关系由系统的结构概念来描述，它反映系统的内在联系。局部的统一性构成系统的整体性，局部的独立性构成系统的层次性和个性。整体与局部通过统一性与独立性、共性与个性、普遍性与特殊性辩证地相互结合成为一个有机的整体。

（二）系统的特征

按照系统的形成以及与人类的关系分类，可以将系统大致分为自然系统和人造系统。自然系统就是自然界本来存在的系统，人造系统是经人工改造或创造的系统。一个人造系统有以下特征（图4-1-3）。

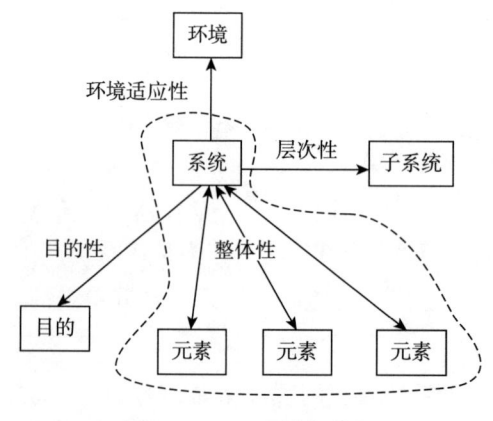

图4-1-3 系统各特征

1. 整体性

整体性主要表现为系统的整体功能，要素组成的整体作用。它呈现出各要素所没有的统一性新功能，并不是各组成要素的简单拼凑。因此，即使每个要素并不很完善，但它们也可以综合、统一成具有良好功能的系统。系统整体的效益可以超过它的各个子系统单独效益的总和，概括地表述就是"整体大于部分之和"。

2. 相关性

系统的各组成要素都是相互作用、相互依存的，任何一个要素发生变化，都会牵动其他要素改变或调整。各要素相互联系、相互作用、相互影响的关系不是简单的加和，有可能是互相增强，也有可能是互相减弱。对于一个有效的系统，各要素之间应具有互补性，使系统保持稳定、具有生命力。

3. 目的性

人造系统具有明确的目的性，反映人的某种意志，表现在系统要素的选择、联系方式及运动等方面，服从于人们的某种目的。人造系统都有其整体的目的，这种目的往往不是单一的，通常有多重目的。一个目的可以用一个或多个具体的目标来表示，当所有的目标都满足要求时，系统即实现了既定的目的。为了良好地达到这些目的，各要素应有组织地协调运作，这就需要控制。

4. 环境适应性

环境是存在于系统之外、与系统有关的各种要素。系统必然受到环境的约束或限制，甚至可能改变系统的目的。环境也是更高一级的系统，环境的变化往往会引起系统功能的变化，系统应具备一种特殊的能力，即自我调节以求适应保全的能力。这种能力使系统适应各种变化、排除干扰，以保全自己目的的实现。系统的这种能力就是环境适应性。系统必须适应环境的要求和变化，能够经常与外部环境保持最佳的适应状态，才能生存和发展。

5. 层次性

系统内部存在着一定的层次结构。系统和要素的区分是相对的，一个系统相对其较大系统而言，可能是一个要素，这时的要素我们有时称子系统。构成系统的诸元素，都各具有无限可分性。比如，原来的系统即由诸子系统所构成，这样原来的系统，即具有两个层次。依此类推，逐层向下在系统和子系统，以及各子系统之间存在着物质的、能量的和信息的交换。系统的层次结构是实现系统递阶控制和目标管理的基础。

二　科学辨识城乡大系统

（一）以系统思维认识城乡关系的要素及其相互联系

从城乡全局和整体来看。城乡大系统包括城市子系统和农村子系统，既有一定的相对独立性，又有紧密的联系。一个子系统的要素的变化，不仅对子系统本身产生影响，而且还会影响另一个子系统。

城乡联系内容极其丰富，包含政治、经济、文化等多方面的联系。城市和乡村是人类生存和活动的两类聚落系统，实践是人存在的方式，人类的实践活动也是一个系统运动的过程。实践是人能动地改造世界的对象性的活动，物质资料的生产活动是人类最基本的实践活动，实践具有三要素：主体、客体和中介。城市和乡村两个子系统都由其地理环境、产业和从业者等要素构成。从实践的概念、要素及基本的物质资料生产的实践形式来看，可以大体将城乡地理环境看作实践的客体，城乡劳动者看作实践的主体，城乡产业看作主客体相互作用的中介。城乡劳动者的生产活动就是劳动者通过产业中介作用于城乡地理及环境进行的物质资料的生产活动，从这个意义上看人类的实践活动也是一个系统运动的过程，实践形式随着人类社会生产力的发展而不断丰富，不断升级。实践活动中始终贯穿着物质和意识的辩证运动，从系统的角度来看又是物质要素、精神要素以及将物质精神联系起来的各种传导要素，他们也可以看作系统联系的各种流：物质流、能量流、信息流。联系构成运动，运动走向发展。由于城乡系统中地理环境、产业和从业者的差异，产生了乡村和城市、农民和工人、农业和工业，及两大类基本的生产实践，即农业生产和工业生产，也有了城乡关系。人类社会的发展是由农业实践和工业实践推动的发展，也是城乡关系矛盾运动的过程，还是城乡系统不断演化的过程。

有学者从系统的视角划分了不同城乡联系。如欧·肯罗（O. Connor）、格尔德（Gould）、普雷斯顿（Preston）等学者认为最重要的城乡联系主要包括人口移动、观念交流（思想）、商品流转（行政和服务）、资金流转、信息（情报、技术）等五个方面。朗迪勒里（Rondinelli）将城乡联系划分为七种：物质联系，经济联系，人口移动联系，技术联系，社会相互作用联系，服务传递联系，政治、行政和组织联系，如表4-1-1所示。

表4-1-1　　朗迪勒里的城乡空间发展的主要联系类型①

联系类型	要素
物质联系	公路网、水网、铁路网、生态相互联系
经济联系	市场形式、原材料和中间产品流、资本流动、前向、后向双向的生产联系、消费和购物形式、收入流、行业结构和地区间商品流动
人口移动联系	临时和永久性的人口流动、通勤
技术联系	技术相互依赖、灌溉系统、通信系统
社会相互作用联系	访问形式、亲戚关系、仪式、宗教行为、社会团体相互作用
服务传递联系	能量流和网络、信贷和金融网络、教育、培训、医疗、职业、商业和技术服务形式、交通服务形式
政治、行政、组织联系	结构关系、政府预算流、组织相互依赖性、权力—监督形式、行政区间交易形式、非正式政治决策联系

安温（Unwin）把处于城乡流转中的各种要素进行了分层系统归类，研究了发展中国家城乡联系，并建立起了"城乡联系大类""城乡流"及"城乡相互作用"三者的对应关系。如表4-1-2所示。②

表4-1-2　　城乡联系、城乡流和城乡流相互作用

城乡联系	城乡流	城乡流相互作用
观念	意见、书籍、收音机、电视	宗教行为、教育、宣传
政治	权力、威信、预算分配、法律	政治行为、游说、执法、权利与义务

---

① 资料来自朱明春《区域经济理论与政策》，湖南科学技术出版社1991年版，第127页。本文转引自白国强《城市化的选择：城乡空间均衡及其实现》，广东人民出版社2013年版，第154页。
② 袁中金等：《小城镇发展规划》，东南大学出版社2001年版，第32页。

续表

城乡联系	城乡流	城乡流相互作用
经济	劳动力、资金、食物、车辆、商品、能源、信用、原材料	劳动力、资本、销售、采购、交通
社会	人、通信、长途通讯、医疗	社会团体、家庭、朋友、阶层

结合系统联系和实践要素，可以看到城乡系统是由许多要素构成的大系统，其发展是包含人口、产业、地域环境、机制、趋势等诸要素在城乡间相互作用的复杂过程。人口涉及市民村民或工人农民，机制主要有生产和再生产的交换机制及转化机制，从趋势要素看有工业化和城市化，城市和农村是两个大的地域环境要素。

城乡系统是复杂系统耦合作用，城乡的整体性体现在城乡经济互动互促的发展上，当然，城乡系统的各种子系统本身也具有复杂性。以交通网络、信息网络为依托的城乡系统空间结构功能，也反映了城乡复杂系统的高度结构化。城乡之间的互动与关联发展可以突破城乡要素的单向城乡流动格局，通过要素双向流动与优化配置，推动城乡各子系统的发展，实现城乡经济社会结构及区域空间结构的整体优化。

（二）城乡一体化过程是一种系统相变过程

城乡关系是源起于城市的产生，是城市和农村之间的关联状态和互动形式，迄今已经历了不同发展阶段。大致为乡育城市—城乡分离—城乡对立—城乡联系—城乡融合（一体化），这一演变过程，既反映了城市化进程的阶段性，也反映出城乡演变的趋势。城市化过程就是城乡系统不断演化发展的自生长过程。

城市化是城市和乡村共同作用的过程，其间系统功能随城乡空间状态演化发生相应变化，推动城乡一体化进程动态演化，呈现出一种系统相变过程。

从世界城市化的历史时间维度看，城乡关系演化大致分为三个阶段，[①] 其走过的路径就像拉平的 S 形曲线（如图 4-1-4）。

[①] 简新华等：《世界城市化的发展模式》，《世界经济》1998 年第 4 期。

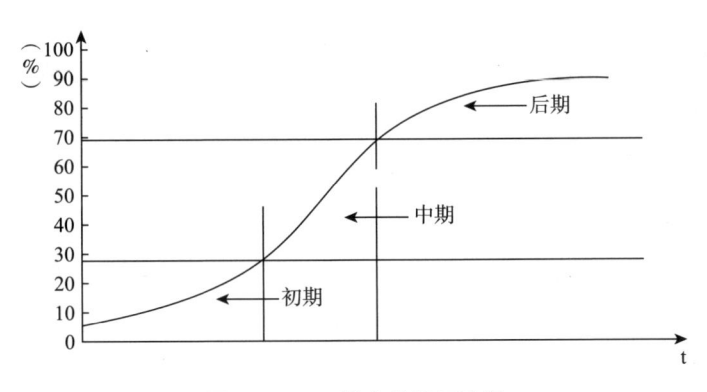

第四章 城乡一体化发展的观测点与模型建构

图4-1-4 城市化发展阶段

第一阶段为初级阶段。城市化水平低、发展速度较慢。当一个地区城市化水平低于10%时，为工业革命以前的城市化阶段，这一阶段农业生产率较低，农业经济及人口占主导地位，产品剩余量较少。当城市化水平为10%~20%时，城市化处于起步阶段，现代工业刚刚起步，受资金和技术制约，发展规模较小，城市化的农村推力和城市拉力都不强。在这一阶段，农村对劳动力的推力和城市对农村劳动力拉力的释放经历了一个十分漫长的过程，大约历时5000多年。

第二阶段为人口向城市迅速聚集的中期阶段。这一阶段城市化水平为30%~50%，进入城市化的加速阶段；当城市化水平为50%~70%时，随着现代工业基础的逐步建立，对劳动力的需求增多，同时拉力也增大；随着农村生产力不断提高，基于乡村的推力也明显变大，城市化进入加速发展阶段，在相对较短的时间里城市化水平从20%~30%提高到60%~70%。世界发达国家从1851年到1950年，大约用了100年的时间将城市化水平提高到了50%。从世界城市化进程来看，目前正处于高速发展时期，大约到21世纪初城市化率达到50%，各国基本实现城市化。

第三阶段为进入高度城市化以后，城市人口比重的增长又趋于缓慢的后期阶段。这一阶段，城市化水平超过70%，城市化进程处于相对稳定的发达阶段。全社会人口进入低出生率、低死亡率、低增长率的阶段，农业和工业的生产力进一步提高，农村和城市的推拉力都趋于减少，城市工业对劳动力需求逐步减缓，剩余劳动力开始移向第三产业。城市化水平徘徊不前，城乡人口渐趋动态平衡，从而实现城乡一体化。

· 117 ·

基于空间维度分析，城市化规律表现为城市"聚集效应"与"扩散效应"在生产方式和生活方式各领域的互动关系。城市凭借其在系统要素各方面占据的优势，在规模效应机制的作用下，各种资源源源不断地流向城市，集聚效应能够在更大程度上实现。城市化进入成熟阶段后，城市更多是以点带面向周边地区释放其能量，此时，"扩散效应"占据主导地位。当然，两种作用无严格的边界区分，在不同阶段，可能某个效应表现相对更强更显著。

基于时空秩序的城乡要素组织来看，城乡大系统是高阶自然系统与社会系统的复合系统。从居民的角度出发，城乡空间可视为"人类按照生产和生活需要而形成的集聚定居地点"，它不仅是纯粹的物质实体空间，而且还包括社会、经济、自然等空间要素所构成的复杂的开放巨系统。城市与乡村都是"社会人"的社会实践的产物，都是人与其居住环境相互关系所构成的生态系统，在特定的自然环境背景上，它是由人的社会文化发展和社会经济生产这两个基本过程决定，并通过复杂的城乡关联而建立起来的人与环境的整体。原生环境在人类长期改造自然的过程中不断演变，形成由生产、生活和生态三个空间组成的城乡生态空间，并不断相互侵蚀、分割、融合，逐渐演化成类型各异、特征迥异的城乡有机体。

（三）城乡系统是自组织和他组织系统的有机统一

系统的自组织指开放系统在系统内外因素的相互作用下，自发组织起来的系统，这一特性使系统从低级无序到高级有序发展，表现出系统运动的自发性是不受特定外来干预而进行运动的特性。这种自发运动是以内部矛盾为根据、通过与环境条件的相互作用，进而产生内外条件交叉作用的结果。只有开放系统才有自组织，系统的自组织不能离开环境的作用而独自发展。系统的自组织反映了系统自发运动的内容，但强调自发运动过程也表现为自发形成一定的组织结构及其功能的过程，因而也有系统的进化与优化的内涵。与自组织相对应的是他组织，也称为系统的被组织。他组织表示系统的运动和组织结构的形成是在外来特定的干预下进行的，主要是受外界指令的控制，在极端情况下，是完全按外界指令运动和组织的。由于系统的整体性和层次性，系统的自组织性是相对的。整体性很强的系统，整体会强烈地约束低层子系统的行动自由。低层组织受到高层次的系统整体的干预，显得是被特定指令组织起来的。因此，对于一个具体的系统的自组织，不能理解为"自以为是"。

城乡系统的自创性、自生长性、自适应性等充分显示了城乡系统自组织特点。

城乡系统又是他组织系统。开始于15世纪70年代的英国圈地运动，将农民的土地转化为资本，同时通过国家立法，将农民强行纳入资本主义的生产体系，并为城市的扩张创造条件。在我国，城乡的人为分割，形成城乡二元结构系统，导致了社会资源不合理的流动，各种资源分配不均，城乡居民收入差距扩大等都是他组织特性的体现。由此我们看到政策手段对城乡系统自觉性和强制性的干预，影响城乡系统内部结构和功能的演化发展，这是典型的他组织方式。

三 城乡系统发展的前景和目标：城乡一体化

城市系统和乡村系统耦合在一起就形成了城乡结构系统。由于城市系统和乡村系统两个系统的元素既不同质，又不同构，且都是开放的，因此城市系统和乡村系统之间的关系是紧密耦合的，表现为城乡系统的不同分工关系和城乡系统内资源和各种要素的流动，因而使得城乡系统产生了强大的集聚和扩散等系统功能。同时这些耦合关系还带来了城乡各自系统的结构功能变动，最终导致了城乡大系统演进，迸发出新的结构和功能。

现代城市与乡村经济都是以物质循环、能量流动、信息传递为基础的系统。从空间分布上看，城市空间和乡村空间是连通的，而且随着快捷便利的交通、通信网络的建立，城乡之间的联系将会更加有序，空间分布将会更加均质、融合，这就为城乡系统之间的资源流动创造了物质基础。从产业特性上看，目前还不具备消灭城乡差别、工农差别的条件，城市经济和乡村经济的角色分工还是比较明确的，城市工业和乡村农业还将在很长一段时间内发挥各自的分工优势。但随着生产力水平的提高，经济上分工的界限会越来越模糊，这为城乡系统之间的资源流动创造了前提。

在城乡系统内部,人流、物流、能源流、信息流等物质和能源的相互流动,不仅改变了城市、乡村两个子系统,而且引起了城乡大系统的结构和功能变化,使得城乡融合的程度愈来愈高。城乡系统之间通过人流,城市为乡村提供了农业现代化、乡村工业化的高素质人才,同时也改变了城市人口过度拥挤、居住条件差的状况;乡村满足了城市工业发展对劳动力增长的需求,也从根本上改变了农村居住着的大量农业人口以及农村劳动力过剩的状况。城乡系统之间通过物流,城市为乡村提供了生产和消费所需的资金、技术、各种工业用品,不仅提高了乡村人民的生活水平,而且加快了农业现代化的步伐。乡村为城市提供了食品、原料、资金等,更加提高了城市工业化水平。城乡系统之间通过能源流,使得城市和乡村系统的能源输出、输入关系更为合理,不仅严格控制了污染源,保护了物种的多样性,而且使得城市生态环境乡村化,乡村环境城市化。城乡系统之间通过信息流,提高了城乡之间文化的融合度,提高了乡村居民的文化生活水平,也使得城市居民的文化生活更为绚丽多彩。总之,使城市和乡村系统成为一个相互依存、相互促进的统一大系统,让它们各自充分发挥自己的优势和作用,通过劳动力、技术、资金、信息等生产要素的合理交流与组合,在结构和功能上互补互动,取得螺旋式上升的效果,发展的前景必然是城乡融合和城乡一体化。

城乡一体化实质上是城乡关系一体化,是城乡之间由原来的相互隔离与排斥的二元化状态向相互协同与融合的一体化状态转型升级的过程,体现了城乡关系历史发展已进入新阶段,是"城乡之间遵循自身发展规律,通过资源和生产要素的自由流动及其合理配置和优化组合,实现城乡社会结构各方面的持续协调发展的过程。"[1] 城乡一体化发展本质上是复合系统,通过城乡关系构成的组织系统发展,以促进城乡系统诸要素有序双向流动为最终目标的有机整体发展。[2] 它由既各自运行又相互作用的 5 个子系统构成。如图 4-1-4 所示。

---

[1] 刘豪兴:《农村社会学》,中国人民大学出版社 2015 年版,第 35—37 页。
[2] 浦再明:《城乡一体化发展系统论——以上海为例》,《系统科学学报》2009 年第 4 期。

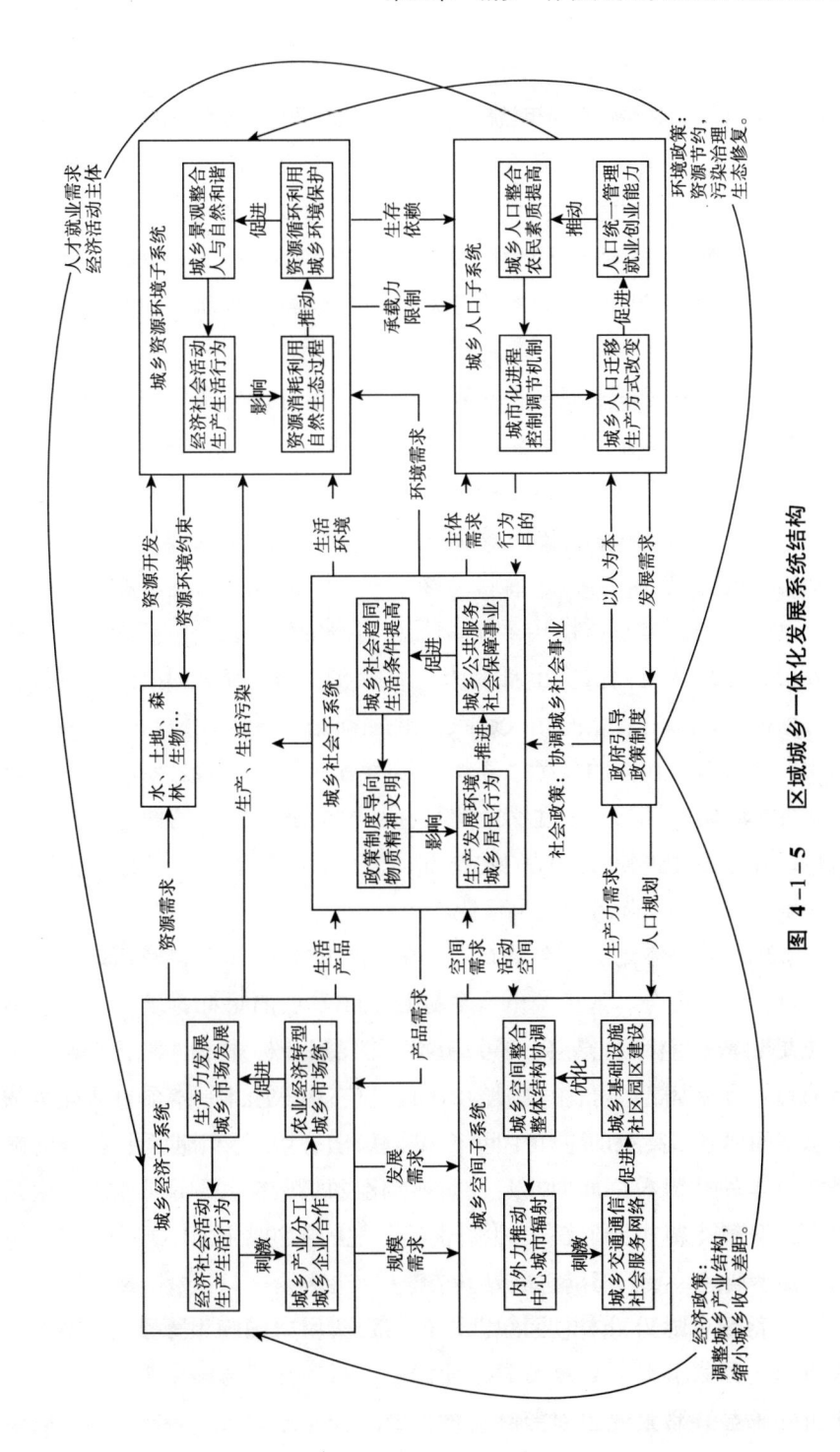

第四章 城乡一体化发展的观测点与模型建构

图 4-1-5 区域城乡一体化发展系统结构

①城乡经济子系统：市场机制为主的经济活动。②城乡社会子系统：以人为中心。③城乡空间子系统：城乡无形有形通道联结的空间。④城乡人口子系统：是城乡社会经济等发生联系的纽带。⑤城乡资源环境子系统是资源和环境的集合体：显示了每个输入和输出之间的关系。在复合体系层面，城乡一体化是作为区域社会经济活动的物质资源和这些活动的载体。因此，子系统协调的关键是处理社会经济活动与资源和环境的关系，以实现城乡资源的合理流动和可持续利用。

城乡一体化发展是城乡在相互联系而又相对独立发展的过程中，城乡系统主体发挥各自的能动性，协调城乡系统及子系统关系，相互依存、优势互补、互相促进，获得系统的优化和发展，最终实现主体的利益与价值。人的需要是社会历史发展的起点。马克思说："人们为了能够'创造历史'，必须能够生活。"因此，"第一个历史活动"即生产物质生活本身①。人们通过物质资料的生产，满足人自身的生存发展，随着生产实践的发展，进而在更高层次上推动人类社会的发展。人的需要是客观的、多方面的，因而是复杂的。人造系统通常都是多目的性的，一个目的可以用一个或多个具体的目标来表示，当所有的目标都满足要求时，系统即实现了既定的目的。合理实际的目标往往能够激发人们创造历史的积极性，并作为促进社会发展的主要推动力。目标的确立，使得权力主体有明确的方向及增强目标的可量性。

实现城乡一体化是一个动态的、多层次的目标体系，确切地讲，是一个目标群的集合。基于城市、乡村及城乡发展的目标诉求，城乡一体化需要架构多目标复合导向的可持续性的发展目标体系。就当前城乡统筹的总体目标而言，可持续的城乡一体化空间发展目标体系包括优美的生态空间体系、高效的生产空间体系、快乐的生活空间体系、和谐的网络空间体系四个子系统。城乡统筹一体化发展最终是要实现包括"生活殷实、生产繁荣、福利共享、生态优美"在内的四大目标。

综上所述，我们可以得出以下结论：

1. 将城乡协调一体化发展视作一个系统，并着眼于城乡大系统考察。

---

① 《马克思恩格斯全集》（第三卷），人民出版社1960年版，第31页。

对于研究的要素，它应该放在一般的城市和农村系统中，并且考虑这个因素对整体的影响。城乡结构良好是组织不同部门之间城乡体系结构的合理，是有机联系的最佳状态。城乡一体化发展本质上是一个复杂的系统，是具有许多复杂化要素关系和城乡预期功能的复合系统。城乡一体化发展基本上是城乡关系体系的整体一体化。在复合的制度、空间、社会、经济、人口、资源环境等互联互通和相互制约下，部分因素发生变化，可能对整个系统产生重大影响，只有当这些因素在系统协调过程中实现有序流动时，复合的城乡系统才能发挥良好的作用。

2. 实现城乡一体化协调发展是长期且艰巨的系统工程。[1]

系统视域下城乡一体化发展思考，有助于对城乡一体化发展认识的整体性和全局性考量，从而深入识别协调发展过程中的深层次问题，推动城乡一体化发展。

（1）把握城乡系统的目的性，坚持城乡发展的成果由人民共享。

城乡一体化制度有利于促进城乡发展，作为一个系统工程，维护人民群众的利益、发展人民群众的共享成果也是其目的。实行以人为本，发展、落实的目标要满足人们的需求，提高人民群众的生活水平，体现在不断提高人民群众素质和健康水平上，体现在思想素质的不断提高和人的道德境界的提升上，使经济和社会发展的成果惠及全体人民，使全体人民朝着共同富裕的方向稳步前进。

（2）把握城乡系统的整体性，推动城乡一体化各要素全面提升。

城乡一体化系统作为一个有机整体发展，必然要求系统内各要素的发展，也要求经济发展与社会发展的平衡协调，符合城乡空间可持续的生态环境保护。城乡一体化的发展过程，也是城乡大系统发展和改善要素的过程，单方面发展不符合系统优化的一般原则。建立城乡发展科学观，全面理解和促进城乡发展，努力实现经济社会发展整体优化的理想境界。

（3）把握城乡系统的层次结构性，自觉调整优化城乡结构，科学合理地促进城乡发展水平的提高。

---

[1] 张岩松：《统筹城乡发展和城乡发展一体化》，《中国发展观察》2013年第3期。

城乡一体化发展是一个复杂的系统工程，系统、要素、环境间具有复杂多样的层次结构，从复杂多变的社会现象出发，持续建立有序机制，分层次、循序渐进地促进城乡一体化进程，实现发展的有效性。

（4）把握城乡系统的关联性，完善政策之间的协调性与配套性，推动城乡系统各要素协调发展。

在制定路线执行政策时，要注重社会微观和城乡社会宏观视野的相互依存，保持立于社会整体的高度，使城乡社会事业的发展可以延伸到各个方面，实现城乡人口关系、经济关系、政治关系、文化关系、社会关系以及生态关系层面的良好运作和诸多要素之间的协调水平。换句话说，要统筹考虑到经济社会生态的总体发展，全面解决各种问题，确保社会机体及其要素协调运作和相互促进。

（5）把握社会系统的自组织性和动态复杂性，不断增强城乡系统的生机与活力，促进城乡一体化发展水平的提高。

城乡系统是具有自组织性与动态平衡性的。城乡有机体通过内部相互作用，通过与外部环境的互动展现自我组织、展现出开放性，然后继续从初级复杂状态、低水平向更高层次转变，完成最高层次的转型。因此，城乡社会发展是一个开放的系统和动态过程，它是历史的产物，也是未来发展的前提，需要适应新的经济社会状况，不断改革束缚和禁锢社会的制度体系，促进城乡系统及其构成要素不断发展，使整个城乡社会始终处于健康和富有生机的状态之中，不断增强城乡一体化的发展能力，使城乡一体化发展水平不断提升。

第二节　基于系统动力学的西北地区城乡一体化发展能力分析与建模

本节尝试采用系统动力学思想和方法，以城乡关系为视角，西北地区农村劳动力转移为切入点，从系统内部的微观结构入手，分析西北地区城乡一体化发展系统的内部反馈结构与其动态行为，基于西北地区城乡一体化发展系统行为与内在机制间紧密的相互依赖关系，透过数学模型的建立与操弄过程，获得对西北地区城乡一体化发展能力问题的理解，给出了基于农村劳动力转移源头、转移空间、转移渠道的西北地区城乡一体化发展中三个子系统的因果关系图，揭示西北地区城乡一体化发展能力的动力机制，并构建了西北地区城乡一体化发展系统流图模型，初步确定了模型变量和参数。为西北地区城乡一体化发展的仿真实验及政策模拟奠定了基础。

一 系统动力学概述

（一）系统动力学内涵及原理

系统动力学（System Dynamics，简称 SD），又称系统动态学，最初叫工业动态学，是1956年美国麻省理工学院的福瑞斯特教授（Tay. w. Forest）为分析生产管理等企业问题而提出的系统仿真方法。系统动力学是一门解决系统问题的综合交叉学科，它是以现实世界的存在为前提，寻求改善系统行为的机会和途径，而不是追求"最佳解"。系统动力学最适用于研究复杂系统的结构、功能与行为之间动态的辩证对立统一关系。是结构功能方法与历史方法的统一。目前，系统动力学被广泛地应用于分析研究社会、经济、生态和生物等一系列复杂大系统问题。

系统动力学理论强调基于因果关系和结构决定行为的观点，认为系统的行为模式取决于系统的反馈机制。系统要素之间的因果相关作用会形成因果链，而这些因果链又会相互连接形成反馈，系统的特征和行为正是在系统的反馈中不断表现出来，反馈链上的要素和系统环境要素相互作用，不断地给系统注入动力，调整着系统的结构功能，推动系统的演化发展。当然系统的内部也同样存在反馈结构，这些反馈结构将子系统与子系统联系起来，作用于系统整体功能的实现。这样的反馈链不仅仅只有一条，在系统内部及系统与环境之间是多重反馈链交织在一起的反馈机制，并由此形成系统的结构，通过反馈机制的不断作用，反映并实现系统的行为，并产生系统发展的动力。当然对于设定系统发展目的和愿景的人造系统来说，有些系统反馈会强化目标的实现，有些系统反馈则会有抑制作用。在多重反馈机制中的某些要素往往关联着多条反馈，成为反馈机制发挥整体上强化作用的敏感点，这一要素输入于系统的量的大小有时会产生不同的反馈作用，有时可能会使对于系统的抑制作用转变为强化作用，从而改善系统的功能，使之朝着希望的系统目标演化发展，而这些要素也往往成为推动系统良性发展的政策调控点。

系统动力学解决问题的独特性在于，它从系统内部的微观结构入手，透过数学模型的建立与操弄过程，基于系统行为展开分析，以及从具有紧密关系作用机制的分解和综合分析中来获得对研究问题的理解。与传统研究相比，SD方法突出强调了系统发展与运动的观点。SD属于复杂系统建模方法中的一种定性建模方法，着眼于系统内部的组织结构及形成的反馈结构，构造系统的动态模型，强调定性与定量分析的结合，对于具有高阶多回路非线性复杂系统，有很好的适用性。

（二）因果关系图

因果关系图（Causal Loop Diagram）是系统动力学通常用来表现系统的构造的工具。用来描述系统结构的基本模型，表达系统内部非线性因果关系，其基本构成要素是因果反馈回路。系统复杂程度可以通过反馈回路的多少来反映。

因果关系图中通常用"＋""－"号的箭头表示正负关系，称为因果链。如果原因X引起结果Y，X与Y之间便形成因果关系，用有向箭头连接，则构成一条因果链，箭头起始于原因变量，终结于结果变量。若原因X增加（或减少），结果Y增加（或减少）到高于（低于）其原来所能达到的程度，称该因果链构成一条正因果链；若原因X增加（或减少），结果Y减少（或增加）到低于（高于）其原来所能达到的程度，称该因果链构成一条负因果链，如图4-2-1所示。

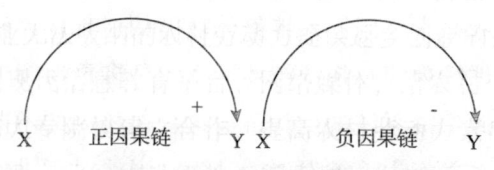

图4-2-1 正负因果链图

因果回路。若干个变量的闭合因果关系序列构成因果（反馈）回路。因果回路有正、负回路之分，如图4-2-2所示。当这种关系从某一变量出发，经过一个闭合回路的传递，最后导致该变量本身的增加，这样的回路称为正反馈回路，反之则称为负反馈回路。正反馈表示一个自我增强的过程，而负反馈表示一个自我调整的过程。

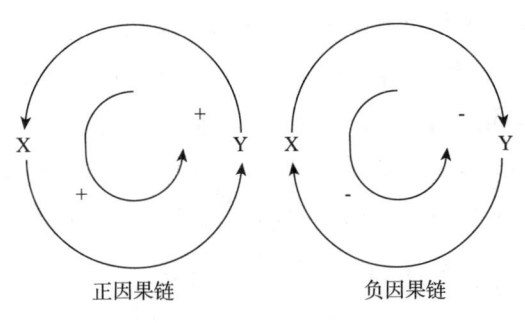

图 4-2-2 正负因果回路

判断正负因果回路的方法是数回路中负因果链的数目：若数目为偶数，则说明回路为正因果回路；若数目为奇数，则说明回路为负因果回路。

（三）系统流图

系统流图是在因果回路图的基础上进一步区分各变量的性质，更直观地刻画系统各变量之间的逻辑关系，为进一步深入研究系统的结构和动态特征打基础的一种图形表示法。

状态变量和速率变量。状态变量和速率变量是系统中两种最基本的变量。状态变量是积累，表示真实世界中可随时间推移而累积的事或物，表示系统所处的状态，一般用"矩形"表示。速率变量控制着状态变量的变化，速率变量分为流入速率与流出速率，速率方程反映状态变量和速率变量联系及状态变量的时间变化，规定控制的方式和强度。流入量和流出量之间的差异随时间的积累产生状态变量。

其他变量和表函数。其他变量主要包括辅助变量和常量，用于表达决策过程的中间变量。辅助变量是为了建模方便而人为引入的，以便使得建模的思路更加清晰。表函数是用图表的方式反映变量间的关系，反映了两个变量之间某种特定的非线性关系。

系统流图与因果回路图的主要区别在于：因果回路图仅表达了反馈

结构的基本方面,而系统流量进一步表示了变量的不同性质,能够用直观的形式给出数学方程的信息。图 4 - 2 - 3 表现了系统流图的一般形式。其中 L_0 为变量原始观测值,R_1 为流入速率,R_2 为流出速率。ΔT 时间间隔后,其变量 Level 值可表示为:$L = L_0 + \Delta L = L_0 + (R_1 - R_2) \times \Delta T$。

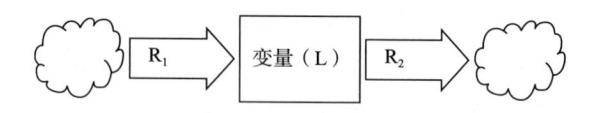

图 4 - 2 - 3 系统流图的一般形式

二 农村劳动力转移与城乡一体化发展

城乡一体化的灵魂在于城乡的协调发展,农村劳动力转移与城乡一体化发展有着内在的必然联系。农村劳动力转移对城乡协调发展具有推力效应。农村劳动力转移是指农村劳动力由主要从事农业生产活动转向主要从事非农业活动的过程或结果,其实质是经济要素在空间重新配置的过程。其对城乡一体化发展的效应表现在城乡关系协调和要素协调上。

(一) 城乡关系协调发展

从城乡系统来看,农村劳动力在城乡间的转移包括空间转移、职业转移、身份转移。转移过程涉及城乡间的几个主要关系:城乡地域关系、工业农民关系、工农产业关系、农业市民关系、市民农民关系(图4 - 2 - 4)。

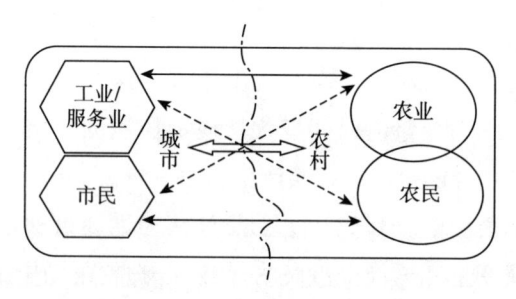

图 4 - 2 - 4 城乡关系示意图

其中,地域决定产业,产业又决定职业,最终落实到人的关系上。城乡一体化发展协调的核心是工农产业协调,有利于促进城乡地位平衡。

当然，最终发展的成果又落实到城乡居民关系的和谐与发展成果的共享。

（1）城乡地域关系。城市是区域政治、经济、文化的中心，作为增长极对周边农村地区产生辐射扩散作用，而农村地区也为城市的扩张提供了广阔空间，为城市工业发展提供工业用地，为新城的建设提供规划用地。随着农村工业化、城市工业化以及城市化的推进，农村地区将会不断地纳入到城市的辐射区域，同时农村也会对城市产生反作用，这种作用有时会是强大的推动力，有时又会限制城市的扩张。比如，当农村土地产权无法流转，地域关系就可能不协调。城乡地域关系变化的过程中，促进了农村经济社会的发展和进步，同时城市经济社会各方面也获得发展，当城乡地域关系不协调问题比较突出的时候，农村和城市的发展都会带来瓶颈。

（2）工农产业关系。产业关系决定着城乡系统的经济格局和发展潜力，工业和农业相互为对方提供生产资料和消费资料，工业生产和农业生产之间的比例协调决定着整个社会的再生产和扩大再生产。工业发展的水平也决定着农业发展的水平，工业发展为农业生产力的提高创造条件，为其提供先进机械设备和技术，及化肥、燃料、电力等生产资料；相反农业发展也为工业发展创造机会，为其提供广阔的市场和原材料。工农业的比例协调关系制约着农业、工业以及整个社会的经济发展速度和效益。

（3）城乡居民关系。人是城乡系统中最活跃的能动因素，城乡居民关系的和谐与融洽，能够激发城乡劳动者创造美好生活的积极性和强大热情，城乡居民思想文化的交流和价值文明的互鉴，可以焕发出城乡劳动者的创造力。城乡居民文化融合，现代化城市文明模式与传统农耕文化互相碰撞，城市舒适生活与农村自然生活互相借鉴，促进城乡居民交往互动，这对社会有极大的稳定作用。

（二）城乡要素协调发展

城乡一体化发展通过城乡生产要素之间的最优配置，形成良性互动机制，最终实现城乡全面协调发展。

（1）城乡地域要素协调。城市从农村中产生，是非农经济活动空间聚集的结果,是社会大分工的产物,城市化是一种不可阻挡的历史潮流,从城市区位要素协调发展的角度来看,城市化进程的合理状况影响农村的发展,滞后或急进,都将损害农村发展利益。城乡之间存在着彼此消长的关系。例如,城市化的过程中缺乏合理规划,粗放式扩张,占用农业耕地。在资金既定的条件下,相应减少农村的投入,影响农村发展,长远看又会反作用于城市,加剧城乡矛盾。比如大量失地的农民会加速流动到城市,挤占城市公共资源,这在城市管理没有做好充分准备的情况下,将增大农民和市民的摩擦,进而出现不稳定的社会因素,在极端情况下会引起一系列关系的激化,阻碍城乡社会一体化发展。

(2)工农产业要素协调。工业和农业是国民经济的两个主要部门,工农业两大部类之间要保持比例的协调和结构的合理、农村工农业内部比例的协调、城市工农业内部比例的协调、城乡工农业之间比例的协调,保持产业间生产的协调、交换的协调、流通的协调、消费的协调,才能够不断地保持高速扩大的再生产循环,才能发挥劳动者、劳动资料、劳动对象三者结合的最大效益,促进整个社会生产力的发展、现代化水平的提高,保持农业最基本生产资料和耕地面积的动态平衡,保持国家财政投入的平衡,注重生产技术提高的同时对劳动力吸纳的能力协同发展,给农村劳动力转移提供更多的就业空间。

(3)城乡居民要素协调。市民和农民是城乡系统中的两大类劳动者要素,由于他们居住的地域和从事行业的职业特点,在社会产业分工中表现出差异,以及他们城乡产业体系的历史发展中参与的时期和程度不同,加上政策体制的城市偏向,市民和农民的身份和地位有了差异,地位不平等,农民及农民工权益受损,不但物质财富的获得不及市民,更在精神财富享受上大大落后,由此市民大多被人们与先进文明的生活空间联系,而农民相比则与落后孤立联系在一起。此外在人的全面发展和生存状态上也有显著差异。如长期实行家庭和农户管理制度,使农民与农户遭到一定歧视,限制了农民的流动和公共服务的获得。

(三)农村劳动力转移对城乡协调发展具有推力效应

农村劳动力转移是实现城乡一体化的必要条件,也是推进城乡一体化的重要环节。生产要素的流动和重新配置是城乡一体化的主要内容，劳动力是重要的生产要素之一。我国农村中存在大量剩余劳动力，农村劳动力的转移是实现城乡一体化不可或缺的条件。农村劳动力转移对打破城乡二元经济的壁垒，实现城乡经济社会一体化有重大影响。

农村剩余劳动力不断向城市和第二、三产业转移就业，不仅为城市创造了财富，满足了城市发展的需求；而且消化了农业过剩的劳动力，增加了农民收入，对缓解和平衡城乡差距有积极影响。伴随着农村劳动力在产业上的转移，农村人口也在城乡流动迁移，这又有利于农村的集约化生产，对提高农业生产力产生了现实需要，通过工农产品的交换，先进的技术和生产工具、生产资料得以流向农村，实现农业现代化，促进农业发展，建设社会主义新农村社区。同时也对全国城乡统一的劳动力大市场提出了要求，推动劳动力市场管理和服务的改善，从而将逐步打破城乡二元对立，使得城乡朝着公平、健康、一体化方向发展。

农村劳动力通过人口空间、产业上的转移，加强了人口在城乡之间的流动、密切城乡之间的联系、促进城乡互动，进而实现城乡协调发展，加快城乡融合的进程。这不仅包括生产要素和生活方式的转变，而且包括整个社会组织方式的变化和文化的变迁，促进思维方式的变革，加速民主化进程。这个整合过程不仅是创造独特的城乡经济系统的过程，而且是城乡建设和谐的政治环境的过程，也是创造和谐生态环境的过程，这需要在新农村建设和新型城镇化的道路上充分发挥农村劳动力的积极性，才能完成这一变革，实现城乡一体化发展目标的整合。

（四）城乡一体化发展能力的内涵

通常意义上，"能力"是指人们完成一定活动的本领。在马克思主义经典作家看来，人的能力是"人的本质力量的公开展示"[1]。马克思认为："人是自然界发展的最高产物，它是'具有生命力'能动的自然存在物；这些力量作为天赋和才能存在于人身上。"[2] 恩格斯也指出："生产劳动给

---

[1] 《马克思恩格斯全集》（第三卷），人民出版社2002年版，第307页。
[2] 马克思：《1844年经济学哲学手稿》，人民出版社2000年版，第105页。

每一个人提供全面发展和表现自己全部的体力和脑力劳动的机会。"① 虽然马克思、恩格斯未能对人的能力的具体内涵展开说明,但根据他们的论述和历史唯物主义的基本观点,从"能力"的社会意义和价值来看,可以得出如下基本认识:马克思主义认为,人的能力是指人认识世界和改造世界的本领,其能力高低主要以其在认识和改造世界中所取得的客观效果为衡量标准,最终要看一个人在多大程度上推动了社会的进步。人们在求生存求发展的过程中,既要与自然界打交道,也要与各种复杂的社会事物打交道,人们必须去认识事物的本质、必须去改造对象世界为我所用,因而,人们就必须有能力或有力量去把握对象世界。有学者认为:"所谓能力,是人综合素质在现实行动中表现出来的正确驾驭某种活动的实际本领和能量。"② 从能力发挥的效果看,能力是指人的实际工作表现及其所达到的实际成效,是社会发展和人生命中的积极力量。根据上述分析及认识,现对城乡一体化发展能力概念作出如下界定。

抽象地说,城乡一体化发展能力是社会行为主体推动城乡一体化发展的本领,是促进城乡社会进步的积极力量,是社会主体通过恰当的方式实现城乡发展终极价值的手段、方式和能量。城乡一体化发展能力由城乡人口、社会、经济、结构、制度、文化、地理生态环境等各方面要素形成的整体素质决定的,这是一种综合能力,它既包含了政府的统筹管理能力,也包含着社会行为主体价值实现的能力,还体现着区域发展所蕴含的资源支撑,与一个国家和地区的经济社会发展状况及劳动力素质有着极其重要的关系,并只有通过经济社会发展过程的长期积累才能形成,是城乡主客观多因素综合作用的过程和结果。

三 系统动力学在城乡一体化发展能力研究中的优势

农村劳动力转移能力是城乡一体化发展能力在中观层面的体现。是城乡一体化发展过程中的一个重要指标。农村劳动力转移的能力主要来自于通过重新匹配经济要素来实现身份转移、职业转移和空间转移,是

---

① 恩格斯:《反杜林论》,人民出版社1999年版,第311页。
② 韩庆祥等:《能力建设与当代中国发展》,《中国社会科学》2005年第1期。

农村劳动力转移活动中多因素相互作用的结果。从系统的角度看，中观结构的各个元素有着共同的微观结构，而中观结构的各元素又在宏观结构相互连接。以农村劳动力转移为研究对象并且对它的能力的研究，使我们在城乡一体化发展的问题分析中既能观照宏观，又能观察微观，从而使我们对此问题的研究能够更加清晰、更加深刻。

基于农村劳动力转移的城乡一体化发展能力系统是一个庞大且复杂的复合系统，资源、人口、经济、社会文化、自然生态、政策环境、地理环境、社会文化等诸多要素间错综复杂的因果反馈与农村劳动力转移能力的获得有密切的联系，与社会的交换、生产、消费、分配发生有机联系，它的发展涵盖了国民经济发展中各个部门的运动过程。"农村剩余劳动力"这个名词存在于特定的社会、历史发展阶段，所以其转移行为也就明显地有了"社会属性"烙印，具有地域性、文化性等特征。城乡一体化发展能力的提升，能够让农村劳动力顺利转移，这并不是由我们的主观愿望决定的，它是一个漫长的历史过程，其构成系统的结构运动与有序优化对其能力获取有重要影响。在西北地区城乡一体化发展能力的研究中运用系统动力学思想方法能够深入分析西北地区城乡一体化发展能力系统，有其独特的优势，进而使我们能从多因素综合作用中把握西北地区城乡一体化发展能力的趋势、动态机制并洞察系统的行为。

四 西北地区城乡一体化发展能力系统的构成

与全国和东部地区相比，西北地区总体城乡发展水平滞后，农村贫困率高，经济社会和生态环境等方面还有很大差距。西北地区城乡一体化发展呈现的特征是：城乡分野的地理特征显著；中心极核的辐射作用乏力，城市化水平较低；乡村产业尚未形成有效的产业链，产业化程度较低，规模效益较差；财政支持乏力，县域经济欠发达等。西北农村转移劳动力中的男性高于女性，外出务工的流动半径较小，文化程度普遍比全国平均水平低。农村转移劳动力的迁移效应的亲缘地缘性明显。自发迁移比重较大，兼业特征明显，农村剩余劳动力的乡镇企业吸纳能力远落后于东中部地区。农民工从事的行业较广泛，但绝大部分在第二产业，收入和工作稳定性相比国内其他地区更低。

根据唐纳德·博格等提出的"推-拉"理论，乡城之间人口转移主要是乡城推拉四种力量合力作用的结果。进一步可以推演出城市的推动力、农村的排斥力以及转移过程的摩擦力是农村劳动力转移动力的重要组成部分。如果从这三种力的作用过程和运动方向来看，可以从转移空间、转移渠道、转移源头三个维度解读西北地区城乡一体化发展能力的获取。地域文化特征、自身因素和农村劳动力的供给数量构成转移源头。吸纳农村转移劳动力的居住空间与就业空间构成转移空间，这主要表现在第三产业发展所带来的设施服务及居民生活改善以及二、三产业发展所带来的就业容量增加。农村劳动力从转移源头到转移空间所经过的中间环节构成转移渠道，主要是制度、生产技术、政策、信息等环境因素的作用。西北地区农村劳动力转移系统作为西北城乡一体化发展能力形成的载体，主要有转移源头、转移渠道和转移空间三个子系统，子系统又包括若干子模块，各子系统及各模块连锁互动，形成一个有机整体。

五 西北地区城乡一体化发展能力 SD 模型构建

（一）西北地区城乡一体化发展能力系统因果关系图构建

透过系统因果关系的分析，能够从微观上分析西北地区城乡一体化发展能力获得中关键变量及各因素间的内在关联，揭示其动态特征和形成机制。对系统细致分析后选择系统要素，构建三个子系统的因果关系图。

1. 基于转移源头的城乡一体化发展子系统

城乡一体化发展系统的转移源头子系统提供转移空间子系统发展所需的劳动力。反映了三方面的能力：第一产业对劳动力的"释放"能力，农村劳动力转移的"支付能力"及农村的地域文化特征的赋能。"释放"能力涉及劳动力的数量和质量，"支付能力"包括交通和生活等开销。其因果关系如图 4-2-5 所示。进一步分析可发现，该子系统有一条正反馈回路和一条负反馈回路。

正反馈回路：农村转移劳动力→$^+$农村工资性收入→$^+$农村家庭人均纯收入→$^+$农村家庭消费水平→$^+$家庭教育投资→$^+$农村劳动力资本存量→$^+$城市就业机会→$^+$农村劳动力转移速度→$^+$农村转移劳动力。该回

第四章 城乡一体化发展的观测点与模型建构

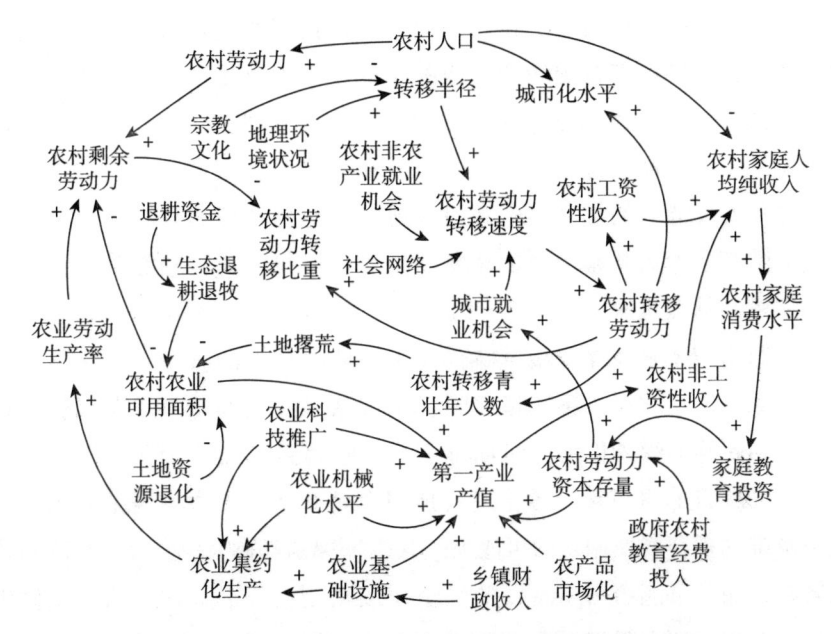

图4-2-5 西北城乡一体化发展能力转移源头因果图

路反映了农村工资性收入对西北城乡一体化发展能力的强化作用机制。随着西北农村转移劳动力收入的增加，农村家庭的整体生活水平不断提高，消费能力随之增强，随着农民工在城市就业环境逐步改善和就业能力慢慢提升，收入也开始增加，他们的消费内容和种类变得丰富，有能力进行更多的家庭教育投资，使得农村劳动力的人力资本能力增强，有机会和能力参与到城市劳动力市场的竞争，就业机会增加，农民的收入水平逐步提高，从而缩小了城乡收入差距，使城乡一体化发展能力得以提升。

负反馈回路：农村转移劳动力→⁺农村转移青壮年人数→⁺土地撂荒→⁻农村农业可用土地面积→⁺第一产业产值→⁺农村非工资性收入→⁺农村家庭人均纯收入→⁺农村家庭消费水平→⁺家庭教育投资→⁺农村劳动力资本存量→⁺城市就业机会→⁺农村劳动力转移速度→⁺农村转移劳动力。该回路反映了土地撂荒和第一产业对西北城乡一体化发展能力的平衡作用机制和过程。随着农村劳动力的转移，大量农村青壮年劳动力流出，留守儿童和老人成为农村的常住居民，更多的农业生产由农村的老年人来承担，由于精力和劳动能力十分有限，农业土地撂荒现象开始

· 135 ·

出现，加之农村人口的老龄化趋势加快，农村农业劳动力现代农业知识储备的不足，导致农村土地产出效益不高，规模化生产能力不足。另外西北地区高密度的贫困农业人口的生存压力，过度农垦、放牧和樵采，也加剧了农业土地资源的退化，农业整体发展速度缓慢，制约着城乡经济一体化发展能力的提升。同时西北地区的地理环境和宗教文化也一定程度上限制了地域转移半径，减弱了城乡一体化发展转移源头系统正反馈作用机制的强化速度。

2. 基于转移空间的城乡一体化发展子系统

城乡一体化发展系统转移空间子系统通过产业和城市化发展提高农村劳动力转移的吸纳能力，进而影响城乡一体化发展系统转移源头的输出能力，反映了西北农村劳动力转移的地域特征，也为转移渠道子系统提供政策改善和制度创新的可能性。其因果关系如图4-2-6。有两条正反馈回路。

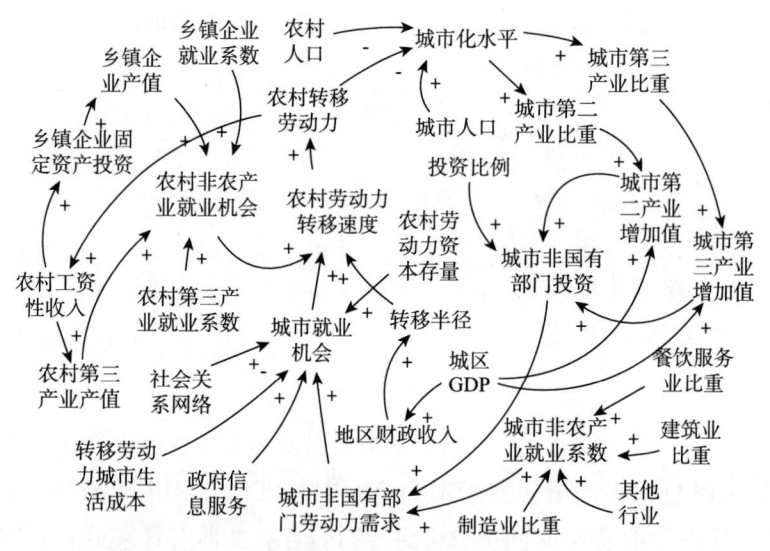

图4-2-6 西北城乡一体化发展能力转移空间因果图

正反馈回路1：农村转移劳动力→⁺城市化水平→⁺城市二、三产业比重→⁺城市二、三产业增加值→⁺城市非国有部门投资→⁺城市非国有部门劳动力需求→⁺城市就业机会→⁺农村劳动力转移速度→⁺农村转移劳动力。该回路反映了城市化和城市产业结构对西北地区城乡一体化发展能力的强化作用机制。表明随着城市化的发展，西北地区非国有部门发展逐步加快，对劳动力需求扩大，农村劳动力的城市就业机会增加，农民工的就业能力增强、收入提高，加上西北亲缘地缘的社会资本渠道的就业特征，农民工的城市就业水平和收入水平提高的示范带动效应明显，更多的农村剩余劳动力转移到城市非国有部门，促使城乡差距缩小，西北城乡一体化发展能力得以提升。

正反馈回路2：农村转移劳动力→⁺农村工资性收入→⁺农村第三产业产值、乡镇企业固定资产投资、乡镇企业产值→⁺农村非农产业就业机会→⁺农村劳动力转移速度→⁺农村转移劳动力。该回路反映了农村非农产业对西北城乡一体化发展能力的作用机制。随着西北地区乡镇企业的发展、农村非农产业就业机会的扩大，城乡人口一体化系统得到发展，农村就地转移劳动力的就业机会增加、收入提高，进而带动整个农村家庭收入的提高，改善农村人口的生活条件，提高他们在当地的消费能力，一方面为农村的非农产业和农村工业化发展提供劳动力支持，另一方面也促进了农村市场大发展，给乡镇企业也提供了一定的消费市场，推动当地小城镇的发展，从而提升西北地区城乡一体化发展能力。

3. 基于转移渠道的城乡一体化发展子系统

城乡一体化系统的转移渠道子系统，通过制度政策信息等要素相互作用，来改变输出地农村劳动力转移能力，并推动转移源头和转移空间的城乡经济一体化和城乡人口空间一体化的发展，以影响城乡一体化发展能力。其因果关系如图4-2-7。有一条正反馈回路和一条负反馈回路。

正反馈回路：社会关系网络→＋城市就业机会→＋农村劳动力转移速度→＋农村转移劳动力→＋社会关系网络。

该回路表明了社会资本对西北城乡一体化发展能力的影响过程，反映了城乡一体化发展转移渠道能力对城乡一体化发展能力的自我强化作用机制。转移渠道反映社会资本、人力资本、政府服务及城市生活成本等因素对农村转移劳动力的影响。随着城乡经济社会的发展，政府的管理能力和管理水平不断提高，加之服务型政府理念在政府社会管理中的提倡和落实，政府管理的服务意识和服务手段不断提高，政府信息服务

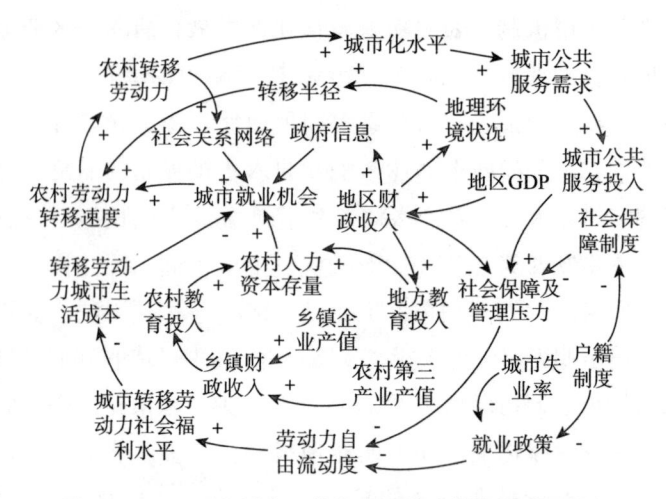

图4-2-7 西北城乡一体化发展能力转移渠道因果图

的水平提高，能够为农村转移劳动力提供更多就业服务。由于西北地区政府的就业培训和信息服务水平的滞后，农村劳动力文化水平普遍较低，农村剩余劳动力在就业竞争中处于劣势，农村外出劳动力打工的渠道更多地依靠老乡、亲戚、朋友的带动和介绍，从而以亲缘地缘为联系纽带的迁移链效应明显，城乡一体化发展转移渠道能力更多地表现为农民工社会关系网络的自我强化作用机制。

负反馈回路：农村转移劳动力→$^+$城市化水平→$^+$城市公共服务需求→$^+$城市公共服务投入→$^+$社会保障及管理压力→$^-$劳动力自由流动度→$^+$城市转移劳动力社会福利水平→$^-$转移劳动力城市生活成本→$^-$城市就业机会→$^+$农村劳动力转移速度→$^+$农村转移劳动力。该回路反映了输入地公共需求和社会管理压力对西北地区城乡一体化发展能力的平衡作用机制。随着农村劳动力不断向城市转移，城市化水平提高，对输入地城市公共需求和社会管理提出了新的要求，政府公共服务和城市管理也面临更大压力，加之政府服务理念滞后和城市偏向的政策效应，以及西北地区经济发展的相对落后、地方政府财力有限等因素，使得农村劳动力的城市流动门槛较高，进而引起转移劳动力城市生活成本增加，同时也降低了农村劳动力自由流动度，减慢了西北地区城乡人口空间一体化和城乡经济社会一体化的发展，阻碍了西北地区城乡一体化发展能力的提升。在这一负反馈回路中,户籍制度、城乡二元的社会保障制度和就业政策成为关键调控点。

西北地区城乡一体化发展能力在转移渠道子系统正反馈回路和负反馈回路的加强作用机制和平衡作用机制的共同作用下得到发展。地区 GDP 是两条反馈回路作用的关键点。一方面通过地区经济的发展为地方政府改革提供更多的支持,提高政府的公共服务水平,改善农村劳动力的社会保障供给,提高农村劳动力人力资本水平,增强正反馈的作用,另一方面改善城市农民工的城市社会融入状况,降低社会改革的风险,增强社会网络资本对城乡一体化发展能力的作用机制,弱化负反馈的作用。

综合来看,西北地区城乡一体化发展能力系统是一个具有多级界面的复杂系统,内含了三个子系统,它们相互耦合,形成多重交互反馈机制。就整个大系统来看,西北城乡一体化发展能力的强化机制作用非常有限,且可能会因平衡机制持续影响而停滞,并对农村发展产生负面影响。各子系统又通过城乡利益差距、城市化水平、社会网络、人力资本及地区 GDP 等变量相互耦合,子系统作用机制的优化在于城乡一体化大系统整体的协调和各子系统的改进,只有通过策略优化使三个系统功能同时提高,形成可持续的强化作用机制,并且在动态发展中转换平衡机制抑制作用,推动西北地区城乡一体化发展能力不断增强。

(二) 西北地区城乡一体化发展能力流程图模型构建

以上因果关系图从直观上给出了西北地区城乡一体化发展系统模型的主体结构,反映了各子系统内部和子系统之间的耦合作用机制,若要进行进一步的定量分析,需要在因果关系图基础上构建系统流图,引入必要的辅助变量,进一步细化因果关系的量化积累作用,为计算机仿真实验奠定基础。

流率变量、状态变量及他们构成的结构选择是系统动力学模型构建的关键。在对以上三个子系统的反馈关系及系统变量耦合关系的细化研究后,引入了辅助变量,确定了流率变量和状态变量,对于非线性的变量描述引入了相应的表函数,借助 Vensim 软件工具构建西北地区城乡一体化发展能力 SD 流图模型（如图 4-2-8）。其中速率变量和状态变量各有 11 个，常量 10 个，表函数 1 个，辅助变量 48 个。

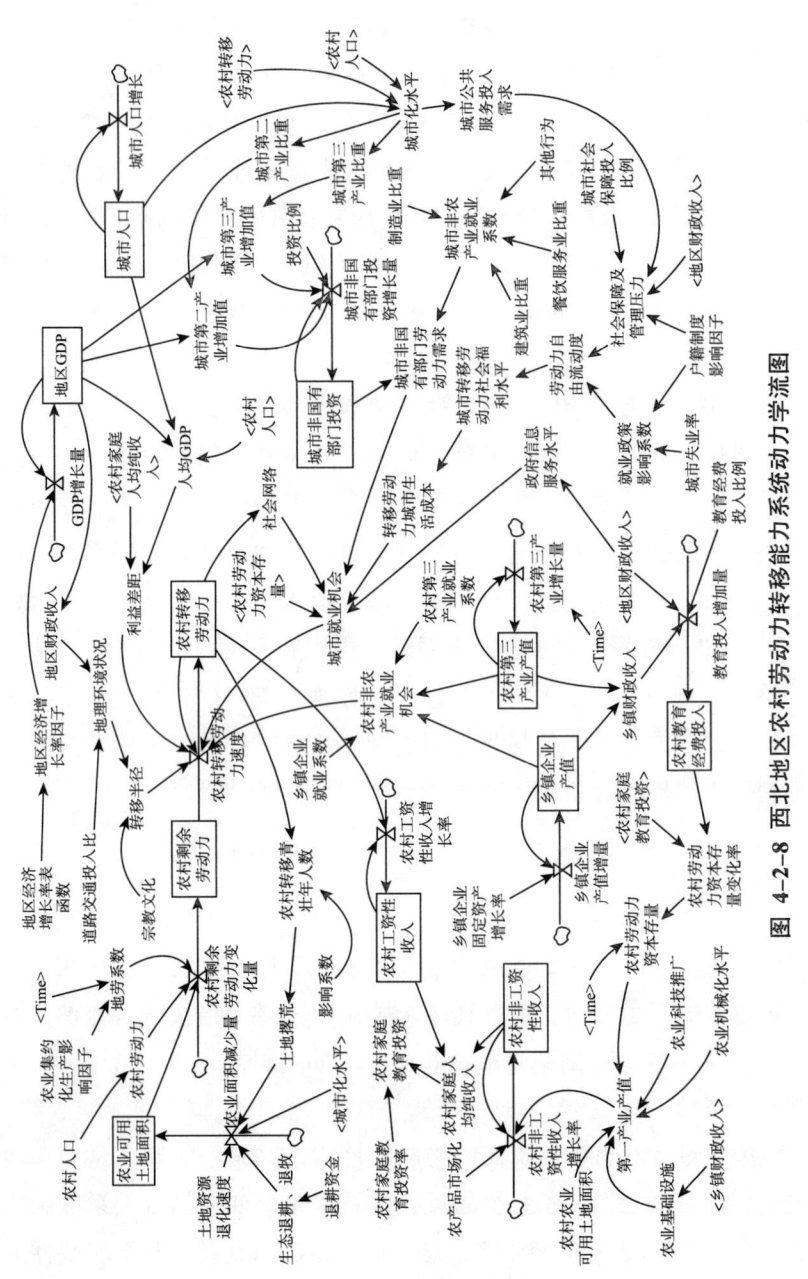

图 4-2-8 西北地区农村劳动力转移能力系统动力学流图

确定变量时力求较全面反映城乡经济社会发展状况的累积效应，同时考虑数据在相关统计年鉴中的可得性，以便增强模型检验的有效性。为了在模型中更为全面准确地描述一个地区经济增长变化状况，最终选用表函数反映地区经济增长率对 GDP 的作用。状态变量涉及农村劳动力、城市人口、农业可用土地、农民收入、农村产业产值、地区 GDP、农村教育投入等方面，为了能较好反映某类变量自身内部结构差异对系统的作用途径的不同，这些变量大都进行了更小的分解，如把农村收入分为工资性收入和非工资性收入，把农村劳动力分为剩余劳动力和转移劳动力等。

常量中包括一些对城乡地域地理及文化的表征、政府公共服务的提供和制度环境影响因子，这些变量在短时间内一般是基本稳定的，比如宗教文化、土地撂荒系数、农业集约化、教育投入比、就业系数等常量。为了能更好地体现西北地区农村劳动力转移的行业部门特点，以便对西北地区农村劳动力渠道进行更细化和深入的研究。引入一些行业辅助变量，对各行业的发展状况进行了更细的研究，如建筑业比重、餐饮服务业比重及其他城市非国有部门需求等辅助变量。

对模型参数量化的一些思考。模型参数的确定可采用历史统计资料整理计算，对于统计资料中无法获得的数据，可尝试在社会调查的基础上实现，采用趋势外推法对稳定性较强的单变量的参数进行处理，对于历史数据比较充分的双变量或多变量，可考虑运用二元或多元回归处理。如宗教文化等可用社会调查加以量化，建筑业比重、农产品市场化等可用趋势外推法，城市生活成本、生态退耕退牧、社会网络等可采用多元回归的方法量化。

研究建立的模型可以在统计计算确定更为精确参数基础上，进行仿真实验。可以在较长周期内对西北地区城乡一体化发展能力的动因、模式进行描述和仿真。考察重要影响因素的变化趋势、寻求行为反应的敏感控制量和政策调控点；可适当改变参数及方程形式，模拟不同发展模式。可以以城乡一体化发展战略演进的不同时间点，分阶段比较研究，以检验政策变化对城乡一体化发展的影响。

第五章 西北地区城乡一体化发展运行机制的量化分析

本章研究涉及三部分内容。第一部分首先以马克思主义社会发展的终极目标为指向，探讨了城乡一体化发展的价值指向。马克思的社会发展理论关于人的自由全面发展观，与当代可持续发展思想和科学发展观具有相通性。社会发展的最终目的是人的发展，是人的能力的提升，生活质量的不断提高是人的自由全面发展的前提和基础。城乡居民同等生活质量是城乡一体化实现的目标，也是城乡一体化发展的最终落脚点。然后在此基础上选取了城乡一体化发展的评价指标体系，运用全局时序主成分法，构建城乡一体化发展评价指数，研究西北地区各省城乡一体化发展的时序变化规律。

第二部分在城乡一体化发展内容及系统要素分析的基础上，选取了城乡经济一体化、社会人口一体化、空间设施一体化、生态环境一体化各系统的指标变量，建立回归模型，对西北地区城乡一体化发展的影响因素及作用机制进行量化分析。

第三部分根据量化分析的结果，结合西北地区地域系统的要素特点，给出了推进西北地区城乡一体化发展的着力点。

第一节 西北地区城乡一体化发展进程时序变化

以社会发展的终极目标为指向，构建城乡一体化发展指数，研究西北地区城乡一体化进程，比较西北五省（自治区）城乡一体化发展进程的特点及差异，同时也为西北地区城乡一体化发展机制定量研究奠定基础。

一 生活质量提高是人的自由全面发展的基础

实现人的自由而全面的发展，是马克思主义追求的根本价值目标，是马克思主义崇高的社会理想。1894年初，恩格斯为日内瓦出版的《新纪元》① 周刊的创刊题词时写道："这将是这样一个联合体，在那里，每个人的自由发展是一切人自由发展的条件。"② 这是他从《共产党宣言》中摘出的一段话。他在信中对请求他题词的卡内帕说："再也找不到合适的"简短话语来表达这种未来的"新纪元"，他认为这将是同诗人但丁所描述的"旧纪元"完全不同的新社会。

马克思站在人类社会的现实基础上，运用唯物辩证的分析法，从人和社会的统一以及现实的社会生活条件和制度出发探寻了人的发展的新途径。科学地论述了人的全面发展的必然性及其对于社会发展的重要意义。马克思认为人类社会在社会基本矛盾的运动推动下不断从低级社会形态向高级社会形态发展演化，依次出现人被自然支配、人与自然异化及人与自然相和谐三种社会形态。③ 最终走向人类理想的美好社会：共产主义社会。每一个社会形态的更替都使社会文明程度向更高一级的文明发展。在这一历史进程中，社会和社会中的人实现着从不发展到片面发展，又从片面发展逐步向全面发展的迈进。在共产主义社会，人既摆脱对"人的依赖性"，也摆脱对"物的依赖性"，当然这时的发展是建立在个体高度自觉自由的基础上，实现了人"自由个性"的发展④，而不是强迫的发展。马克思指出人的发展是社会发展的主体，社会发展必须依赖于人和人的发展，强调人与社会发展的统一，社会是人的社会，离开了人的发展就谈不上社会的发展。马克思认为随着生产力水平的提高，人们对社会财富追求的内容将发生变化，社会将实现更高程度的物质文明和精神文明，未来社会的发展，将不再是以劳动消费为标准的社会财富的发展，即不再是工作时间和数量，而是组成社会的个人的发

---

① ［苏］叶·斯捷潘诺娃：《恩格斯传》，人民出版社1955年版，第237页。
② 马克思、恩格斯：《共产党宣言》，人民出版社1964年版，第44页。
③ 《马克思恩格斯选集》（第一卷），人民出版社2012年版，第59页。
④ 《马克思恩格斯选集》（第三卷），人民出版社1995年版，第758—760页。

展。社会发展最终是为了人的发展。社会发展的最高目标是人的自由全面发展。不仅是体力得到发展，也是智力得到发展，不仅是社会交往联系得到发展，而且是各方面才能和工作得到发展。未来社会是全体社会成员的发展，不是一部分人的发展，那时的整个社会将是和谐的，实现人与社会的真正统一。

当代社会，人类在对工业文明以来文明发展道路的反思中，逐步形成了可持续发展思想，这一过程中，我国在社会发展的实践中形成了科学发展观，这些发展思想和理念与马克思社会发展理论关于人的全面发展观具有相通性。联合国教科文总干事马约尔精辟地说："人既是发展的第一主角，又是发展的终极目标。"《联合国第二个发展十年》指出："发展的最终目的是为所有的人能够更好地生活。"人的自由全面发展是共产党人的终极追求，党的十八大报告指出："始终把实现好、维护好、发展好最广大人民根本利益作为党和国家一切工作的出发点和落脚点。"① 并指出"以人为本"是科学发展观的核心立场，必须更加自觉深入地贯彻落实。

生活质量的不断提高是人的自由全面发展的前提和基础。马克思指出："当人们还不能使自己的吃喝住穿在质和量方面得到充分供应的时候，人们就根本不能得到解放。"② 事实充分证明了这一结论的正确性。如果人们还没有使自己的吃穿住行在量和质的方面得到基本满足时，人就根本不可能获得自由全面的发展，甚至很难提出自由全面发展的目标和任务。只有经济发展了，能创造出越来越多满足人民生活需要的产品、人们用在谋取生活资料上的时间越来越少时，才能获得越来越多的发展资料，拓展个人的发展空间。

社会发展的最终目的是人的发展，是人的能力的提升，也是实质性自由的发展。人是社会生产力的基本要素，是社会发展的主体，是社会发展中最活跃积极的因素。人类发展是"扩展人的选择的过程"，它的最

---

① 胡锦涛：《坚定不移沿着中国特色社会主义道路前进　为全面建成小康社会而奋斗——在中国共产党第十八次全国代表大会上的报告》，《人民日报》2012年11月18日第1版。

② 《马克思恩格斯选集》（第一卷），人民出版社1995年版，第74页。

高目标是全体社会成员的共同发展和每个人的全面发展。从人本主义角度讲，人们从事的一切活动都是为其自身各方面需要服务的，城乡发展从本质上来说是人与自然在协调基础上的自我发展。因此，城乡一体化建设要求为人类创造一个良好的生产、生活和发展的环境，同时要有利于提高人的综合素质和生活质量，特别是广大农村人口的素质和生活质量，实现城乡居民共同参与现代化建设并共享社会文明成果，从而促进整个社会的进步。

城乡居民同等生活质量是城乡一体化实现的目标，也是城乡一体化发展的最终落脚点。城乡发展一体化的实质内涵是在城乡共同增长的前提下城乡差距的不断缩小。人民生活质量的提高是社会发展所追求的终极目标和最高原则。1995年哥本哈根联合国"社会发展问题世界首脑会议"上提出"建立一个以人民为中心的社会发展框架"。在会议的"宣言和行动纲领"中指出"人民是发展的中心"，经济要"提高和改善全体人民的生活质量"，倡导使经济更为有效地服务于人的需要。

社会发展所追求的终极目标指向人的发展，人的存在方式是实践，社会历史是人类实践推动的历史，人是推动社会发展的动力。社会发展史说到底不过是个人本质力量发展的历史，而提高人民生活质量则是社会发展的最高目标。社会发展的成果可以在历史尺度和价值尺度上得到评判，只有在两个尺度上都获得了发展，并将二者统一起来，才是有效的发展、成功的发展、真正的发展。如果生产力是判定一个社会发展水平的历史尺度，那么要使社会实现健康和完善发展，人民生活质量的提高则是判定其发展的价值尺度。生活质量是以人为中心的发展观的具体体现，也是人的现代化的重要标准。

我们进行社会主义建设的最终目的在于实现人民群众生活水平的提高，进而为实现人自由全面的发展创造条件和奠定基础。城乡均衡发展的实现，必须在生产发展的基础上同步提升农民生活质量。而农民生活质量的提升，则有助于进一步促进农业生产的发展。只有使农民在衣、食、住、行、用等各个方面真切地感受到随着生产发展的同步改善，才能真正实现农业生产的良性发展。

二 指标体系构建

基于上述认识,借鉴已有研究成果,从指标体系构建的客观性、科学性、区域均等性及可操作性等原则出发,选取有稳定的数据来源、城乡之间具有可比性的指标,并且能够反映城乡居民生活质量"基石"的公共指标。在指标设计上尝试将城市和农村居民纳入同一体系中进行比较研究。城乡居民生活质量的提高,不仅是城市居民和农村居民各自生活质量的提高,更是在对社会健康发展、城乡协调发展及一体化发展的追求中,要体现城乡生活质量同步提升状况下的城乡差距的不断缩小。基于上述的思考,可见指标选取面临的困难较大,不但需要找到有代表性的指标,而且统计口径上要有相同的可比性。最终研究选取了消费水平、收入水平、消费结构、生活条件改善、人口负担、社会保障、信息化水平等方面来构建指标体系。各指标的具体描述及算法见表 5-1-1。

表 5-1-1 西北地区城乡一体化发展水平指标变量描述

要素	指标（单位）	符号	属性	含义或算法
收入水平	乡城居民家庭收入水平比（%）	C_1	正向①	农村居民家庭人均年纯收入（元）/城镇居民家庭人均年可支配收入（元）
消费水平	乡城居民家庭消费水平比（%）	C_2	正向	农村居民家庭平均每人消费支出（元）/城镇居民家庭人均现金消费支出（元）
消费结构	乡城家庭居民恩格尔系数比（%）	C_3	逆向	农村居民家庭恩格尔系数（%）/城镇居民家庭恩格尔系数（%）②
生活条件改善	乡城自来水普及率之比（%）	C_4	正向	乡村供水普及率（%）/城市用水普及率（%）
	乡城居民燃气普及率之比（%）	C_5	正向	乡村燃气普及率（%）/城市燃气普及率（%）
人口负担	乡城人口抚养比之比（%）	C_6	逆向	城镇人口抚养比（%）/农村人口抚养比（%）③
社会保障	乡城居民参加养老保险率之比（%）	C_7	正向	农村社会养老保险年末参保率（%）/城镇职工基本养老保险参保率（%）

续表

要素	指标（单位）	符号	属性	含义或算法
信息化水平	乡城每百户拥有家用电脑数之比（%）	C_8	正向	城镇居民每百户计算机拥有量（台）/农村居民每百户计算机拥有量（台）

①正指标是指指标值与目标导向正相关，指标值越高表明城乡一体化发展水平越高。
②恩格尔系数（Engel's Coefficient）是食品支出总额占个人消费支出总额的比重。
③抚养比也称负担系数，指平均每个劳动力所赡养的人口数量，计算中用人口总体中非劳动年龄人口数（万人）与劳动年龄人口数（万人）之比表示。劳动力人口指15—64岁人口。

三 数据获取及方法选择

本书选取全国及西北五省（区）1999—2016年的有关统计数据进行实证分析。所使用的原始数据主要来自：①《中国统计年鉴》（1999—2016）；②《中国农村统计年鉴》（1999—2016）；③EPS（Economy Prediction System）全球统计数据库（http://www.epsnet.com.cn）《中国城乡建设数据库》；④西北各省（区）统计年鉴；个别年份缺失的数据根据该指标历年数据进行估计得到，相关计算见表5-1-1。研究中城镇居民家庭恩格尔系数用城镇居民家庭人均食品消费支出（元）/城镇居民家庭人均现金消费支出（元）计算获得，农村居民家庭恩格尔系数用农村居民家庭平均每人食品消费支出（元）/农村居民家庭平均每人消费支出（元）计算而得。人口抚养比用人口总体中非劳动年龄人口数（万人）与劳动年龄人口数（万人）之比表示。劳动力人口统计用15—64岁的人口表示。

目前，已有的评价研究文献中多指标的权重确定主要有主观赋值法、客观赋值法与主客观相结合三大类方法。综合比较各种方法的优缺点，认为主观赋值法与主客观相结合的方法都难以克服人的主观性与认识模糊性的局限，导致结果可信度较低，因此本书研究采用主成分分析法进行客观赋权。由于研究涉及的数据既有西北各省（包括全国）的截面数据，也有各省（区）的时间序列，传统的主成分分析方法只能分别测度时间序列数据与横截面数据，无法对两者统一的面板数据进行计算，可能会产生时间序列数据测度结果与横截面数据测度结果的不一致性，因此考虑选择全局时序主成分分析法。全局时序主成分分析法又称动态主成分分析法，它的基本原理同传统主成分分析法不同,它在技术上实现了对面板数据的测度。

全局时序主成分分析是全局主成分分析和时序分析的结合,它把同样的指标数据按年份从上到下排成时序立体数据表,在经典主成分分析的基础上,以一个综合变量来取代原有的全局变量,再以此为基础描绘出系统的总体水平随时间的变化轨迹。[①]

四 西北地区城乡一体化发展指数模型

主成分分析法（PCA）,由 Hotelling 在 1933 年提出,是一种考察多个数值变量间相关性的多元统计方法。主成分分析的核心思想就是通过降维,设法将原来的指标重新组合成一组新的不相关的几个综合指标来代替原来的指标,同时根据实际需要从中选取几个较少的综合指标尽可能多地反映原来指标的信息。在实践中,主成分分析的一个重要应用就是用于对一个系统运行情况的综合评价分析,是一种对指标合成的客观赋权法。主成分分析通过适当的变量替换,使新变量成为原变量的线性组合。

假设有 n 个样本,每个样本共有 p 个变量,构成 n×p 阶的数据矩阵:

$$c = \begin{bmatrix} c_{11} & c_{12} & \cdots & c_{1p} \\ c_{21} & c_{22} & \cdots & c_{2p} \\ \vdots & \vdots & \square & \vdots \\ c_{n1} & c_{n2} & \cdots & c_{np} \end{bmatrix} \quad (1)$$

记原变量指标为 $c_1, c_2, \cdots, c_p$,设它们降维处理后的综合指标,即新变量为 $F_1, F_2, \cdots, F_m$ ($m \leq p$),则

$$\begin{cases} F_1 = a_{11}c_1 + a_{12}c_2 + \cdots + a_{1p}c_p \\ F_2 = a_{21}c_1 + a_{22}c_2 + \cdots + a_{2p}c_p \\ \cdots\cdots \\ F_m = a_{m1}c_1 + a_{m2}c_2 + \cdots + a_{mp}c_p \end{cases} \quad (2)$$

这里 F_i 在数学上称为主成分,F_1 为第一主成分,F_2 为第二主成分,依此类推可构造出 P 个主成分。第一主成分是包含原有变量信息最多的

[①] 任若恩等:《多元统计数据分析——理论、方法、实例》,国防工业出版社 1997 年版,第 102—109 页。

变量，第二主成分次之，依次类推。如果第一主成分对原有的信息表达不足，则可再增加第二主成分，当然第二主成分不能包含第一主成分已有的信息，这在数学上就是要求 Cov（F_1，F_2）= 0，如果还需要增加新的信息，可依次选择第三主成分，依次类推。确定主成分的过程在数学实现上就是对原有变量系数矩阵进行正交变换，以形成新的变量矩阵，新变量包含原有变量信息的多少反映在 F_i 的方差上，F_i 的方差越大，F_i 包含的信息越多。

主成分分析法的主要工作有两个方面：①确定各主成分 F_i 关于原变量 c_i 的表达式，即系数 a_{ij}。②计算主成分载荷，载荷反映了主成分与原变量之间的关联程度：$p(F_k, x_i) = \sqrt{\lambda_k} a_{ki} (i = 1, 2, \cdots, p; k = 1, \cdots, m; \lambda_k$ 为第 k 项特征值）。

主成分分析法获得综合指数的基本步骤为：①将原始数据进行标准化（消除量纲）。②计算相关系数矩阵。③求相关系数矩阵的特征值与特征向量。④计算方差贡献率。⑤选择主成分。⑥确定权重计算综合数得分。

首先对指标进行同趋势化，采用"倒数逆变换法"对逆向指标进行处理，然后对所有数据进行标准化处理，以消除量纲。

研究使用 SPSS22.0 软件为分析的技术工具。利用 SPSS 22.0 软件，对标准化数据做主成分分析，得到 22 个相关矩阵，解释总方差（数据取前 8 条记录）和成分矩阵（仅取特征值大于 0.9 的）见表 5-1-3。

c_1、c_2、c_3、c_4、c_5、c_6、c_7、c_8 变量做 KMO 和 Bartlett 球形检验，结果显示（见表 5-1-2），Bartlett 球形检验显著性值小于 0.001，KMO 统计量为 0.716，大于 0.7，表明各指标之间具有较高相关性，适合主成分分析。提取特征值 λ > 0.9 主成分，最终选择 3 个因子，解释的总方差、特征值、成分矩阵如下（见表 5-1-3）。

表 5-1-2　　　　　　　　　　KMO 和 Bartlett 检验

取样足够度的 Kaiser – Meyer – Olkin 度量		0.716
Bartlett 的球形度检验	近似卡方	521.623
	df	28
	Sig.	0.000

表5-1-3 主成分提取汇总表

成分	解释的总方差						成分矩阵		
	初始特征值			提取平方和载入				成分	
	合计(λ)	方差的%	累积%	合计(λ)	方差的%	累积%		1	2	3
1	5.095	63.690	63.690	5.095	63.690	63.690	Zc_1	0.914	0.241	0.201
2	1.224	15.302	78.993	1.224	15.302	78.993	Zc_2	0.985	-0.019	0.075
3	0.935	11.693	90.686	0.935	11.693	90.686	Zc_3	0.653	-0.543	0.175
	0.473	5.908	96.594				Zc_4	0.184	0.903	-0.048
	0.141	1.763	98.357				Zc_5	0.884	0.001	-0.324
	0.093	1.168	99.525				Zc_6	-0.538	0.087	0.820
	0.022	0.279	99.804				Zc_7	0.943	-0.134	0.155
	0.016	0.196	100.000				Zc_8	0.932	0.173	0.235

注：Zc_1、Zc_2、Zc_3、Zc_4、Zc_5、Zc_6、Zc_7、Zc_8分别是c_1、c_2、c_3、c_4、c_5、c_6、c_7、c_8的标准化值。

从表5-1-3可以看出每个主成分方差（即特征值），其值的大小表示对应成分能够代表原有信息的多少，以特征值大于0.9作为主成分提取标准。通过计算得知，第一主成分、第二主成分、第三主成分的方差贡献率分别为63.69%、15.3%、11.693%，前三个主成分累计方差贡献率为90.686%（>80%），表明前三个主成分的数值变化就可以基本代表前述8个指标原始变量的变化，同时求得载荷矩阵，结果见表5-1-3所列。

根据成分矩阵因子载荷数，三个特征值$\lambda_1 = 5.095$，$\lambda_2 = 1.224$，$\lambda_3 = 0.935$，对应的标准正交化特征向量分别为：

$$\left(\frac{0.914}{\sqrt{\lambda_1}}, \frac{0.985}{\sqrt{\lambda_1}}, \frac{0.653}{\sqrt{\lambda_1}}, \frac{0.184}{\sqrt{\lambda_1}}, \frac{0.884}{\sqrt{\lambda_1}}, \frac{-0.538}{\sqrt{\lambda_1}}, \frac{0.943}{\sqrt{\lambda_1}}, \frac{0.932}{\sqrt{\lambda_1}} \right),$$

$$\left(\frac{0.241}{\sqrt{\lambda_2}}, \frac{-0.019}{\sqrt{\lambda_2}}, \frac{-0.543}{\sqrt{\lambda_2}}, \frac{0.903}{\sqrt{\lambda_2}}, \frac{0.001}{\sqrt{\lambda_2}}, \frac{0.087}{\sqrt{\lambda_2}}, \frac{-0.134}{\sqrt{\lambda_2}}, \frac{0.173}{\sqrt{\lambda_2}} \right),$$

$$\left(\frac{0.201}{\sqrt{\lambda_3}}, \frac{0.075}{\sqrt{\lambda_3}}, \frac{0.175}{\sqrt{\lambda_3}}, \frac{-0.048}{\sqrt{\lambda_3}}, \frac{-0.324}{\sqrt{\lambda_3}}, \frac{0.820}{\sqrt{\lambda_3}}, \frac{0.155}{\sqrt{\lambda_3}}, \frac{0.235}{\sqrt{\lambda_3}} \right),$$

进而得到三个主成分线性组合中的系数 a_{ij}。最终城乡一体化发展指数综合得分以各主成分的方差贡献率比重为权数,对各主成分得分进行加权平均获得。

城乡一体化发展指数综合得分模型 F 如下:

$$\begin{aligned}
F &= (63.69/90.686) \times F_1 + (15.302/90.686) \times F_2 + \\
&\quad (11.693/90.686) \times F_3 \\
&= 0.702 \times (a_{11}Zc_1 + a_{12}Zc_2 + a_{13}Zc_3 + a_{14}Zc_4 + a_{15}Zc_5 + a_{16}Zc_6 + \\
&\quad a_{17}Zc_7 + a_{18}Zc_8) + 0.169 \times (a_{21}Zc_1 + a_{22}Zc_2 + a_{23}Zc_3 + a_{22}Zc_4 + \\
&\quad a_{23}Zc_5 + a_{22}Zc_6 + a_{23}Zc_7 + a_{23}Zc_8) + 0.13 \times (a_{31}Zc_1 + a_{32}Zc_2 + \\
&\quad a_{33}Zc_3 + a_{34}Zc_4 + a_{35}Zc_5 + a_{36}Zc_6 + a_{37}Zc_7 + a_{38}Zc_8) \\
&= 0.52Zc_1 + 0.38Zc_2 + 0.29Zc_3 + 0.15Zc_4 + 0.04Zc_5 + 0.64Zc_6 + \\
&\quad 0.42Zc_7 + 0.54Zc_8 \quad\quad\quad\quad\quad\quad\quad\quad\quad\quad\quad\quad (3)
\end{aligned}$$

根据上述公式计算出全国、西北总体、西北各省 2000—2015 年的城乡一体化发展指数。由于主成分分析得到的数值出现负数,为了便于以后的动态计量分析,根据统计学中的 3σ 原则,运用公式 $Y_i' = H + Y_i$ 进行坐标平移以消除负数影响,得到城乡一体化发展指数,全国、西北总体、西北各省城乡一体化发展的动态变化如图 5-1-1 到图 5-1-7 所示。

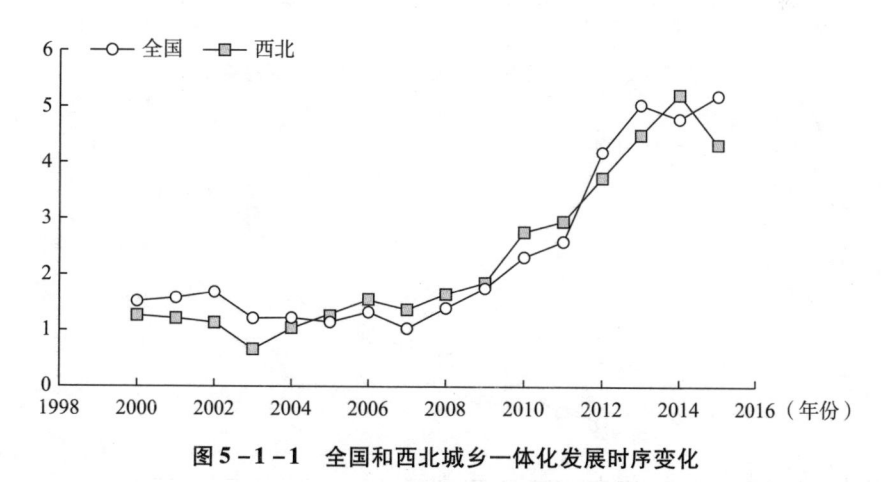

图 5-1-1 全国和西北城乡一体化发展时序变化

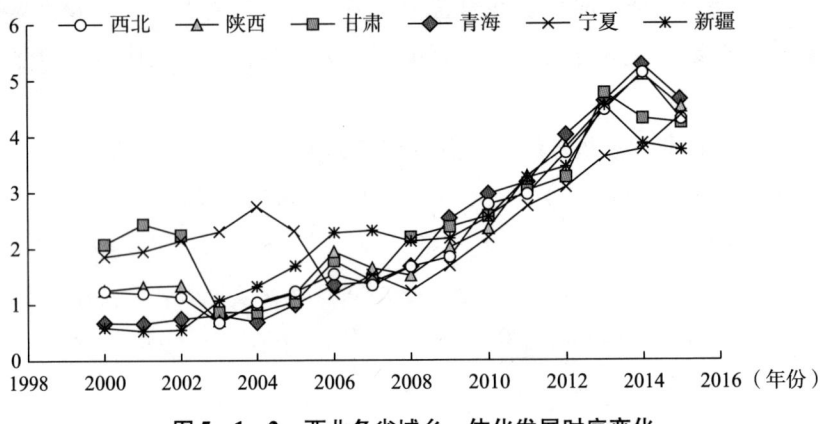

图 5-1-2　西北各省城乡一体化发展时序变化

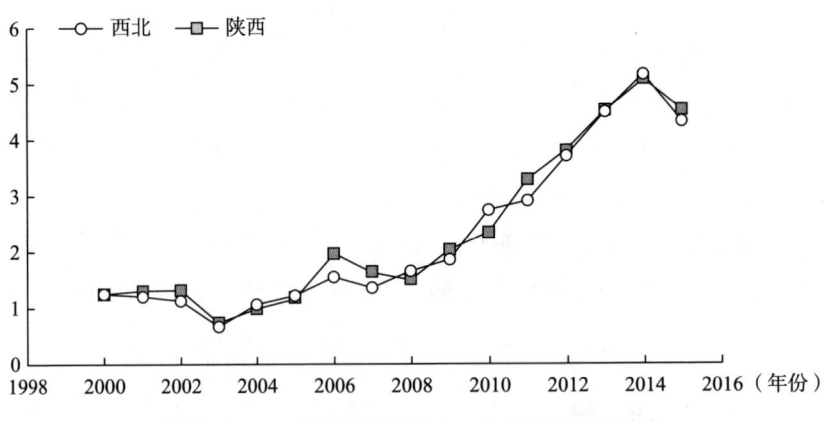

图 5-1-3　西北和陕西城乡一体化发展时序变化

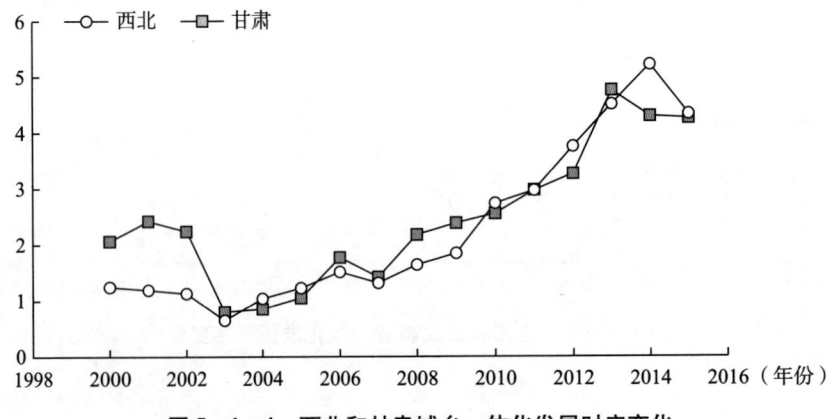

图 5-1-4　西北和甘肃城乡一体化发展时序变化

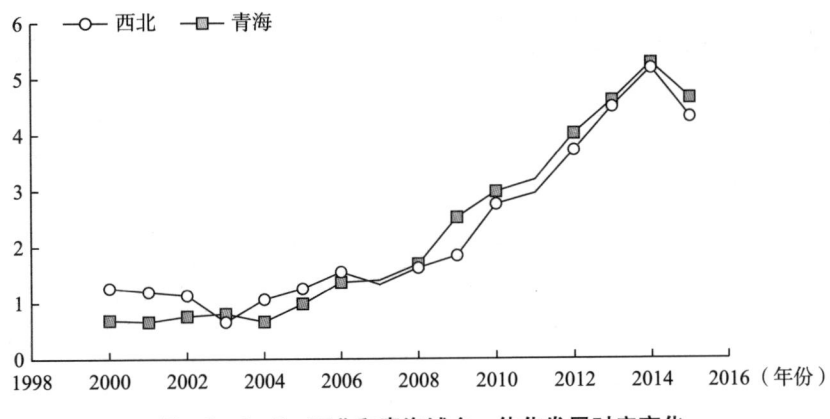

第五章 西北地区城乡一体化发展运行机制的量化分析

图-5-1-5 西北和青海城乡一体化发展时序变化

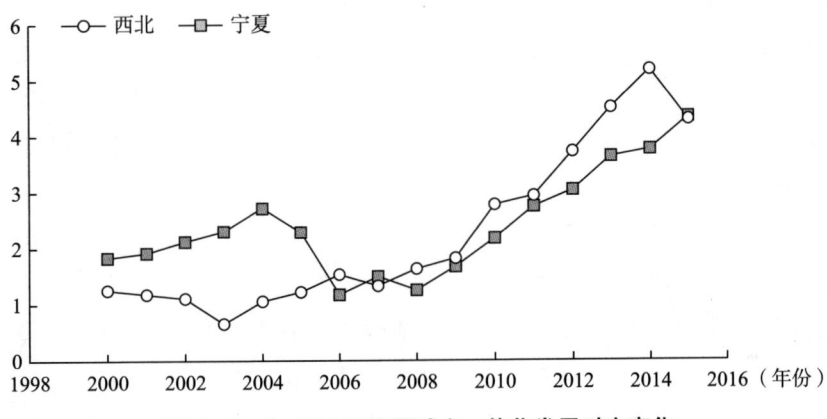

图5-1-6 西北和宁夏城乡一体化发展时序变化

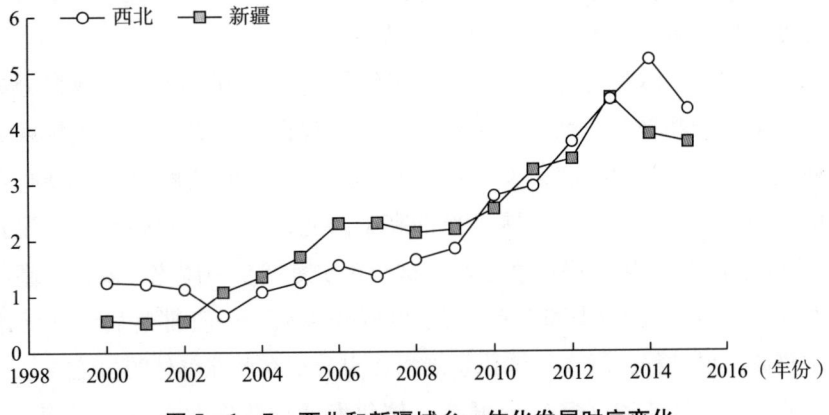

图5-1-7 西北和新疆城乡一体化发展时序变化

从表5-1-4和图5-1-2看出，2000—2015年西北各省城乡一体化发展指数呈逐年上升趋势，西北总体指数得分由2000年的1.26提高到2014年的5.21，十四年提高了3.94（提高了约4倍），其中2007年以前城乡发展一体化指数变化相对缓慢，2007年以后指数变化速度明显加快。说明西部大开发战略实施以来，尤其是"十一五"以来西北各省城乡发展一体化水平不断提高。与全国相比，西北地区城乡一体化发展水平2004年以前低于全国平均水平，2004—2010年基本与全国平均水平保持一致，但2011年以来发展速度明显滞后，指数得分平均每年低于全国水平0.38，也表现出党的十八大以来城乡发展一体化战略的推动十分有限（图5-1-1）。就西北地区各省（区）来看：

陕西和青海城乡一体化发展水平变动几乎与西北地区总体一致，2005年以来陕西城乡一体化发展水平高于西北地区总体水平，2007年以来青海城乡一体化发展水平也高于西北地区的总体发展水平，且2012年以来青海的城乡一体化发展水平略高于陕西，每年平均指数得分高出0.15。

甘肃和新疆城乡一体化指数分别由2000年的2.08和0.57提高到2015年的4.27和3.75，虽然发展水平整体呈上升趋势，但是指数波动大，部分年份还有所下降，这说明两省城乡一体化发展进程相对缓慢且不稳定，还需要进一步提升，尤其是新疆从2006—2010年五年间城乡一体化发展水平一直徘徊不前，基本保持在2.3分左右，2008年甚至跌落到2.12分，2012年之后两省城乡一体化发展速度加快，发展水平都有较大幅度提高，但2014年以来又大幅回落。

宁夏城乡一体化发展指数在波动中缓慢增长，2000年的指数得分为1.85，2015年指数得分增长至4.36，十五年仅提高了2.51，变化幅度低于西北地区平均变化幅度，表明宁夏城乡一体化发展进程迟缓。2006年以前，宁夏的城乡一体化发展水平都高于西北地区整体发展水平，尤其是2003年和2004年发展速度很快，这两年宁夏城乡一体化发展指数高出西北地区整体指数1.64和1.67，但2006年以后，一直都落后于西北地区的整体发展进程，城乡一体化发展指数得分都在西北整体得分之下。

从西北地区各省（区）的城乡一体化发展指数排名来看（见表5-

1-5)，2006年是各省排名发生变化的普遍转折点。青海2006年以前排名一直靠后，2008年排名提升到第三，之后几乎一直排在前两名。宁夏却是相反的变化，在2006年之前一直排在前两名，但2006年以后排名几乎都是最后。新疆从2000年的排名第五，到2003年排名跃迁到第二，2006年排名达到第一，之后排名一直都保持在靠前的位置，不过2013年以来发展明显放慢，2015年排名变成了第五名。陕西的城乡一体化发展指数排名比较稳定，基本上都保持在前三名，而甘肃2003年之前在西北各省发展最快，排名一直都是第一，但2004年以来排名一直处于波动中，时而靠前，时而靠后。

近十六年来，西北地区的城乡一体化发展总体呈上升趋势，但与全国发展水平相比还有差距，虽然2011年以来发展速度较快，但2014年又有大的回落。就西北各省来看，在2007年以后城乡发展速度明显加快，但各省的发展进程不同，陕西和青海与西北整体城乡一体化进程变化基本一致，2006年以来的发展水平都略高于西北地区的整体水平；甘肃和新疆的发展进程相比西北整体进程波动较大，不稳定；宁夏在西北地区城乡一体化发展中变化幅度最小，进程相对迟缓。2006年是各省排名发生变化的普遍转折点，各省的排名变化差异较大。

表5-1-4 西北总体、西北各省及全国城乡一体化发展指数

时间	全国	西北	陕西	甘肃	青海	宁夏	新疆
2000	1.52	1.26	1.25	2.08	0.69	1.85	0.57
2001	1.59	1.21	1.30	2.42	0.66	1.95	0.52
2002	1.69	1.14	1.34	2.25	0.76	2.14	0.54
2003	1.22	0.66	0.72	0.82	0.81	2.30	1.08
2004	1.24	1.07	1.00	0.87	0.69	2.74	1.34
2005	1.15	1.25	1.18	1.06	0.98	2.31	1.69
2006	1.34	1.55	1.96	1.79	1.36	1.18	2.29
2007	1.04	1.35	1.65	1.43	1.42	1.53	2.32
2008	1.39	1.65	1.52	2.20	1.68	1.26	2.12
2009	1.75	1.85	2.02	2.40	2.52	1.70	2.19
2010	2.33	2.77	2.33	2.57	2.99	2.20	2.56

续表

时间	全国	西北	陕西	甘肃	青海	宁夏	新疆
2011	2.58	2.96	3.29	3.02	3.20	2.77	3.26
2012	4.21	3.74	3.81	3.27	4.02	3.07	3.44
2013	5.06	4.51	4.56	4.76	4.64	3.66	4.55
2014	4.79	5.21	5.10	4.31	5.27	3.78	3.87
2015	5.22	4.31	4.52	4.27	4.66	4.36	3.75

表5-1-5　　　　西北各省城乡一体化发展排名

时间	陕西	甘肃	青海	宁夏	新疆
2000	3	1	4	2	5
2001	3	1	4	2	5
2002	3	1	4	2	5
2003	5	3	4	1	2
2004	3	4	5	1	2
2005	3	4	5	1	2
2006	2	3	4	5	1
2007	2	4	5	3	1
2008	4	1	3	5	2
2009	4	2	1	5	3
2010	4	2	1	5	3
2011	1	4	3	5	2
2012	2	4	1	5	3
2013	3	1	2	5	4
2014	2	3	1	5	4
2015	2	4	1	3	5

第二节　西北地区城乡一体化发展机制分析

从城乡一体化发展系统要素和内容构成角度，探讨城乡经济一体化、城乡社会人口一体化、城乡空间设施一体化及城乡生态环境一体化系统的静态结构及功能，通过构建模型，将城乡经济一体化、城乡社会人口一体化、城乡空间设施一体化及城乡生态环境一体化系统放入统一的分析框架中，并选取全国及西北地区各省（区）2000—2015年十六年间的城乡一体化发展观测数据，运用时间序列回归，对西北地区各省（区）城乡一体化发展的影响因素及作用机制进行定量研究，也使得研究在静态结构和动态发展统一中得以展开，更好地体现出了城乡一体化发展作为过程和作为结果内涵的有机统一。为相关政策更有针对性地服务于西北地区城乡一体化发展能力提升，加快西北地区城乡一体化发展提供参考。

一 城乡一体化发展内容及系统要素

城乡一体化作为一个发展战略和发展目标，具有客观现实性。就时代内涵而言，表现在两个方面：一方面，具有动态的历史性。随着工业化和城市化的深入，城乡一体化发展逐步推进实现；另一方面，城乡一体化也是社会和谐的表现形式，并反映中国现代化的程度。城乡一体化的核心问题是发展问题。城乡一体化发展的目标是：协调城乡利益和再分配，改善城乡结构和功能，彻底转变城乡之间长期存在的二元结构，实现城乡持续协调发展和共同繁荣，使城乡居民平等共享现代物质文明、精神文明和政治文明。

实现城乡一体化发展是一个动态、多层次的目标体系，需要制度的创新、体制的改革、政策的调整，营造城乡经济社会协调发展的氛围，创造平等统一的新型城乡关系，形成城乡共同发展、共享成果的机制体制，促进城乡之间经济、社会、空间、人口和资源环境的和谐发展，呈现生产要素有序双向流动，实现城乡的生活殷实、生产繁荣、福利共享、生态优美。城乡一体化系统的内容十分丰富，其目标涉及发展的诸多方面，从城乡一体化发展系统要素及层次结构看，城乡一体化内容包括四大方面：城乡经济一体化、城乡社会人口发展一体化、城乡空间设施一体化及城乡生态环境一体化。这几个方面既各有侧重，也相互关联和相互影响。城乡一体化是农村系统与城市系统之间的一个多维互动的过程。

（1）城乡经济一体化

城乡经济一体化是指在不违背城市和农村各自发展规律的前提下，利用农村和城市双方的优势，促进城乡间资源双向互补，乡被城所带、农被工所促，推动城乡之间相互合作，最后实现城乡之间和谐有序的发展局面。第一，表现在城乡资源配置上，要使城乡资源配置合二为一（一体化）。按市场化的准则，实现资金、人才、信息、管理等资源的自由转移，从而优化城乡资源配置，有效提高资源的利用率。在促进城乡资源双向流动的同时，现阶段应更加注重促进城市资源向农村流动，从而刺激农村经济的发展。第二，表现在城乡产业结构上。要改变城乡产业经济的传统模式，城乡产业结构与发展战略相适应，合理分工布局，变单一城乡结构为复合城乡结构。优化生产力布局和区域资源配置，促进城乡三次产业的广泛一体化合作，建立与产业结构整体的有机联系。城乡工业在发展中形成城乡交汇统一，进而融入一个新的产业发展格局。第三，表现在市场和政府调控上。建立城乡一体的经济运行机制，统筹城乡资源配置，建立公平竞争的制度环境和城乡统一、开放、有序的市场体系，促进产品和要素在城乡间的自由流动和公平竞争。城乡政府必须统筹发展战略，在确定政策措施和发展目标方向上要能够在统一中相互承接，促进城乡经济社会有序发展。

（2）城乡社会人口一体化

城乡社会发展一体，是促进城乡社会事业协调发展，实现城乡居民在教育、文化、医疗、就业、居住等方面得到平等对待，城乡居民处于平等地位，消除城市居民和农村居民之间的差异，使城乡居民平等地分享现代化成果、拥有平等的发展机会和权利，城乡均享有高度的物质文明和精神文明。城乡人口一体化是指城乡人口自由迁徙，相互对流，形成城乡"居民融合"的格局。这意味着城乡居民的流动和居住不受户籍限制和歧视性政策约束，城乡人口享有同等权利和待遇，共享各种文明发展成果。

（3）城乡空间设施一体化

城乡是两种典型的经济空间组织形式，城乡空间一体化主要要求优化和调整城市和农村的空间布局，提高城乡的空间紧密度，形成城乡携手发展，相互依存的空间格局。建立城市和农村之间便捷的交通和通信网络；实现农村与城市之间由"点"到"线"的完美连接。城乡两大地理系统相互作用、相互影响而形成一种新的空间形态，能充分体现城乡布局的优化和城乡集聚与分散的良好结合。

（4）城乡生态环境一体化

城乡生态环境一体化，就是把城市与农村生态环境纳入大系统全面统一治理，使城乡生态环境资源互补，形成生态与经济社会协调发展的格局。实现人类与自然和谐相处，城乡经济与资源环境可持续发展。

二 变量选择测量与研究假设

根据研究主题，在城乡一体化发展内涵及内容要素讨论的基础上，分别从城乡经济一体化、城乡社会人口一体化、城乡空间设施一体化及城乡生态环境一体化四个方面，选取各系统变量的观测指标，通过筛选，最终选取了 16 个指标变量进行建模分析，将城乡一体化发展放在一个动态演进的时间序列中，来考察全国、西北地区及西北各省（自治区）城乡一体化发展过程的影响因素及发展机制。

在遵循综合性原则、可比性原则、真实性原则、可操作性原则、典型性原则的前提下，结合现实的实际情况来确定研究变量，力求真实反映城乡关系的各个方面及其主要特征，力求既能测度城乡一体化发展某一侧面，又能反映城乡关系的共性特征，还要能够在地区间横向比较分析。

相关变量的原始数据来自于 2000—2015 年十六年间的《中国统计年鉴》《中国农村统计年鉴》《中国城市统计年鉴》《中国劳动统计年鉴》《中国城乡建设统计年鉴》《中国环境统计年鉴》，以及西北五省各省份的统计年鉴（涉及《陕西统计年鉴》《甘肃统计年鉴》《青海统计年鉴》《宁夏统计年鉴》《新疆统计年鉴》等），各指标变量数据经过统计计算处理而得。考虑到对于城市和乡村数据的分别可得性以及年鉴统计数据中有些指标统计口径变化对分析结果的影响，变量选取尽量避免量纲不同，且研究变量尽量采取比值形式；对于城乡统计口径不能转化为一致的变量，则分别选取城市和农村数据对照分析。由于研究涉及纵向时间序列分析，为了避免可能存在变量自相关性对结果带来的偏差，对于年度数据最终处理为当期变化量，以便消除累计效应带来的自相关影响。

城乡经济一体化从经济发展状况、产业结构、就业结构、政策支持、农业机械化五个方面来考察。城乡经济一体化是城乡一体化的基础和前提。经济发展能力是统筹城乡发展能力的根本，人均GDP是衡量一个地区综合实力最常用、最有代表性的经济发展指标。从世界经济发展来看，产业结构和就业结构的变化具有共同发展规律，随着经济社会的发展，国民生产总值不断增加和人均GDP不断提高，第一产业的劳动力比重呈下降趋势，第二产业、第三产业劳动力比重则趋向上升，从工业化初期到工业化中后期，三次产业劳动力的比重排序从"一二三"向"三二一"转换。工业化发展引起产业结构迅速转变和就业结构的调整，并带动城市化进程，工业化和城市化之间形成一种螺旋式上升互相促进的机制，不断推动着城乡关系的演进，推动城乡一体化发展。政策支持体现政府通过制度政策对"三农"领域改革发展的推动和引领作用，农村地区财政转移支付反映了政府政策体制对三农的支持力度。农业机械化是农业现代化的重要组成部分，农业机械化把大工业成果引入农业生产过程，大大提高农业劳动生产率、资源利用转化率，从而提高农产品竞争力，促进农业劳动力转移，推进非农产业发展，推动城乡经济社会一体化发展。农业机械化水平越高，越能够推动城乡一体化的发展。经济发展、产业结构、就业结构、政策支持、农业机械化变量依次操作化为人均GDP和二、三产业产值增加值占当期GDP的比重、非农就业人口占就业总人口的比重、农业支出占财政支出比重、年度新增农业机械总动力。

城乡社会人口一体化从人口城市化、城乡居民文化教育共享、医疗卫生共享、交通通信共享四个方面考察。推进城乡人口一体化是城乡一体化实现的重要内容。城乡人口一体化需要不断打破原来户籍制度下的城乡人口隔离，取消各种对农民的歧视性政策，创建一个城乡人口合理流动和调控的人口管理机制，人口城市化则是这一机制运行的直接体现。城乡居民文教娱乐服务消费、医疗保健消费、交通通信消费状况是城乡社会一体化发展能力的微观基础，更是城乡社会一体化的载体和价值体现，为了更直观地观察公共服务的均享程度，变量测量操作化为乡村居民享有相关的服务的消费与城市居民对应类别服务消费的比值；比值越高，城乡社会一体化程度越高，反之越低。人口城市化、文化教育、医疗卫生、交通通信变量依次操作化为：城镇人口占总人口的比重、乡城居民家庭人均文教娱乐服务消费支出比（乡/城）、乡城居民家庭人均医疗保健消费支出比（乡/城）和乡城居民家庭平均每人交通通信消费比（乡/城）。

城乡空间设施一体化分别从城市、城镇、农村三个地域空间选取五个指标反映城乡空间紧密度及"点"到"线"的连接状况。具体操作化为年度新增建成区面积、建制镇本年度新增道路长度（城镇空间）、乡村本年度新增道路长度（农村空间）、城市年度新增道路长度（城市空间）、平均每人旅行次数（空间人口效应）。居民旅行次数是城乡空间联系和空间聚集效应在人口活动上的直观体现。

城乡生态环境一体化从生态建设保护和环境净化美化方面选取指标变量。具体操作化为单位GDP能耗和环境污染治理投资占GDP比重。单位GDP能耗，又叫万元GDP能耗，是每产生万元GDP所消耗掉的能源，反映了一个国家经济活动中对能源的利用程度和经济结构与能源利用效率的变化；单位GDP能耗越少，生态建设保护的力度越大。环境污染治理投资占GDP比重对城乡一体化发展具有正向影响，环境污染治理投资占GDP比重越大，对环境污染治理和环境净化美化的力度就越大，越有助于经济社会的可持续发展和人与自然的和谐。

各指标变量的解释、符号、操作化以及对城乡一体化发展的影响方向见表5-2-1。

表5-2-1　　城乡一体化发展变量指标的解释及操作化

变量指标依次及含义		符号	变量操作化（单位）	影响方向
城乡一体化发展度		W	城乡一体化发展指数（见本章第一节）	
经济一体化	经济发展	EC_1	人均GDP（元）	+
	产业结构	EC_2	第二、三产业产值的增加值占当期GDP的比（%）	+
	就业结构	EC_3	非农就业人口占就业总人口的比重（%）	+
	政策支持	EC_4	财政支农：农业支出占财政支出比重（%）	+
	农业机械化	EC_5	年度新增农业机械总动力（万千瓦）	+

续表

变量指标依次及含义		符号	变量操作化（单位）	影响方向
社会人口一体化	人口城市化	S_1	城镇人口占总人口的比重（%）	+
	文化教育	S_2	乡城居民家庭人均文教娱乐服务消费支出比（乡/城）（%）	+
	医疗卫生	S_3	乡城居民家庭人均医疗保健消费支出比（乡/城）（%）	+
	交通通信	S_4	乡城居民家庭平均每人交通通信消费比（乡/城）（%）	+
空间设施一体化	建成区	F_1	年度新增建成区面积（平方公里）	+
	城市空间	F_2	城市年度新增道路长度（公里）	+
	城镇空间	F_3	建制镇本年度新增道路长度（公里）	+
	农村空间	F_4	乡村本年度新增道路长度（公里）	+
	空间人口效应	F_5	平均每人旅行次数（次/年）	+
生态环境一体化	环境净化美化	EN_1	环境污染治理投资占 GDP 比重（%）（环境污染治理）	+
	生态建设保护	EN_2	单位 GDP 能耗（吨标准煤/万元）（节能减排）	−

注：这里的城镇主要是指"建制镇"。

三 实证分析与讨论

研究运用 SPSS22.0 软件作为数据处理工具，对全国、西北地区及西北各省的数据进行处理。以本章第一节获得的城乡一体化发展指数为解释变量，城乡经济一体化各变量、城乡社会人口一体化各变量、城乡空间设施一体化各变量及城乡生态环境一体化各变量为自变量，建立城乡一体化发展模型，研究西北地区城乡一体化的影响机制。

由于因变量为连续型数据，故考虑选择多元线性回归进行实证。拟合模型初步设定为：

$$W_n = \sum_{i=1}^{5} \alpha_{ni} EC_{ni} + \sum_{j=1}^{4} \beta_{nj} S_{nj} + \sum_{k=1}^{5} \gamma_{nk} F_{nk} + \sum_{l=1}^{2} \delta_{nl} EN_{nl} + \mu$$
$$(n = 1,2,3,4,5,6,7) \tag{1}$$

各变量符号的含义见表 5-2-1，其中 α_i、β_j、γ_k、δ_l 为待估计的城

乡经济一体化变量、城乡社会人口一体化变量、城乡空间设施一体化变量及城乡生态环境一体化变量的标准化系数，μ 为随机扰动项。n = 1、2、3、4、5、6、7 依次代表全国、西北、陕西、甘肃、青海、宁夏、新疆。

为避免变量较多对模型拟合的偏误，建模变量筛选过程总体上分两部分进行。

第一部分：从城乡经济一体化、社会人口一体化、空间设施一体化、生态环境一体化四个子系统分别对全国、西北、陕西、甘肃、青海、宁夏、新疆共七大组（28 小组）样本数据进行回归检验，采用强迫进入法，根据拟合结果，选取显著性水平 P 值≤0.10 的变量，作为第二阶段建模的基础，变量筛选结果见表 5 - 2 - 2。

表 5 - 2 - 2　全国、西北及西北各省经济一体化、社会人口一体化、空间设施一体化及生态环境一体化变量初步筛选结果汇总

		全国	西北	陕西	甘肃	青海	宁夏	新疆
经济一体化	经济发展	0.000		0.061		0.072		
	产业结构	0.002	0.084	0.003	0.001	0.075		0.093
	就业结构		0.093				0.071	
	政策支持		0.054	0.022	0.003		0.047	
	农业机械化			0.005			0.073	0.023
社会人口一体化	人口城市化		0.056		0.046	0.033	0.024	0.064
	文化教育	0.000	0.100	0.089	0.044		0.015	
	医疗卫生			0.000				0.075
	交通通信	0.032			0.013	0.000		0.088
空间设施一体化	建成区	0.054	0.087	0.040	0.005			
	城市空间				0.063		0.079	
	城镇空间	0.060	0.098		0.003		0.094	
	农村空间				0.032			
	空间人口效应			0.066		0.034		0.008

· 163 ·

续表

		全国	西北	陕西	甘肃	青海	宁夏	新疆
生态环境一体化	环境净化美化		0.031		0.012	0.001		
	生态建设保护	0.056		0.002			0.064	0.004

注：表中所列数据为通过显著性水平0.1各变量的显著性水平P值。0.000表示P值<0.001。

从表中看到通过显著性水平P=0.1检验的变量中：

全国有7个变量：经济发展、产业结构、文化教育、交通通信、建成区、城镇空间和生态建设保护；

西北有8个变量：产业结构、就业结构、政策支持、人口城市化、文化教育、建成区、城镇空间、环境净化美化；

陕西有9个变量：经济发展、产业结构、政策支持、农业机械化、文化教育、医疗卫生、建成区、空间人口效应、生态建设保护；

甘肃有个10变量：产业结构、政策支持、人口城市化、文化教育、交通通信、建成区、城市空间、城镇空间、农村空间、环境净化美化；

青海有6个变量：经济发展、产业结构、人口城市化、交通通信、空间人口效应、环境净化美化；

宁夏有8个变量；就业结构、政策支持、农业机械化、人口城市化、文化教育、城市空间、城镇空间、生态建设保护；

新疆有7个变量：产业结构、农业机械化、人口城市化、医疗卫生、交通通信、空间人口效应、生态建设保护。

第二部分：将全国、西北及西北各省（自治区）初步筛选的变量分别纳入模型，再次进行回归检验。首先采用强迫进入法，然后逐次删除显著性水平值最大变量，多次迭代后最终保留所有通过10%显著性水平的变量，建立起模型1（全国）、模型2（西北）、模型3（陕西）、模型4（甘肃）、模型5（青海）、模型6（宁夏）、模型7（新疆）。由各模型整体拟合摘要汇总（见表5-2-3）可知全国、西北、陕西、甘肃、青海、宁夏及新疆模型总体卡方值的显著性水平依次为：$P_1=0.004$、$P_2=0.007$、$P_3=0.000$、$P_4=0.000$、$P_5=0.000$、$P_6=0.002$、$P_7=0.000$，

(0.000表示P值小于0.001)各模型总体上有效,各模型对城乡一体化变量的解释率依次为77.5%、78.8%、91.4%、92.2%、71.3%、69.9%、86.7%;全国、西北、陕西、甘肃、青海、宁夏及新疆模各模型的DW统计量依次为1.915、1.975、2.170、2.158、1.990、2.086、1.952,都在2左右,说明各模型不存在自相关;七个模型的容差>0.1,膨胀因子VIF<10[除甘肃的交通通信变量和新疆的空间人口效应数略微大于10,为10.593和10.957(见表5-2-4至表5-2-10)],各模型基本不存在多重共线性,由残差散点图观察(图5-2-1至图5-2-7),各模型残差分布的随机性较好。为了更清晰地比较各模型,表5-2-11总结了七个模型通过显著性影响的变量及其影响方向。

表5-2-3　　　　　　　各模型整体拟合摘要汇总

模型	地区		平方和	均方	F	Sig.	可决系数及D—W	
1	全国	回归	9887.293	2471.823	7.640	0.004	R方	0.881
		残差	3235.424	323.542			调整R方	0.775
		总计	13122.717				Durbin-Watson	1.915
2	西北	回归	15868.895	2266.985	9.423	0.007	R方	0.919
		残差	1443.547	240.591			调整R方	0.788
		总计	17312.442				Durbin-Watson	1.975
3	陕西	回归	22004.213	3667.369	23.914	0.000	R方	0.953
		残差	1073.503	153.358			调整R方	0.914
		总计	23077.716				Durbin-Watson	2.170
4	甘肃	回归	17524.207	2503.458	24.542	0.000	R方	0.961
		残差	714.064	102.009			调整R方	0.922
		总计	18238.271				Durbin-Watson	2.158
5	青海	回归	20801.779	6933.926	12.595	0.000	R方	0.775
		残差	6055.713	550.519			调整R方	0.713
		总计	26857.492				Durbin-Watson	1.990
6	宁夏	回归	6221.363	1555.341	9.143	0.002	R方	0.785
		残差	1701.041	170.104			调整R方	0.699
		总计	7922.404				Durbin-Watson	2.086

续表

模型	地区		平方和	均方	F	Sig.	可决系数及 D—W	
7	新疆	回归	20189.125	4037.825	17.953	0.000	R 方	0.918
		残差	1799.336	224.917			调整 R 方	0.867
		总计	21988.461				Durbin-Watson	1.952

表 5-2-4　　　　　　　模型 1 系数（全国）

		非标准化系数		标准系数	t	Sig.	共线性统计量	
		B	标准误差	Beta			容差	VIF
	（常量）	1106.019	547.518		2.020	0.071		
经济一体化	产业结构	-11.533	5.685	-0.707	-2.029	0.070	0.203	4.930
社会人口一体化	文化教育	2.075	1.081	0.318	1.920	0.084	0.901	1.109
空间设施一体化	建成区	0.175	0.251	0.119	0.697	0.095	0.840	1.190
生态环境一体化	生态建设保护	-129.769	35.298	-1.297	-3.676	0.004	0.198	5.050

单位 GDP 能耗（吨标准煤/万元）= 能源消费总量（吨标准煤）/国内（地区）生产总值（万元）。

表 5-2-5　　　　　　　模型 2 系数（西北）

		非标准化系数		标准系数	t	Sig.	共线性统计量	
		B	标准误差	Beta			容差	VIF
	（常量）	-1611.601	404.248		-3.987	0.007		
经济一体化	产业结构	14.195	4.483	0.636	3.166	0.019	0.344	2.906
	就业结构	-22.987	9.682	-0.423	-2.374	0.055	0.438	2.283
	政策支持	925.838	308.3147	0.446	3.003	0.024	0.629	1.589
社会人口一体化	人口城市化	37.707	14.231	0.370	2.650	0.038	0.712	1.404
	文化教育	2.036	0.950	0.275	2.143	0.076	0.845	1.184
空间设施一体化	建成区	2.236	0.739	0.680	3.025	0.023	0.275	3.639
生态环境一体化	环境净化美化	68.002	25.544	0.668	2.662	0.037	0.221	4.532

第五章 西北地区城乡一体化发展运行机制的量化分析

表5-2-6　　　　　　　　　　模型3系数（陕西）

		非标准化系数		标准系数	t	Sig.	共线性统计量	
		B	标准误差	Beta			容差	VIF
	（常量）	-2665.185	681.554		-3.910	0.006		
经济一体化	经济发展	0.003	0.001	0.938	3.296	0.013	0.109	9.185
	产业结构	26.867	7.600	0.857	3.535	0.010	0.113	8.842
	政策支持	65.722	18.438	0.415	3.565	0.009	0.491	2.037
空间设施一体化	建成区	0.613	0.242	.347	2.535	0.039	0.356	2.811
	空间人口效应	-2.502	1.032	-0.475	-2.424	0.046	0.173	5.777
生态环境一体化	生态建设保护	101.630	47.423	0.575	2.143	0.069	0.113	8.8231

表5-2-7　　　　　　　　　　模型4系数（甘肃）

		非标准化系数		标准系数	t	Sig.	共线性统计量	
		B	标准误差	Beta			容差	VIF
	（常量）	-1441.164	292.210		-4.932	0.002		
经济一体化	产业结构	14.890	3.561	0.758	4.181	0.004	0.170	5.871
	政策支持	10.104	1.461	0.705	6.917	0.000	0.538	1.859
社会人口一体化	文化教育	3.402	1.046	0.583	3.254	0.014	0.174	5.743
	交通通信	-5.154	1.349	-1.128	-3.821	0.007	0.094	10.593
空间设施一体化	建成区	0.699	.232	0.340	3.009	0.020	0.439	2.278
	城镇空间	0.402	.118	0.603	3.393	0.012	0.177	5.649
	城市空间	0.087	.014	0.745	5.988	0.001	0.362	2.766

表5-2-8　　　　　　　　　　模型5系数（青海）

		非标准化系数		标准系数	t	Sig.	共线性统计量	
		B	标准误差	Beta			容差	VIF
	（常量）	-1039.177	314.231		-3.307	0.007		
经济一体化	产业结构	10.726	3.761	0.507	2.852	0.016	0.385	2.600

续表

		非标准化系数		标准系数	t	Sig.	共线性统计量	
		B	标准误差	Beta			容差	VIF
社会人口一体化	人口城市化	20.325	7.354	0.307	2.764	0.018	0.987	1.013
	交通通信	1.664	0.686	0.432	2.427	0.034	0.383	2.611

表5-2-9　　　　模型6系数（宁夏）

		非标准化系数		标准系数	t	Sig.	共线性统计量	
		B	标准误差	Beta			容差	VIF
	（常量）	21.696	11.480		1.890	0.088		
经济一体化	就业结构	-2.425	2.890	-0.133	-.839	0.081	0.860	1.163
	农业机械化	-1.670	0.355	-0.739	-4.701	0.001	0.870	1.150
社会人口一体化	人口城市化	19.902	4.281	0.734	4.649	0.001	0.861	1.162
空间设施一体化	城市空间	0.045	0.029	0.247	1.568	0.098	0.864	1.157

表5-2-10　　　　模型7系数（新疆）

		非标准化系数		标准系数	t	Sig.	共线性统计量	
		B	标准误差	Beta			容差	VIF
	（常量）	-1347.680	349.472		-3.856	0.005		
经济一体化	产业结构	17.008	4.440	0.683	3.831	0.005	0.321	3.112
社会人口一体化	人口城市化	19.797	6.058	0.414	3.268	0.011	0.639	1.565
	医疗卫生	3.249	1.704	0.605	1.907	0.093	0.102	9.832
空间设施一体化	空间人口效应	-7.417	5.357	-0.593	-1.385	0.097	0.091	10.957
生态环境一体化	生态建设保护	-57.617	29.867	-0.339	-1.929	0.090	0.331	3.024

第五章 西北地区城乡一体化发展运行机制的量化分析

全国、西北及西北各省（自治区）各模型残差图如下：

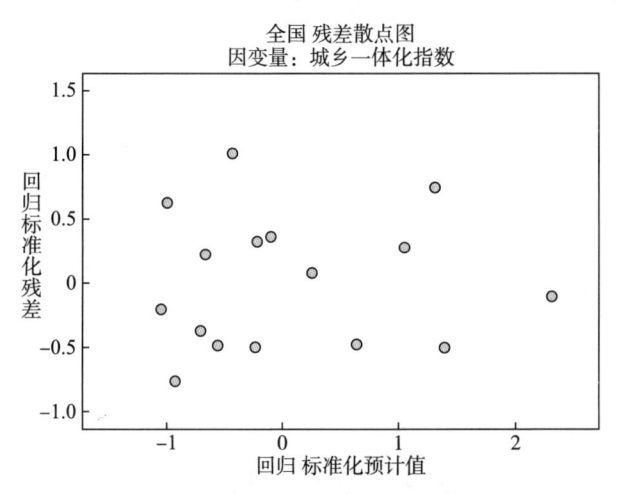

图 5-2-1 全国模型残差散点图

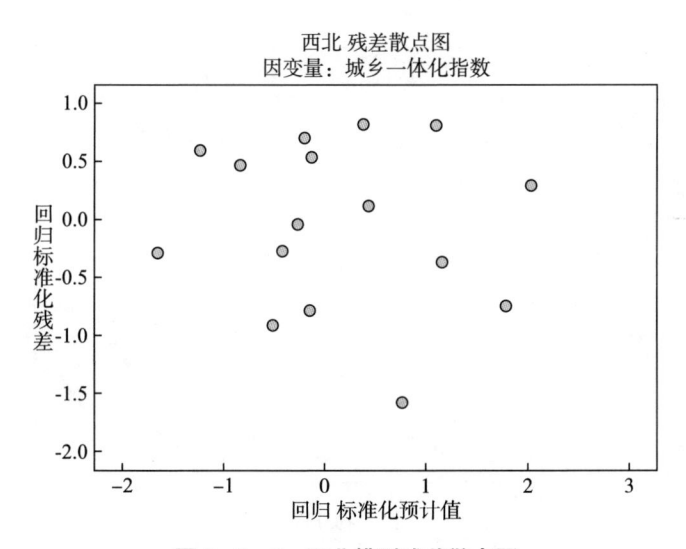

图 5-2-2 西北模型残差散点图

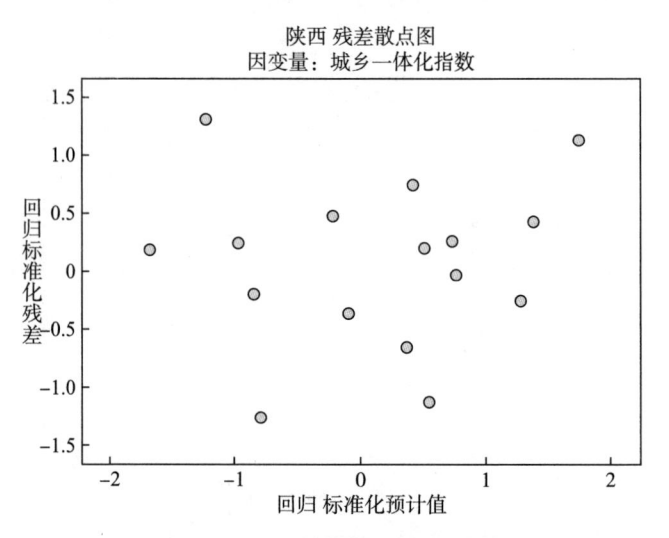

图 5-2-3　陕西模型残差散点图

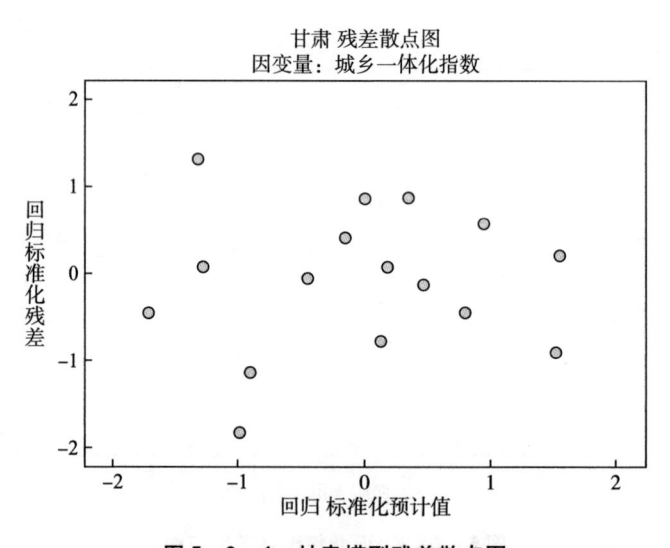

图 5-2-4　甘肃模型残差散点图

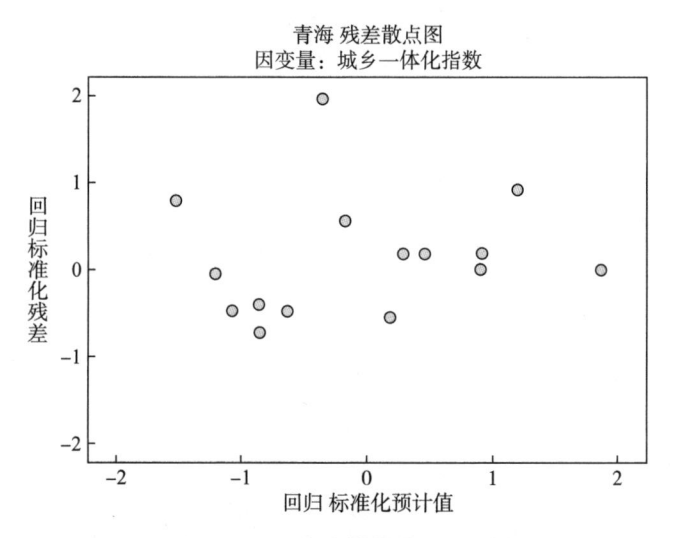

图 5-2-5　青海模型残差散点图

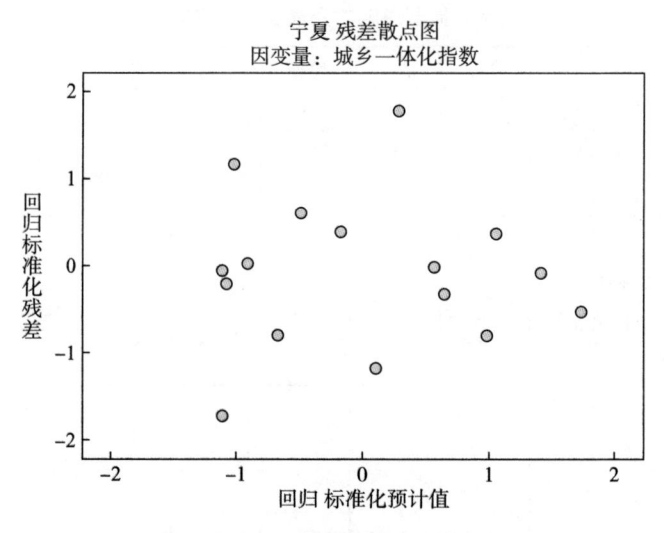

图 5-2-6　宁夏模型残差散点图

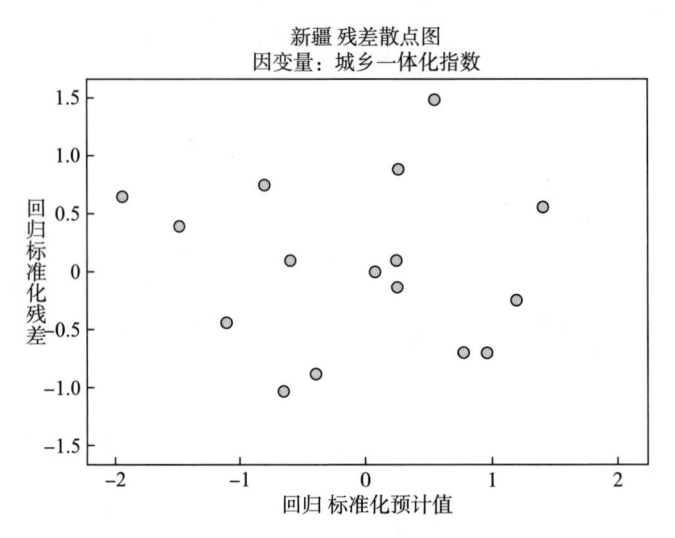

新疆 残差散点图
因变量：城乡一体化指数

图 5-2-7　新疆模型残差散点图

表 5-2-11　各模型有显著影响的变量及影响方向汇总

		全国	西北	陕西	甘肃	青海	宁夏	新疆
经济一体化	经济发展			+				
	产业结构	-*	+	+	+	+		+
	就业结构		-*				-*	
	政策支持		+	+	+			
	农业机械化						-	
社会人口一体化	人口城市化		+			+	+	+
	文化教育	+*	+*		+			
	医疗卫生							+*
	交通通信				-	+		
空间设施一体化	建成区	+*	+	+	+			
	城市空间				+		+*	
	城镇空间				+			
	农村空间							
	空间人口效应			-				-*

续表

		全国	西北	陕西	甘肃	青海	宁夏	新疆
生态环境一体化	环境净化美化		+					
	生态建设保护	-		+*				-*

注:"+"和"-"分别表示正向影响和负向影响,有"*"为10%水平上影响显著的变量,其余为5%水平上影响显著的变量。

全国、西北及西北各省(自治区)的最终回归模型如下:

$W_1 = 1106.019 - 11.533 \times EC_{12} + 2.075 \times S_{12} + 0.175 \times F_{11} - 129.769 \times EN_{12}$

$W_2 = -1611.601 + 14.195 \times EC_{22} - 22.987 \times EC_{23} + 925.838 \times EC_{24} + 37.707 \times S_{21} + 2.036 \times S_{22} + 2.236 \times F_{21} + 68.002 \times EN_{21}$

$W_3 = -2665.185 + 0.003 \times EC_{31} + 26.867 \times EC_{32} + 65.722 \times EC_{34} + 0.613 \times F_{31} - 2.502 \times F_{35} + 101.630 \times EN_{32}$

$W_4 = -1441.164 + 14.890 \times EC_{42} + 10.104 \times EC_{44} + 3.402 \times S_{42} - 5.154 \times S_{44} + 0.699 \times F_{41} + 0.087 \times F_{42} + 0.402 \times F_{43}$

$W_5 = -1039.177 + 10.726 \times EC_{52} + 20.325 \times S_{51} + 1.664 \times S_{54}$

$W_6 = 21.696 - 2.425 \times EC_{63} - 1.670 \times EC_{65} + 19.902 \times S_{61} + 0.045 \times F_{62}$

$W_7 = -1347.680 + 17.008 \times EC_{72} + 19.797 \times S_{71} + 3.249 \times S_{73} - 7.417 \times F_{75} - 57.617 \times EN_{72}$

从全国总体来看,产业结构、文化教育、建成区和生态建设保护变量对全国的城乡一体化发展有显著的影响,其中产业结构变量为负向影响,与我们预期相反,生态建设保护变量为负向影响,文化教育和建成区变量为正向影响,与预设的影响方向一致。西北总体城乡一体化的作用机制与全国相比更加多样化:从全国总体来看,促进城乡经济一体化发展、城乡社会人口一体化、城乡空间设施一体化、城乡生态环境一体化各有一个显著影响的作用渠道;而西北地区总体仅仅城乡经济一体化系统就有三个影响显著的变量。在西北总体的城乡一体化发展上,产业结构、政策支持、人口城市化、文化教育和建成区变量都有显著的正向影响，大部分变量对西北地区城乡一体化发展的作用与我们预期的一致；就业结构变量有显著的负向影响，与预期假设相反，反映出随着产业结构调整升级，就业结构转换的滞后对于西北地区城乡一体化发展的抑制作用越来越突显。

从城乡经济一体化来看，西北总体的产业结构、就业结构、政策支持变量有显著影响，但影响方向不同；产业结构和政策支持对西北地区经济一体化发展具有正向影响，而就业结构却有负向影响。西北城乡经济一体化系统中，经济发展仅仅对陕西有正向的影响，而产业结构对西北地区各省具有普遍影响，产业结构变量在除宁夏之外的其余四省都具有正向影响，表明产业结构在西北各省城乡一体化发展中发挥着重要作用。就业结构仅对宁夏有影响，且为负向影响。政策支持对陕西和甘肃作用明显，有显著的正向影响。

从城乡社会人口一体化看，西北总体的人口城市化和文化教育变量有显著的正向影响。社会人口一体化系统中，人口城市化变量对西北各省影响较大，对于青海、宁夏、新疆都有显著的正向影响；文化教育变量对甘肃有显著正向影响，而医疗卫生变量对新疆有正向影响。交通通信变量对甘肃和青海有显著影响，但在两省中的影响方向相反，甘肃是负向影响，交通通信没有发挥有效作用，但对与青海是正向影响。

从城乡空间设施一体化看，西北总体仅有建成区变量有显著的正向影响。另外，建成区变量对陕西和甘肃也都有正向显著影响，而城市空间变量对甘肃和宁夏有显著的正向影响，城镇空间变量仅对甘肃有正向影响，空间人口效应变量对于陕西和新疆有显著的负向影响。

从生态环境一体化看，西北总体的环境净化美化变量有显著的影响。环境净化美化变量对陕西有正向影响，生态建设保护变量对新疆有显著的负向影响，在其他省份没有显著影响。

从四个系统总体来看，西北各省经济、社会、空间和生态环境四个系统的城乡一体化发展作用机制和途径有显著的差异，但是产业结构变量在推动西北各省城乡经济一体化发展的作用较广泛和稳定，而且人口城市化在西北地区各省社会人口一体化发展的推动中逐渐发挥了正向效应，也暗示我们西北地区农村劳动力转移渠道和空间在逐渐拓宽。空间人口效应对西北影响显著的各省的空间设施一体化发展一直是负向作用，阻碍城乡系统有机整体发展能力的提升。从城乡生态环境一体化来看，西北地区大部分省份都没有影响显著的变量，生态环境成为西北城乡一体化可持续发展的短板。

就各省城乡一体化系统总体发展来看，各要素变量作用的途径也有较大的差别，陕西和甘肃作用机制更加多元化，青海、宁夏、新疆三省则较为单一。具体来说：

陕西城乡一体化发展主要通过城乡经济一体化系统经济发展、产业结构及政策支持，空间设施一体化系统建成区和空间人口效应及生态环境一体化系统生态建设保护的影响机制作用。通过对模型标准系数的观察，各变量对促进陕西城乡一体化发展的影响依次为：经济发展＞产业结构＞生态建设保护＞政策支持＞建成区＞空间人口效应。

甘肃城乡一体化发展主要通过城乡经济一体化系统产业结构和政策支持，社会人口一体化系统文化教育和交通通信，空间设施一体化系统建成区、城镇空间及城市空间的影响机制作用。通过对模型标准系数的观察，各变量对促进甘肃城乡一体化发展的影响依次为：产业结构＞城市空间＞政策支持＞城镇空间＞文化教育＞建成区＞交通通信。

青海城乡一体化发展主要通过经济一体化系统产业结构和社会人口一体化系统人口城市化和交通通信的影响机制作用。通过对模型标准系数的观察，各变量对促进青海城乡一体化发展的影响依次为：产业结构＞交通通信＞人口城市化。

宁夏城乡一体化发展主要通过经济一体化系统就业结构和农业机械化、社会人口一体化系统人口城市化及空间设施一体化系统城市空间的影响机制作用。通过对模型标准系数的观察，各变量对促进宁夏城乡一体化发展的影响依次为：人口城市化＞城市空间＞就业结构＞农业机械化。

新疆城乡一体化发展主要通过经济一体化系统产业结构，社会人口一体化系统人口城市化和医疗卫生，空间设施一体化系统空间人口效应及生态环境一体化系统生态建设保护的影响机制作用。通过对模型标准系数的观察，各变量对促进新疆城乡一体化发展的影响依次为：产业结构＞医疗卫生＞人口城市化＞生态建设保护＞空间人口效应。

总的来说，西北各省间推动城乡一体化发展的影响机制有较大的差别，不仅反映在整体影响变量的多少上的差别，而且也体现在各省推动经济一体化发展、社会人口一体化发展、空间设施一体化发展和生态环境一体化发展各系统的影响机制上的不同，各变量对各省城乡一体化发展的影响次序也有差异（见表5-2-12）。

表5-2-12　　西北各省影响城乡一体化发展变量次序

次序 省份	一	二	三	四	五	六	七
陕西	经济发展	产业结构	生态建设保护	政策支持	建成区	空间人口效应	
甘肃	产业结构	城市空间	政策支持	城镇空间	文化教育	建成区	交通通信
青海	产业结构	交通通信	人口城市化				
宁夏	人口城市化	城市空间	就业结构	农业机械化			
新疆	产业结构	医疗卫生	人口城市化	生态建设保护	空间人口效应		

第三节　推进西北地区城乡一体化发展的着力点

通过前面的分析我们看到，与全国相比，西北总体城乡一体化发展作用机制更加多样化。将西北各省比较来看，各要素变量作用的途径也有较大的差别。西北地区城乡一体化发展的四个子系统作用机制和途径有显著的差异，产业结构在推动各省经济一体化发展的作用较广泛且稳定，人口城市化在各省社会人口一体化发展的推动中逐渐发挥了正向效应，空间人口效应对西北空间设施一体化发展影响显著且各省份一直是负向作用，生态环境一体化一直是西北地区城乡一体化可持续发展的短板，环境净化美化变量和生态建设保护变量对西北地区大部分省份都没有显著影响。陕西和甘肃作用机制更多元化，青海、宁夏和新疆则较单一。因此，优化西北地区城乡一体化发展系统，推进西北地区城乡一体化发展的着力点主要在于以下几个方面。

第五章　西北地区城乡一体化发展运行机制的量化分析

一　优化城乡经济一体化系统　促进产业融合与就业结构协调发展

西北地区就业结构转变滞后于产业结构发展,影响了城乡经济一体化系统的功能,也制约了城乡社会一体化系统的发展。伴随着产业结构的演变,就业结构也会随之改变,这正是城市化发展的重要表现之一。根据钱纳里产业结构变动理论,工业化过程会推动城市化发展,因为在这一过程中,生产结构会随着工业化的过程而逐渐转变,这时生产要素也会发生转移,从乡村流向城市,逐渐在城市聚集,由此推动了城市化的发展。

从物质生产要素来看,我国西北地区具有很大的经济发展潜力,这里资源丰富、地域广阔。随着我国西部区域发展战略的提出及推进,西北地区的产业取得了长足发展,2013年丝绸之路经济带构想的提出及近两年的建设发展,也为西北地区的产业发展注入了新的活力,但总体上看,西北地区的城市化水平仍较落后。2015年西北地区的城市化率平均为49.43%,其中陕西、甘肃、青海、宁夏、新疆依次为:53.92%、43.19%、50.30%、55.23%、47.23%,均低于全国56.10%的平均水平。2017年,全国城市化率平均水平为58.52%,而西北地区的城市化率平均为52.18%,其中陕西、甘肃、青海、宁夏、新疆依次为:56.79%、46.39%、53.07%、57.98%、49.38%,均低于全国平均水平;在西北地区城市化平均水平与全国平均水平的差距上,2017年比2015年缩小了0.33个百分点。西北地区处于城市化加速发展的阶段,这一阶段工业规模和发展速度明显加快,城市对劳动力的需求增多,与此同时乡村人口推力明显加大,农村人口向城市聚集的速度明显加快,从而通过产业结构与就业结构的联动效应,带动城乡关系向高层级演化发展。从本章第二节模型检验的结果来看,城乡经济一体化系统中,产业结构变量对于西北影响显著的省份均有正向影响,而就业结构变量却有着负向影响,这表明西北地区产业结构和就业结构的联动互促对城乡一体化发展的动力不足,农村劳动力向城市的转移相对缓慢,产业规模的持续增长对就业规模的快速增长带动有效性不足,需要不断优化城乡经济一体化系统,促进产业结构与就业结构协调发展。有研究也表明 2005—2012 年西北地区二、三产业的就业比重结构明显低于全国二、三产业的就业比重，从 2006—2011 年地区主导产业的就业弹性来看，西北地区均低于全国 0.26 的平均水平，甚至部分产业的就业弹性系数为负值。为此可以从以下方面着手，优化城乡经济一体化系统。

1. 延伸产业链，创新服务业

受西北地区的地理环境及资源性产业历史沉积的影响，西北地区的主导产业大多以自然资源开发与加工利用产业为主，面对西北地区有限的生态承载力，其产业结构的调整和优化升级面临很大压力。一方面要创新驱动，发展能加快带动西北经济快速发展的各类高新技术产业、战略型新兴产业，另一方面还需要大力发展现代服务为主的第三产业，这与文化素质偏低和能力较弱的农村劳动力的就业吸纳力形成巨大反差，使得产业结构和就业结构的不协调状况很难扭转。因此，西北地区需要以现有主导产业为基础，利用要素价格优势，不断延伸产业链条，同时加强能够吸纳更高就业的生活性服务业的发展，比如社区养老服务、家政托幼服务、食品配送服务等。加快推动民生服务业和现代乡村旅游发展，可以利用西北地区独特的历史自然资源，大力发展文化旅游、生态旅游等，拓展农民就业空间。创新县域经济，建设特色旅游观光基地，同时将其纳入农村周边的建设规划中，带动农村劳动力就地转移。

2. 提高劳动力素质，加大政策引导，增强农村劳动力自我发展能力

增加农村基础教育的投入，发展农村教育事业，以使未来农村转移的劳动力能够在一个更好的基础上开始，从而有助于农村劳动力转移的长远发展。实施"农村劳动力培训阳光工程"和"新型职业农民培育工程"，为城市产业无法吸纳的农村劳动力提供返乡创业的条件。创新培训形式，充分利用现代信息教育平台、网络媒体，给农村劳动力提供更多实用的技能，与大专院校建立合作，提高农村劳动力素质和能力，以便他们更好地参与到产业结构升级的新行业和新生产形式中。通过政策扶持，调动农村劳动力创新创业的积极性。在农村青年中培养职业农民，使他们更好地参与到现代农业的生产体系中，由此，一方面促进西北地区农村现代化发展，而不是将土地和农业交给留守的老人，另一方面也

可以促使农村劳动力实现就地转移。

加大"三农"的政策与财政扶持力度。在第二节的模型检验中我们发现，政策支持变量在经济一体化系统上有很强的推动作用，在西北地区的大部分省份都有显著的正向影响，且在西北总体模型中为正效应。因此要不断创新改革，为农村劳动力转移能力提升创造有效的政策环境，加大对西北地区"三农"的财政支持投入，鼓励金融机构创新符合贫困地区特点的金融产品和服务方式，完善劳动力市场等，通过物质资本和人力资本双向驱动来增强农村劳动力就业能力。

二 改善城乡社会人口一体化功能 推进城乡公共服务基本均等化

1. 完善以推进公共服务均等化为目标的公共财政体制

以"基本公共服务均等化"为重点，逐步改善公共财政体制，调整西北地区公共财政体制与城乡基本公共服务均等化之间供求关系的平衡，释放满足推进西北地区城乡基本公共服务均等化所要求的供给能力相应的财政能力。优化转移支付结构，显著增加公共财政在基本公共服务支出中的比例，并调整中央财政转移更多地给予西部及西北地区，为其提供财力保障。由于西北地区自身财力在全国范围内比较来看还十分有限，财力不足的问题比较突出，因此中央要适时调整财政转移支付的投入领域与地域，使转移支付资金重点用于西北乃至中西部地区。加快中央财政投入在公共服务上的增长速度，使中央财政的收入增长速度带来的调控能力更多地转向公共医疗、义务教育和社会保障等方面，保证这些领域的财政投入增加速度快于财政收入的增长速度。对不规范的专项转移支付加以清理和调整，对目前体制上存在的依靠地方政府追求经济总量的税收返还补助的倾向加以控制，积极改革地方政府的征税体制，试点开征物业税，改革资源税征收办法，创新征税方式及内容，稳定地方政府税源，增加地方政府可支配财力，培育西北地方政府履行公共服务职能的稳定财源。使转移支付制度整体上与基本公共服务均等化的总体要求相适应。通过多种途径积极引导基本公共服务领域的公共财政投入从各种渠道流向西北广大农村地区，改善西北地区农村公共服务设施，提高该地区农村人力资本，使之能更好地参与劳动力的职业竞争，加快西北地区的人口城市化进程，改善城乡社会人口一体化的功能，从而促进整个西北地区城乡一体化系统优化与发展。

2. 加快行政管理体制改革，建立城乡统一的公共服务体制，提高公共服务的供给效率

深化行政体制改革，通过制度建设和政策合力，优化公共事业和公共服务体系。建立城乡统一的社会保障制度，通过实践不断创新保障内容和形式，不断增强西北地区农村的社会保障水平。积极推动建立县级最低财力保障机制，使得县级地区的社会保障能力得以提高。随着西北地区农村劳动力的跨省跨区转移的加快，全域范围的社会保障需求越来越突显，西北地区当地政府要积极加强与西北以外地区政府的沟通与合作，加快提升社会保障服务的信息化服务能力，建立西北地区农村外出务工人员的社保档案，并及时更新与完善，使提供的社会保障能延伸到西北外出劳动力流动的输入地，并使之易于在不同地区的对接与转换；西北地区各省社保部门也要积极加强合作，尽快推动西北地区的农村转移劳动力的社保信息共享和对接，推动西北各省政府在公共服务更多领域的合作，实现公共服务资源的共建和共享。建立以基本公共服务为导向的干部政绩考核制度，规范政府在该领域的责任和权力，改革公共服务绩效评价机制，建立公共服务跟踪反馈制度。积极推动农村公共服务提供的多元化改革，一方面，增强西北地区基层政府的公共服务能力，另一方面，鼓励广大的农牧地区引入市场化的公共服务供给，并给予更多政策上的支持和税收上的减免和优惠，构建起较为完备的公共服务运行机制。促使国家、企业、社会形成合力，推动西北农村公益性文化事业和各项福利事业的发展。

3. 结合易地扶贫搬迁，降低基本公共服务提供成本

由于西北地区的地理特点，西北地区的农村分布较为分散，医疗和基础教育实现集中和集约化较为困难，人均公共服务提供成本较高，经济可行性差。广大的农牧业地区，医疗设施严重不足，医疗条件差，散布着规模很小的医疗服务人员；教育资源不足，尽管有些牧区已经改善

了寄宿小学的教学条件，但由于个体集中的成本过高，教育服务的受益人群有限，远远满足不了当地农牧区居民对公共教育的需求。为此，要积极探索医疗和教育等公共服务信息化的提供形式和服务内容，在他们迫切需要的服务内容上大胆创新，积极开发，并建立相应的激励机制，确保服务内容的落实。按宜居性来看，地广人稀的西北地区的很多地方自然环境比较恶劣，因此在西北地区人口居住过于分散的地区和环境恶劣的地区，要努力探索和积极实施易地扶贫搬迁，将其作为改善居民公共服务的重要契机，以"搬得出、稳得住、逐步致富"为目标，切实提高公共服务的供给效率，使得西北地区环境恶劣地区居民的公共服务提供成本有效降低。

三 强化城市组织功能 优化新型城镇化空间

从"城市组织功能"理论视角看，城市是一种基于新技术的崭新的组织形态，是人类为改善生活、征服自然依赖，用理性和新技术为自己创造的新的生存环境。[1] 在人类社会的组织结构中，随着生产力发展和新技术的诞生，社会微观组织形态发生着变换和重组，产生不同的组织形态和功能，其功能的发挥推动着整个社会组织有机体向前发展演化。从城乡组织聚落的差异来看，城市和乡村是不同功能的组织系统，在整体社会发展中的功能定位不同，由此他们得以相互影响、相互支持、相互配合，实现城乡整体组织的功能及优化，推动社会有机体不断向更高层次演化。同样，城市组织系统内的各类城市组织也有着不同的功能定位，只有各类城镇组织功能定位明确，并能充分发挥各自的功能，各类城镇组织相得益彰，城镇组织系统的整体功能才能有效发挥和实现，并能在城市组织和乡村组织的联系中更好地带动和支持农村，促使城乡系统良性发展。不同的城市有自己特有的组织功能。[2] 城市、城镇和乡镇的主体

---

[1] Neil Brenner, *New State Spaces: Urban Governance and the Rescaling of Statehood*, Cambridge: Oxford University Press, 2004, p351.
[2] Harris C D, Ullman. E L:《The Nature of Cities（Annals of the American Academy of Political and Social Science）》，转引自杨永春等《世界城市网络研究理论与方法及其对城市体系研究的启示》，《地理研究》2011年第6期。

功能不同。

从城市的功能目标来看，西北地区的城镇化，首先要大力发展服务于本地特色农业的乡镇；其次，由于自然地理条件和环境因素的限制，以及西北地区生态环境的脆弱性和生态承载能力差的特点，在城镇建设上，一方面要积极探索因地制宜的外向型发展模式，另一方面要努力建设宜居性的文化生态城镇。在大城市群发展中，要充分考虑大城市群过速发展对西北地区可能带来的生态冲击，从产业改造升级，新能源开发使用，生态环境保护上综合考量，加以鼓励和引导，合理地控制和完善大城市群的发展，走可持续的城市化道路。

1. 乡镇化道路

加大乡镇化规模，让"镇"服务于西北地区的农业和农民，发展因地制宜的特色农业，将乡镇发展为现代化技术和农产品加工流转的中心，成为加工农产品和销售农产品的集散地。大力发展农产品加工、物流、交通和信息网络，促使中心乡镇成为引进农业技术、培养现代农民的载体，同时适当提高乡镇的公共服务。西北地区经济发展相对落后，政府财力十分有限，资金、技术、人才都十分稀缺，特色农业发展对现代高科技务农方式提出了较高的要求，需要国家层面的支持。要建立高层次的农业科技研究所与乡镇特色农业发展的对接点，增加农业科技推广和培训设施，同时也要设法改进农业科技人员的生活条件，让他们拥有良好的生活，使乡镇得以成为他们热爱的第二故乡和度假胜地。努力培养地方农业和农业机械人才，能够让他们在家乡建功立业；引进外部技术人才，积极探索服务方式，加大合同方式合作的可能性，形成灵活有弹性的用人机制，使广大科技人员为建设现代化农业基地贡献智慧和力量。

2. 发展有特色的第三产业和生态宜居的民族历史文化旅游中小城镇

西北地区特色农业不强的地区，要着力发展第三产业，结合西北地区多民族文化特色、独特的自然资源、优美的自然风光，着重在"特色"上下大力气、多做文章。中小城镇的特色可以沿着两条路径发展：一是生态宜居，二是民族历史文化，并探索将二者结合的有效形式和实现方式，面向全国，乃至世界开放。发展有自己特色的民族手工业服务，建设有民族文化特点的生态宜居小镇。挖掘历史文化资源，发展民族文化，建设文化旅游的中小城镇。发展具有异域风情和文化特色的商业城市和旅游小镇；由于西北地区的生态环境脆弱，在生态敏感地带要避免进行大型工业建设，除非特别必要。考虑西北地区地域特点，服务业的发展不能更多地依赖本地，需要推动外向型发展。西北地区地域广泛，平均面积上的基础设施建设投入远远不够，在本章第二节的模型检验中我们也能看到，空间人口效应对西北空间设施一体化发展影响显著，各省份一直是负向作用，因此要加大国家建设投入，逐步改善中小城镇的生活设施和基础交通设施，才能使特色宜居旅游小镇获得可持续的发展能力，将西北地区的特色小镇发展成为国家及"一带一路"建设上的璀璨明珠。

3. 控制发展对生态环境冲击力过大的超大城市

在本章第二节的模型检验中，我们发现建成区变量对西北地区的空间设施一体化发展总体上具有显著的正向效应，这也表明扩大建成区，发展大城市对西北地区城乡一体化发展具有推动力，但这并不意味着西北地区要大力发展过大的超大城市。信息技术和现代交通的发展，使得超大城市的必要性大大下降。世界许多国家发展的经验也表明，将许多城市功能输出到中小城市，形成中小城市群，同样可以形成强大的发展动力。鉴于西北地区的地域系统要素特点，可以积极探索以中心城市为核心，逐步形成中小城市群的城市发展格局，以控制超大城市群发展对生态环境的冲击。当然，这需要城市产业和技术的支持，目前西北地区大城市的布局和产业结构都还不合理，面临大规模升级改造的压力。西北地区要抓住机遇，在拥有新技术、使用新能源的基础上积极调整升级落后的传统产业，发展新兴产业，从而形成良好的城市产业布局和强大的发展能力，推动城乡系统功能的优化升级。

4. 提倡西北地区的城乡分治

在西方发达国家，城乡分治已经有丰富的成功经验，县和乡镇专注于农村管理，城市专注于城市管理。我国城乡一体化战略的实施，某种意义上是希望更多地依靠城市发展的财力、人力及技术等资源带动农村发展，促进农村经济社会的发展能力赶上城市发展能力，提高农村公共服务水平，缩小城乡差距。在当代地方政府的改革实践中，市管县的体制在我国较为普遍，在管理中也起着积极的作用，但在城市资金不足的地区，实际上造成了对农村的剥夺，使城乡统筹的资源更多地流向了城市，从而抑制了大规模现代化农业的发展。有学者在研究中认为"发展常常是城市夺取农业用地，吸收农业人才，甚至吸取支农助农的资金"。城市对农村的带动不是简单的农民"上楼"，而是要切实增强农村的内生发展能力，推动农业现代化，建设一个美丽现代的新农村。另外，从现实的管理体制来看，一个市的常委中分管农业的一般是个别领导人，力量略显单薄，往往在团队力量、政治支持、政策优先及知识方面不具备优势，使农业的现代化发展局面难以全面打开。因此需要更多具有农业专业知识、更了解和熟悉乡村的管理者来管理农村农业。城乡分治，能够避免在城市管理中那些非专业化，使农业处于弱势的现状得以改善，要增大县和乡镇里更专注、更接近农村生活地域的政府管理人员对农村管理的权限，强化对农业发展的支持度，并使管理者思考和管理的事情专注于现代农业发展上。西北地区工业城市的专业性和农村地区的广袤，决定了农村的事物要有专门的懂农业、奉献农业、只管农业的专门管理者，同时在国家支持下建立专项农村预算管理，避免与其他项目争资金，以利于进行大规模的农业改造，建设现代农村。

总体来说，西北的城镇化需要根据自身特点，摈弃传统思维，从城市组织功能的角度出发，发展乡镇化，优先基础设施建设，以生态保护和建设为主，推动人才引领为导向的差异化产业结构，走开放的外向型发展道路。

四　完善城乡生态环境一体化宏观环境　拓展环境治理途径

1. 不断完善我国环境治理途径，创造西北地区环境治理的良好大环境

经过40年的改革开放，我国始终坚持以经济建设为中心，目前经济总量已排名世界第二。但面对全球问题以及我国经济的可持续发展压力，社会发展的内生动力还没有充分激发，社会主义的市场经济运行环境还有很多不足，需要加以完善。比如，市场机制和产权保护有许多不足，导致环境治理的经济激励途径还不够通畅；相关法律制度还不够完善，如排污许可证交易制度、生态环境损害赔偿和责任追究制度等，还不能很好地保障经济建设与环境保护的协调发展。因此在完善环境治理方法

的同时,不可忽视法律管制的作用。

在本章第二节的模型检验中我们看到,环境净化美化变量对西北地区大部分省份都没有显著影响,也表明生态环境一体化系统的功能还很弱,西北地区经济活动对能源的利用效率不高,经济活动对生态环境破坏严重,生态环境改善和治理的压力很大。西北当地政府应该加强对污染较严重地区的管制,并监控严重污染的行业和污染种类,加大执法力度,落实相关法律制度;政府要鼓励和探索"公众参与性"的环境保护和治理途径。经过近些年国家对西部地区的政策倾斜和西北地区人民的努力实践,西北地区的经济社会发展有了很大提高,物质生活水平有了很大发展,受教育水平逐年提升,当地居民的环境保护意识也在不断提高,居民们参与环境保护和治理的能力不断提升。在这种背景下,政府要努力创造有利于公众积极参与环境保护和环境治理的环境,搭建平台、提供渠道,鼓励居民们更多地参与到西北地区生态环境的治理中来,这样一方面可以使公众从自身做起,降低环境污染的程度,另一方面也可以对企业的生产活动和政府的环境治理管理起到一定的监督作用,使西北地区的环境治理走上良性循环发展之路。

2. 加大西北地区环境治理的投入

中央和西北地区当地政府应该增加环境治理的投入。在本章第二节的模型检验中我们还发现,生态建设保护变量对西北地区整体都没有显著影响,对新疆出现了显著的负向效应,也表明西北地区的环境治理投入十分不足。有学者研究指出,西北地区环境治理的效率并不低,认为西北地区环境治理投入偏低是其环境治理产出低下的原因。要加大西北地区环境治理的投入,建立有利于地方资金持续投入的评价机制。由于环境治理投入大部分来源于当地政府,所以在政府管理中要设法激励地方政府将更多的资金投入到环境治理中来。中央政府对地方政府的考评机制上要使环境治理和环境改善的评价因素和比重逐渐加大,更多地涉及绿色 GDP 的考核指标。要把地方政府的目光从仅仅追求 GDP 增长的目标中拉回来。另外,由于西北地区经济发展能力在全国整体还是靠后,尽管有些地区比较重视环境的治理和保护,但地方政府由于其财政收入有限,难免力不从心。因此,中央政府在对各地环境治理进行投资时,应向西北地区倾斜。通过中央和地方政府的合力，加大西北地区环境治理的投入，再造"大美西北"。

另外，西北地区要加强区域内各省的合作与联动，面对跨区域的生态环境保护及治理问题，要共同协商，联合治理，促进西北地区整体环境治理能力和治理水平不断提高。建立一套有利于污染治理、环境调控与发展平衡的比较完善且长期有效的激励约束机制。继续巩固退耕还林、退牧还草成果，完善退牧还草政策，扎实推进三北防护林建设等，设立生态补偿基金专用账户，努力解决退耕农户的当前困难和长远生计问题。

结　语

　　推进城乡发展一体化是我国的重要战略目标，西北地区是我国目前贫困人口最多的地区，"三农"问题严重，生态环境脆弱、城市化水平低、城乡发展不平衡等尖锐的社会经济问题最为突出，促进该地区城乡一体化发展成为迫切需要解决的重大问题。

　　本书以马克思辩证唯物主义、城乡关系理论为指导，结合马克思主义城乡理论的中国化理论与实践，运用现代系统科学分析方法，借鉴其他国内外相关理论，以"理论构建—现实观照—机理分析—建模测评—策略选择"为思路，进行西北地区城乡一体化发展问题的研究。具体来看，首先探讨了西北地区城乡关系历史演进的五个阶段。其次分析了系统论视域中的城乡一体化发展，并尝试引入系统动力学的分析方法，通过微观模型的操弄来揭示西北地区城乡一体化发展能力获得和提升的运行机制。从社会发展的最终目的、人的发展的视角和价值指向选取指标，运用主成分分析法构建了城乡一体化评价指数，测度了西北地区城乡一体化发展的时序变化，总结西北地区城乡发展一体化水平的时空演进规律。并以系统反馈和系统结构功能两条思路，将西北各省（区）城乡发展一体化程度与城乡联系的经济、人口社会、空间设施及生态环境各子系统的功能要素关联起来，通过动态和静态相结合、定性和定量相结合展开研究，来辨识和细致考量西北地区城乡一体化发展动力机制，以期对西北地区城乡一体化发展问题有较深入的研究，寻求推进西北地区城乡一体化发展的着力点。主要结论如下：

　　（1）新中国成立以来西北地区城乡关系的历史演进历程有五个阶段，各阶段的特征依次为：休养生息背景下的互惠型开放对流的城乡关系；赶超发展背景下的逐步制度化隔离型城乡关系；农村经济体制改革为主要推动的逐步改善型城乡关系；全面改革背景下的城乡对立逐步扩大型城乡关系；再平衡下合规律的反哺与一体化发展型城乡关系。西北地区城乡一体化是长期的发展过程，国家政策和制度创新是推进西北地区城乡一化发展的关键因素。

（2）城乡系统发展的前景和目标是城乡一体化。城乡一体化实质上是城乡关系一体化，城乡一体化发展本质上是一个包含众多要素、目标功能多样的复合系统相变过程。城乡一体化发展具有突出的整体性、目的性、结构性、开放性等系统特征。系统论视域下的城乡一体化发展思考，有助于增强城乡关系和城乡一体化发展认识的整体性、全局性、动态性、层次性，深入识别协调发展过程中的深层次问题。

（3）西北地区城乡一体化发展是一个具有多级界面的复杂系统，就其子系统的耦合作用来看，西北城乡一体化发展能力的强化作用机制非常有限，而且可能会由于持续的平衡作用机制而停滞，并对农村发展带来负面影响，从而阻碍西北地区城乡一体化发展能力的提升，也表明西北地区城乡一体化发展能力的提升需要形成可持续的强化作用机制，并且在动态发展中转换平衡机制的抑制作用。

（4）总体来看，2000—2015年来，西北地区的城乡一体化发展呈上升趋势，但与全国平均发展水平相比还有差距，各省2007年以后指数变化速度较之前明显加快，2011年以来西北地区城乡一体化整体发展速度明显滞后于全国平均水平。西北各省之间比较看，发展进程变化差异明显，陕西和青海与西北整体变动基本一致，甘肃和新疆波动较大，宁夏变化幅度最小，进程相对迟缓。2006年是各省发展指数排名发生变换的普遍转折点，但各省的排名变化规律差异较大。

（5）与全国相比，西北总体城乡一体化发展作用机制更加多样化。从四个子系统来看，西北各省经济、社会、空间和生态环境四个系统城乡一体化发展的作用机制和途径有显著的差异，产业结构在推动各省经济一体化发展的作用较广泛和稳定，人口城市化在各省社会人口一体化发展的推动中逐渐发挥了正效应，空间人口效应对西北空间设施一体化发展影响显著，各省份一直是负向作用，生态环境一直是西北地区城乡一体化可持续发展的短板，环境净化美化变量和生态建设保护变量对西

结 语

北地区大部分省份都没有显著影响。从西北各省比较看,各要素变量作用的途径也有大的差别。陕西和甘肃作用机制更多元化,青海、宁夏和新疆则较单一。总的来看,西北各省间推动城乡一体化发展的影响机制有较大的差别,不仅反映在整体影响变量多少的差别,而且也体现在各省推动经济一体化发展、社会人口一体化发展、空间设施一体化发展和生态环境一体化发展等各系统的影响机制上的不同。因此推进西北地区城乡一体化发展的着力点在于:优化城乡经济一体化系统,促进产业融合与就业结构协调发展;改善城乡社会人口一体化功能,推进城乡公共服务基本均等化;强化城市组织功能,优化新型城镇化空间;完善城乡生态环境一体化宏观环境,加大西北地区环境治理的投入,拓展环境治理途径。

参考文献

经典著作

(一) 马克思经典作家著作

马克思:《哲学的贫困》,人民出版社1949年版。

马克思、恩格斯:《德意志意识形态》,人民出版社1988年版。

马克思:《1844年经济学哲学手稿》,人民出版社2000年版。

马克思:《路易·波拿巴的雾月十八日》,人民出版社2001年版。

马克思:《资本论》(第一卷),人民出版社2004年版。

马克思 恩格斯:《共产党宣言》,人民出版社1964年版。

恩格斯:《反杜林论》,人民出版社1999年版。

《马克思恩格斯选集》(第一卷),人民出版社1995年版。

《马克思恩格斯选集》(第一卷),人民出版社2012年版。

《马克思恩格斯选集》(第二卷),人民出版社2012年版。

《马克思恩格斯选集》(第三卷),人民出版社1995年版。

《马克思恩格斯选集》(第三卷),人民出版社2012年版。

《马克思恩格斯文集》(第一卷),人民出版社2009年版。

《马克思恩格斯全集》(第三卷),人民出版社1960年版。

《马克思恩格斯全集》(第三卷),人民出版社2002年版。

《马克思恩格斯全集》(第四卷),人民出版社1958年版。

《马克思恩格斯全集》(第二十六卷),人民出版社2014年版。

《列宁全集》(第二卷),人民出版社1984年版。

《列宁全集》(第五卷),人民出版社1986年版。

《列宁全集》（第十九卷），人民出版社1959年版。

《列宁全集》（第三十八卷），人民出版社2017年版。

《列宁选集》（第三卷），人民出版社2012年版。

《列宁选集》（第四卷），人民出版社1984年版。

《斯大林全集》（第十一卷），人民出版社1955年版。

《斯大林选集》（下卷），人民出版社1979年版。

（二）党和国家主要领导人著作及重要文献汇编

《毛泽东文集》（第三卷），人民出版社1996年版。

《毛泽东文集》（第六卷），人民出版社1999年版。

《毛泽东文集》（第七卷），人民出版社1999年版。

《毛泽东文集》（第八卷），人民出版社1999年版。

《毛泽东选集》（第三卷），人民出版社1991年版。

《毛泽东选集》（第四卷），人民出版社1991年版。

《毛泽东选集》（第五卷），人民出版社1977年版。

《毛泽东年谱（一九四九——一九七六）》（第三卷），中央文献出版社2013年版。

《毛泽东思想年编：1921～1975》，中央文献出版社2011年版。

《毛泽东著作选读》（下），人民出版社1986年版。

《毛泽东著作专题摘编》（上），中共文献出版社2003年版。

《建国以来毛泽东文稿》（第六册），中央文献出版社1992年版。

《建国以来毛泽东文稿》（第十六册），中央文献出版社1998年版。

《邓小平文选》（第一卷），人民出版社1994年版。

《邓小平文选》（第二卷），人民出版社1994年版。

《邓小平文选》（第三卷），人民出版社1993年版。

《十五大以来重要文献选编》（上），人民出版社2000年版。

《十五大以来重要文献选编》（中），人民出版社2001年版。

江泽民：《全面建设小康社会，开创中国特色社会主义新局面——在中国共产党第十六次全国代表大会上的报告》，人民出版社2002年版。

《江泽民论有中国特色社会主义（专题摘编）》，中央文献出版社

2002年版。

《江泽民文选》(第一卷),人民出版社2006年版。

《中共中央关于完善社会主义市场经济体制若干问题的决定》,2008年8月13日,中华人民共和国中央人民政府门户网(http://www. gov. cn/test/2008 - 08/13/content_ 1071062. htm)。

胡锦涛:《坚定不移沿着中国特色社会主义道路前进 为全面建成小康社会而奋斗——在中国共产党第十八次全国代表大会上的报告》,《人民日报》2012年11月18日第1版。

《胡锦涛文选》(第二卷),人民出版社2016年版。

习近平:《之江新语》,浙江人民出版社2007年版。

习近平:《坚定不移全面深化改革开放 脚踏实地推动经济社会发展》,《人民日报》2013年7月24日第1版。

《中国共产党第十八届中央委员会第三次全体会议公报》,2013年11月12日,新华网(http://news. xinhuanet. com/politics/2013 - 11/12/c_ 118113455. htm)。

《十八大以来重要文献选编》(上),中央文献出版社2014年版。

习近平:《中共中央政治局第二十二次集体学习讲话:健全城乡发展一体化体制机制 让广大农民共享改革发展成果》,2015年5月1日,新华网(http://news. xinhuanet. com/2015 - 05/01/c_1115153876. htm)。

《中共中央国务院关于加快推进生态文明建设的意见》2015年5月5日,中央政府门户网(http://www. gov. cn/xinwen/2015 - 05/05/content_ 2857363. htm.)

习近平:《携手消除贫困 促进共同发展(习近平出席2015减贫与发展高层论坛主旨演讲)》,《人民日报》2015年10月17日第1版。

习近平:《脱贫攻坚战冲锋号已经吹响全党全国咬定目标苦干实干》,《人民日报》2015年11月29日第1版。

习近平:《建设美丽中国,改善生态环境就是发展生产力》,2016年12月1日,人民网(http://cpc. people. com. cn/xuexi/n1/2016/1201/c385476 - 28916113. html)。

《习近平总书记系列重要讲话读本(2016年版)》,人民出版社2016

年版。

中国学者著作

白永秀等：《中国省域城乡发展一体化水平评价报告》，中国经济出版社 2013 年版。

白永利：《西北地区城乡差距与政府控制——以制度经济学为研究视角》，硕士学位论文，西北师范大学，2008 年。

陈忠：《城镇化与城市科学研究十年回望：中国特色城镇化研究报告（2009）》，黑龙江人民出版社 2010 年版。

国家统计局综合司：《全国各省、自治区、直辖市历史统计资料汇编（1949~1989）》，中国统计出版社 1990 年版。

《建设社会主义新农村学习问答》，中共党史出版社 2006 年版。

景春梅：《城市化、动力机制及其制度创新》，社会科学文献出版社 2010 年版。

康少邦等：《城市社会学》，浙江人民出版社 1986 年版。

亢犁等：《地方府政管理》，西南师范大学出版社 2015 年版。

雷佑新：《城乡劳动力市场一体化制度创新研究》，中国经济出版社 2012 年版。

黎鹏：《区域经济协同发展研究》，经济管理出版社 2003 年版。

刘豪兴：《农村社会学》，中国人民大学出版社 2004 年版。

刘豪兴：《农村社会学》，中国人民大学出版社 2015 年。

刘毓汉：《当代中国的甘肃》（上卷），当代中国出版社 1991 年版。

柳随年等：《第一个五年计划时期的国民经济（1953-1957）》，黑龙江人民出版社 1984 年版。

权衡：《收入分配与社会公平》，上海人民出版社 2014 年版。

任国岩：《城市会展业发展的理论、方法与应用——基于宁波的探索》，冶金工业出版社 2015 年版。

任若恩等：《多元统计数据分析——理论、方法、实例》，国防工业出版社 1997 年版。

桑百川：《区域开发战略论》，中国青年出版社 1996 年版。

苏星等编:《新中国经济史资料选编》,中共中央党校出版社 2000 年版。

孙德山等:《西北地区农村经济发展战略研究》,农业出版社 1989 年版。

孙加秀:《统筹城乡经济社会一体化发展研究》,电子科技大学出版社 2008 年版。

田方等:《中国人口迁移》,知识出版社 1986 年版。

王广起等:《区域城乡一体化测度与评价研究》,中国社会科学出版社 2014 年版。

王劲等:《甘肃通史（当代卷）》,甘肃人民出版社 2013 年版。

王良仟:《统筹城乡发展的理论与实践》,浙江人民出版社 2005 年版。

魏永理:《中国西北近代开发史》,甘肃人民出版 1993 年版社。

魏永忠:《城乡一体化进程中的法治建设:北京市农民向"拥有集体资产的市民"转变中法律保障研究》,中国人民公安大学出版社 2014 年版。

温娇秀:《教育机会与收入分配》,上海财经大学出版社 2012 年版。

许学强:《中国乡村—城市转型与协调发展》,科学出版社 1998 年版。

徐炳文:《中国西北地区经济发展战略概论》,经济管理出版社 1992 年版。

姚开建等:《西方经济学名著导读》,中国经济出版社 2005 年版。

尹豪:《人口学导论》,中国人口出版社 2006 年版。

袁中金等:《小城镇发展规划》,东南大学出版社 2001 年版。

赵宗福:《西北蓝皮书:中国西北发展报告（2015）》,社会科学文献出版社 2014 年版。

张国:《中国城乡结构调整研究——工业化过程中城乡协调发展》,中国农业出版社 2002 年版。

朱智文等:《西部开发中的"三农"问题研究》,甘肃人民出版社 2002 年版。

章泽:《当代中国的陕西》（上卷）,当代中国出版社 1991 年版。

曾菊新:《现代城乡网络化发展模式》,科学出版社 2001 年版。

译著

［日］岸根卓郎：《新型国家的创造——城乡融合社会系统希望之光来自东方》，王伟军等译，东北林业大学出版社1987年版。

［英］彼得·丹尼尔斯等：《人文地理学导论：21世纪的议题》，邹劲风等译，南京大学出版2014年版。

［美］费景汉（Dr. John C. H. Fei）等：《劳动剩余经济的发展——理论与政策》，王璐等译，经济科学出版社1992年版。

［美］约翰·弗里德曼：《极化发展理论》，转引自李锦宏《区域规划理论方法及其应用——基于欠发达、欠开发地区视角》，经济管理出版社2011年版。

［美］艾伯特·赫希曼：《经济发展战略》，转引自曹云《国家级新区比较研究》，社会科学文献出版社2014年版。

［英］埃比尼泽·霍华德：《明日的田园城市》，金经元译，商务印书馆2000年版。

［意］罗伯塔·卡佩里：《区域经济学》，赵文等译，经济管理出版社2014年版。

［英］托马斯·莫尔：《乌托邦》，戴镏龄译，商务印书馆1982年版。

［美］托达罗（Todaro, M. P.）：《第三世界的经济发展》（上），于同申等译，中国人民大学出版社1988年版。

［英］麦迪森（Angus Maddison）：《世界经济二百年回顾》，李德伟等译，改革出版社1996年版。

［苏］叶·斯捷潘诺娃：《恩格斯传》，人民出版社1955年版。

［美］伊利尔·沙里宁：《城市：它的发展、衰败和未来)》，顾启源译，中国建筑工业出版社1986年版。

期刊

包卿等：《核心—边缘理论的应用和发展新范式》，《经济论坛》2006年第8期。

巴运鹏：《回忆白河县"三线"建设》，《陕西党史》2009年第6期。

蔡云辉：《试论西部地区的城乡统筹发展问题》，《陕西理工学院学报》（社会科学版）2007年第2期。

曹光四等：《我国城乡居民收入差距变化的新视角》，《调研世界》2015年第5期。

常春芝：《辽宁沿海经济带城乡一体化评价分析》，《气象与环境学报》2009年第1期。

陈城：《是社会主义城市化，还是城乡一体化》，《求索》1984年第6期。

陈光庭：《中国国情与中国的城镇化道路》，《城市问题》2008年第1期。

陈佳贵等（中国社会科学院西北开发战略研究课题组）：《西北大开发的战略选择》（上），《中国工业经济》2001年第1期。

成受明等：《城乡一体化规划的研究》，《四川建筑》2005年第S1期。

邓丽君：《城乡一体化之我见》，《现代城市研究》2001年第2期。

丁元竹：《费孝通城镇化思想：特色与启迪》，《江海学刊》2014年第1期。

段娟：《基于空间计量经济学的1986~2005年我国区域城乡互动发展差异成因分析》，《安徽农业科学》2009年第27期。

方辉振：《中国城乡二元结构的生成根源与破除方略》，《中共南京市委党校学报》2009年第2期。

冯雷：《中国城乡一体化的理论与实践》，《中国农村经济》1999年第1期。

冯尚春等：《基于城乡一体化的小城镇建设》，《黑龙江社会科学》2011年第4期。

高帆：《中国新阶段城乡融合发展的内涵及其政策含义》，《广西财经学院学报》2019年第1期。

顾朝林等：《中国大城市边缘区特性研究》，《地理学报》1993年第4期。

郭书田：《失衡的中国——农村城市化的过去、现在与未来》，《党史研究》1991年第2期。

郭翔宇:《以科学发展观为统领　推进农村改革发展》,载《生产力理论创新与社会实践——中国生产力学会第15届年会暨世界生产力科学院(中国籍)院士研讨会文集》,经济科学出版社2010年版。

洪银兴等:《城市化和城乡一体化》,《经济理论与经济管理》2003年第4期。

黄楚平:《澄清对城乡一体化的三个认识误区》,《理论参考》2010年第2期。

黄国胜等:《统筹城乡发展视角下的新农村建设》,《西北大学学报》(自然科学版)2010年第3期。

黄宗信:《宁夏工业发展如是说》,《市场经济研究》1998年第5期。

胡金林:《我国城乡一体化发展的动力机制研究》,《农村经济》2009年第12期。

韩庆祥等:《能力建设与当代中国发展》,《中国社会科学》2005年第1期。

焦必方等:《城乡一体化评价体系的全新构建及其应用》,《复旦学报》(社会科学版)2011年第4期。

简新华等:《世界城市化的发展模式》,《世界经济》1998年第4期。

康珈瑜等:《中原城市群县域城乡一体化水平的空间格局研究》,《河南科学》2016年第6期。

赖扬恩:《城乡一体化道路研究》,《福建论坛》2000年第12期。

李长坡等:《半城市化地区城乡一体化动力机制与发展模式研究》,《安徽农业科学》2010年第17期。

李培林:《城市化与我国新成长阶段——我国城市化发展战略研究》,《江苏社会科学》2012年第5期。

李同升等:《城乡一体化发展的动力机制及其演变分析——以宝鸡市为例》,《西北大学学报》(自然科学版)2000年第3期。

李迎生:《"城乡一体化"评析》,《社会科学研究》1992年第2期。

李岳云:《城乡一体化的框架体系与基本思路》,《江苏农村经济》2010年第2期。

刘国炳:《后危机时代我国经济发展战略思路的实践意义》,《荆楚理工学院学报》2011年第3期。

刘红艳:《关于乡村旅游内涵之思考》,《西华师范大学学报》(哲社版)2005年第2期。

刘家强等:《人本主义城乡一体化及其路径选择——以成都为例》,《人口与经济》2006年第4期。

刘科伟:《陕西城镇发展的回顾与展望》,《经济地理》1995年第3期。

刘勇等:《近年来我国区域城镇化进程态势分析》,《区域经济评论》2014年第3期。

刘华玲:《二元经济结构的突破与城乡一体化发展:中国城乡经济相互渗透研究》,《文史哲》1999年第4期。

卢艳丽等:《吉林省西部生态脆弱地区贫困问题研究》,《中国发展》2011年第5期。

罗雅丽等:《城乡一体化发展评价指标体系构建与阶段划分——以大西安为例》,《江西农业学报》2007年第7期。

《农业投入》总课题组:《农业保护:现状、依据和政策建议》,《中国社会科学》1996年第1期。

浦再明:《城乡一体化发展系统论——以上海为例》,《系统科学学报》2009年第4期。

曲亮等:《基于共生理论的城乡统筹机理研究》,《农业现代研究》2004年第5期。

全华信:《城乡融合发展实现路径探析》,《农家参谋》2018年第12期。

任保平:《城乡经济社会一体化:界定、机制、条件及其度量》,《贵州财经学院学报》2011年第1期。

邵传林:《西部大开发战略对城乡收入差距的影响评估》,《现代财经》(天津财经大学学报)2014年第8期。

孙刚印:《对推进城乡一体化政策工具选择的思考》,《北京农业职业学院学报》2011年第3期。

孙中和:《中国城市化基本内涵与动力机制研究》,《财经问题研究》

2001年第11期。

孙自铎:《城乡一体化新析》,《经济地理》1989年第1期。

涂人猛:《城市边缘区——它的概念、空间演变机制和发展模式》,《城市问题》1991年第4期。

完世伟:《城乡一体化评价指标体系的构建及应用——以河南为例》,《经济经纬》2008年第4期。

王碧峰:《城乡一体化问题讨论综述》,《经济理论与经济管理》2004年第1期。

王伟:《对城乡一体化发展新趋势概念的重新解读》,《菏泽学院学报》2010年第6期。

王蔚等:《湖南省城乡一体化评价指标体系及量化分析》,《湖南大学学报》(自然科学版)2011年第4期。

王圣学:《关于"城乡一体化"的几点看法》,《理论导刊》1996年第5期。

魏尧:《城乡一体化差序格局探析》,《生态经济》2009年第3期。

吴晓林:《城乡一体化建设的两个误区及其政策建议》,《调研世界》2009年第9期。

徐冠军:《对中国二元社会结构理论认知的反思》,《辽宁行政学院学报》2010年第3期。

徐杰舜:《新乡土中国的图像——新农村建设武义模式考察与研究》,载《人类学的中国话语——人类学高级论坛2007卷》,黑龙江人民出版社2008年版。

席敏:《中国粮食生产60年变迁——不能轻言解决了粮食问题》,《瞭望》2009年第8期。

席雪宏:《中国各地区城乡一体化水平影响因素分析》,《经济研究导刊》2008年第15期。

修春亮等:《东北地区城乡一体化进程评估》,《地理科学》2004年第3期。

易雪妮等:《县域城乡一体化评价与分析——以嘉禾县为例》,《长沙大学学报》2013年第2期。

于波:《全球化赋予城乡一体化的时代内涵研究》,《农业经济》2005年第4期。

余燕等:《国内外城乡一体化发展模式研究综述及启示》,《苏州教育学院学报》2016年第2期。

杨玲:《国内外城乡一体化理论探讨与思考》,《生产力研究》2005年第9期。

杨荣南等:《城市空间扩展的动力机制与模式研究》,《地域研究与开发》1997年第2期。

杨荣南:《城乡一体化及其评价指标体系初探》,《城市研究》1997年第2期。

杨荣南:《关于城乡一体化的几个问题》,《城市规划》1997年第5期。

阎小培等:《珠江三角洲乡村城市化特征分析》,《地理学与国土研究》1997年第2期。

战金艳:《大城市边缘地带的成长机制》,《山东师大学报》(自然科学版)2000年第2期。

战金艳等:《中国基础设施与城乡一体化的关联发展》,《地理学报》2003年第4期。

张安录:《城乡相互作用的动力学机制与城乡生态经济要素流转》,《城市发展研究》2000年第6期。

张登国:《中国县域城市化进程中的问题及发展路径》,《农村经济》2009年第12期。

张锷:《城市边缘地区开发活动特征及其类型研究》,《城市规划汇刊》1991年第5期。

张建桥:《城乡关系的再认识——系统思维辩证思维战略思维的视角》,《理论导刊》2011年第3期。

张庆文等:《城乡一体化综合评价与聚类分析——以北京市为例》,《农村经济》2010年第12期。

张小林:《乡村概念辨析》,《地理学报》1998年第4期。

张雨林:《论城乡一体化》,《社会学研究》1988年第5期。

张叔敏等：《山东省区域城乡一体化的定量分析与研究》，《山东师大学报》2004年第3期。

张岩松：《统筹城乡发展和城乡发展一体化》，《中国发展观察》2013年第3期。

赵亚静等：《加强中小企业知识产权建设》，《人民日报》2012年11月30日第7版。

甄峰等：《国内城乡一体化研究进展与思考》，《现代城市研究》1999年第2期。

朱家瑾：《城乡一体化系统规划探讨》，《重庆建筑大学学报》1998年第3期。

朱磊：《城乡一体化理论及规划实践——以浙江省温岭市为例》，《经济地理》2000年第3期。

外文文献

Neil Brenner, *New State Spaces: Urban Governance and the Rescaling of Statehood*, Cambridge: Oxford University Press, 2004, pp. 351.

W. A Lewis, "Economic Development with Unlimited Supplies of Labour" The Manchester School, Vol. 22, No. 2, 1954, pp. 139 – 191.

M Douglass, "A Regional Network Strategy for Reciprocal Rural—Urban Linkages: An Agenda for Policy Research with Reference to Indonesia", Third World Planning Review, Vol. 20, No. 1. January 1998.

Friedmann John, Douglass Mike, *Agropolitan Development: towards a New Strategy for Regional Planning in Asia*, Los Angeles: University of California, 1975, pp. 101 – 146.

Michael Lipton, *Why Poor People Stay Poor: Urban Bias in World Development*, Cambridge Mass.: Harvard University Press, 1977, pp. 50 – 53.

T. G. McGee, *The Emergence of Desakota Region in Aisa: Expanding a Hypothesis*, Hunolulu: University of Hawaii Press, 1991, pp. 1 – 2, pp. 3 – 25.

后 记

人类社会的发展是农业实践和工业实践推动的发展，也是城乡关系矛盾运动的过程，还是城乡系统不断演化的过程。本书尝试将西北地区的工农业实践发展、城乡关系矛盾运动及城乡系统演化三条路径结合展开研究，并汇集于西北地区城乡一体化演进的能力发展机制和系统动力运行机制，以"理论构建—现实观照—机理分析—建模测评—策略选择"为思路，在动静、时空、定性与定量中探讨西北地区城乡一体化发展及其系统中人的发展，进而获得对问题的理解，揭示西北地区城乡一体化发展机制的规律，寻求系统发展优化的政策调控点和发展着力点。本书对西北地区城乡一体化发展演进与机制的研究路径及探求的政策调控和发展体系，可给相关研究领域的研究人员与有关决策部门提供参考，也可供大学教师、学生、有兴趣的读者参阅。

本书是在我博士论文基础上修改完成，感谢我的导师王俊拴教授，相关研究内容的完善得益于导师的启发与指导。

另外，本书写作过程中，参考吸收了许多学者的研究成果，其中许多有价值的思想给了我好的启发，为此，我向这些学者予以特别的致谢！

感谢中国社会科学出版社朱华彬编辑为本书出版付出的努力，感谢中国社会科学出版社所有为本书出版付出劳动的工作人员。

由于研究条件与经验所限，本书可能仍存在某些疏漏，真诚欢迎各位专家、学者、读者批评指正。

李春玲
2020 年 9 月 20 日